너는 또 다른 나

현봉 스님의
【천수경 강의】

너는  또 다른 나

불광출판사

책머리에

누가 관음원觀音院의 조주趙州 선사를 찾아오니 '자네 여기 와 본 적이 있나?'

'예!'

'그럼 차나 한잔 마시게'

또 다른 사람이 찾아오니 '자네 여기 와 본적이 있나?'

'처음입니다.'

'그럼 차나 한잔 마시게'

옆에서 보고 있던 원주院主 스님이 의아해서 '스님께서는 여기를 와 본 사람이나 처음 찾아오는 사람이나 모두에게 차 한 잔 마시라고 하시는데 무슨 뜻입니까?'

'원주!'

'예!'

'자네도 차나 한잔 마시게' 하였다.

이 이야기는 일상의 다반사茶飯事로 오묘한 진리를 넌지시 가르쳐 보이시던 유명한 조주 스님의 '차나 한잔 마시라[喫茶去]'는 공안公案이다.

　　어느 노스님이 절 주변에 차茶 씨앗을 심고 있었다.
　　젊은 스님이 묻기를 '왜 차를 심으십니까?'
　　'이 속에 진리가 있다니 그걸 가르치려고 그런다'
　　'그러면 〈조주 선사의 차〉를 가르쳐야 할 것 아닙니까?'
　　'그러게 말이다. 그래서 이렇게 심는다.'

천수경은 이 땅에 불교가 전래된 이후에 오랜 세월을 거치면서 다듬어져 온 대승경전이며, 불자佛子들은 누구나가 필수적으로 독송하는 것으로 그 속에 담긴 뜻은 참으로 광대원만하다.
　　이 경전은 깊은 신심의 귀의와 장엄한 공덕의 찬송과 간절한 발심의 서원으로 엮어진 위대한 〈만트라〉이며 오묘한 진리의 말씀이며 장엄하고 무애자재한 아름다운 서사시敍事詩이기도 하다.
　　그래서 그 독경소리는 언제 들어도 향기로운 꽃잎을 띄우고 흘러가는 산골의 봄 여울소리처럼 청아하며, 그 소리는 이미 보리菩提의 인因을 맺고 연緣의 결을 이루며 허공으로 번져가는 관음觀音의 찬가讚歌인 것이다.

본인은 이를 정작 체계적으로 제대로 익히지도 못하였는데 지난 정월에 불광사 불교대학에서 불자님들과 함께 살펴볼 기회가 있었다.

오의奧義를 담은 진실어眞實語 가운데의 밀어密語를 깊지도 않고 밝지도 못한 관견管見으로 강의한 것이 가당한 일이었던가?

다만 꽃망울처럼 아름답고 신묘한 말씀이 널리 많은 사람들에게 피어날 수 있는 좋은 인연을 심어보려고 격조와 운율도 모르면서 멋대로 흥얼대었던 것인데, 불광출판사의 요청으로 이번 봄에 텃밭 가꾸는 틈틈이 지난번의 강의를 다시 정리해보았다.

그리고 가범달마 역본譯本인 '천수천안관세음보살광대원만무애대비심다라니경'을 옮겨서 덧붙였다.

내용의 흐름이 거칠고 매끄럽지는 못하지만, 이로 인해 내 자신이 천수행자千手行者의 길을 더 정진하는 계기로 삼아야겠다.

2009년 기축己丑 곡우일穀雨日
조계산 광원암廣遠庵에서 현봉玄鋒

● 목차

책머리에 ----- 005

들머리에 ----- 012

의상義湘 대사의 백화도량발원문白華道場發願文 - 023

진리와 방편
眞理 方便 ----- 032

정구업진언
淨口業眞言 ----- 036

오방내외안위제신진언
五方內外安慰諸神眞言 ----- 050

개경게
開經偈 ----- 063

개법장진언
開法藏眞言 ----- 074

천수경
千手經 ----- 082

계청
啓請 ----- 088

　계청 1
　啓請 一 ----- 091

　계청 2
　啓請 二 ----- 097

　계청 3
　啓請 三 ----- 105

　계청 4
　啓請 四 ----- 109

　계청 5
　啓請 五 ----- 113

　계청 6
　啓請 六 ----- 116

　계청 7
　啓請 七 ----- 122

계청 8 / 啓請 八	----- 125

십원 / 十願 ------- 128

십원 1 / 十願 一	----- 131
십원 2 / 十願 二	----- 138
십원 3 / 十願 三	----- 142
십원 4 / 十願 四	----- 146
십원 5 / 十願 五	----- 149

육향 / 六向 ------- 154

육향 1 / 六向 一	----- 160
육향 2 / 六向 二	----- 162
육향 3 / 六向 三	----- 165
육향 4 / 六向 四	----- 168
육향 5 / 六向 五	----- 172
육향 6 / 六向 六	----- 174

관세음보살명호 / 觀世音菩薩名號 ----- 178

관세음보살명호 1 / 觀世音菩薩名號 一	----- 181
관세음보살명호 2 / 觀世音菩薩名號 二	----- 183
관세음보살명호 3 / 觀世音菩薩名號 三	----- 185
관세음보살명호 4 / 觀世音菩薩名號 四	----- 188
관세음보살명호 5 / 觀世音菩薩名號 五	----- 190

관세음보살명호 6 ----- 192
觀世音菩薩名號 六

관세음보살명호 7 ----- 193
觀世音菩薩名號 七

관세음보살명호 8 ----- 196
觀世音菩薩名號 八

관세음보살명호 9 ----- 198
觀世音菩薩名號 九

관세음보살명호 10 ----- 200
觀世音菩薩名號 十

관세음보살명호 11 ----- 202
觀世音菩薩名號 十一

관세음보살명호 12 ----- 204
觀世音菩薩名號 十二

본사아미타불 ------- 206
本師阿彌陀佛

신묘장구대다라니 ------- 209
神妙章句大陀羅尼

사방찬 ------- 243
四方讚

도량찬 ------- 250
道場讚

참회게 ------- 253
懺悔偈

참제업장십이존불 ------- 259
懺除業障十二尊佛

십악참회 ------- 267
十惡懺悔

돈참 -------- 277
頓懺

이참 -------- 281
理懺

참회진언 -------- 286
懺悔眞言

준제공덕
准提功德 ——————— 288

대준제보살
大准提菩薩 ——————— 294

정법계진언
淨法界眞言 ——————— 297

호신진언
護身眞言 ——————— 301

관세음보살본심미묘육자대명왕진언
觀世音菩薩本心微妙六字大明王眞言 ——————— 303

준제진언
准提眞言 ——————— 307

준제발원
准提發願 ——————— 311

여래십대발원문
如來十大發願文 ——————— 317

    여래십대발원문 1
    如來十大發願文 一 ———— 319

    여래십대발원문 2
    如來十大發願文 二 ———— 321

    여래십대발원문 3
    如來十大發願文 三 ———— 324

    여래십대발원문 4
    如來十大發願文 四 ———— 326

    여래십대발원문 5
    如來十大發願文 五 ———— 328

발사홍서원
發四弘誓願 ——————— 332

발원이귀명례삼보
發願已歸命禮三寶 ——————— 336

(부록) 천수경千手經 (한글독송용) ——————— 342

● 천수천안관세음보살광대원만무애대비심다라니경 (가범달마 역) 354
   千手千眼觀世音菩薩廣大圓滿無礙大悲心陀羅尼經 (伽梵達摩 譯)

들
머
리
에

옛날 현사玄沙라는 큰스님이 계셨는데, 발심發心한 학인學人이 찾아가서 공경히 절을 하니까, 그 스님은 '나 때문에 너에게 절을 하는구나.[因我得禮你]'하고 말했습니다. 찾아간 학인이 큰스님께 절을 하는 것이 큰스님을 통해서 학인 자신에게 절을 하는 것이라는 말입니다.

우리가 부처님이나 보살님의 성상聖像에 나아가 절을 할 때도 앞에 있는 형상을 통해서 내 자신에게 절을 하는 것입니다. 저 나무나 돌이나 쇠로 조성된 거룩한 불보살의 모습을 우러러 환희심을 내거나 발심發心을 하게 되는 것은 그 성상을 조성하신 분들의 신심信心과 원력願力이 나에게 감응感應 되기 때문입니다.

성상이 그저 단순히 물질로 된 형상으로만 보인다면 우상偶像이 되고, 심미안審美眼으로만 바라본다면 예술품에 불과할 수 있습니다. 밖으로 드러난 모습에 상관하지 않고 거룩한 성자聖者의 가르침을 떠

올리며 찬탄과 감사의 공경한 마음으로 우러르면 그 형상을 통해 내 스스로 찬탄과 감사의 공경심이 충만하게 됩니다.

불보살님의 형상에 절하는 그 정성이 간절한 것은 바로 내 자신의 간절함의 표현이니, 정성이 간절할수록 내 자신에게 간절하고 더 정성스럽다는 것입니다. 그것은 마치 거울 앞에서 자기를 되비추면서 단장하는 것과 같습니다.

우리가 부처님의 가르침을 엮은 경전을 보는 것은 그 가르침을 통하여 자기 자신을 반조返照하는 것입니다. 부처님의 경전은 부처님 당신을 위해서 설하신 것이 아니라 바로 우리를 위해서 설하신 것이기 때문입니다. 그래서 청매靑梅 조사祖師께서는 "경전을 보면서 자기 자신을 반조하지 않으면 경을 보아도 아무 이익이 없다.[心不返照 看經無益]"고 하셨습니다.

참선을 하거나 염불을 하거나 사경寫經을 하거나 '다라니'를 지송하거나 모든 것이 다 그렇게 자기 스스로를 반조返照하는 수행입니다.

우리가 이 천수경을 볼 때도 마찬가지로 천수경이라는 거울을 통해서 바로 내 자신을 반조하면서 또 하나의 천수천안千手千眼의 대자비이신 관세음보살이 되는 것입니다.

부처님께서 설하신 법문을 듣고는 기뻐서 찬탄하고 받들면서 '나도 그와 같이 되어지이다.' 하고 발원을 하는 것은 결국 자기도 그 설법의 내용을 실천하겠다는 다짐입니다.

우리들이 수지 독송하는 천수경은 대장경大藏經 속에 입장入藏 되어 있지 않습니다.

　　지금의 이 천수경이 언제 편찬되었는지는 정확히 밝혀지지 않았습니다. 천수경의 모본母本이라 할 수 있는 '가범달마'의 역본譯本인 『천수천안관자재보살광대원만무애대비심다라니경千手千眼觀自在菩薩廣大圓滿無碍大悲心多羅尼經』이 언제 우리나라에 유통되었는지 불분명하지만, 의상義湘 스님께서 당나라에서 유학하고 돌아와 관음대성觀音大聖을 친견하고 양양襄陽의 낙산사洛山寺를 창건하고 지으신 것으로 알려진 '백화도량발원문白華道場發願文'에 천수다라니인 대비주大悲呪가 처음 나타나니, 의상 스님이 당나라에서 '가범달마'의 역본을 보시고 신라에 유통시킨 것이 그 시초가 아닐까 하고 추측할 뿐입니다.

　　그리고 '불공不空'의 역본에서도 일부 발췌하여 편집되고, 다시 몇 부분이 첨가되어 지금 유통되고 있는 천수경으로 정착된 것은 그리 역사가 오래 되지 않은 것으로 추정하고 있습니다.

　　이렇게 천수경은 어느 한 사람에 의해 편찬된 것이 아니라 우리 민족의 오랜 역사 속에서 여러 과정을 거치면서 첨삭添削되고 다듬어지면서 형성된 경입니다. 그러니 천수경은 우리 한韓민족의 조상들이 편찬한 고유 경전으로 한국불교의 독자적인 역사성이 융화되어 있으며, 기복祈福과 예참禮懺, 보살의 실천의식[육바라밀]과 밀교密敎와 선불교의 수행 등이 담긴 통불교적인 요소들이 함축되어 있는 경입니다.

　　천수경 가운데 광대하고 원만하며 무애자재한 대자비심의 주체이신 관자재보살觀自在菩薩은 곧 '관세음보살觀世音菩薩'의 다른 이름입니다.

『법화경法華經』「관세음보살보문품觀世音菩薩普門品」에는 방편의 대자비로 구원해 주는 모습으로 묘사되어 있습니다.

무진의無盡意 보살이 부처님께 묻기를 '세존이시여, 무슨 인연으로 관세음이라 부릅니까?' 하니, 부처님께서 '선남자여 만약 백천만억의 한량없는 중생이 여러 가지 괴로움을 받게 되었을 때 관세음보살이라는 이름을 듣고 일심으로 관세음보살 명호를 부르면 관세음보살은 즉시에 그 음성을 관하여 모두가 해탈을 얻게 하느니라.' 하시면서, 관세음보살의 명호를 일심으로 부르면 온갖 위험 속에서도 그 위신력威神力 때문에 그 위험을 면할 수가 있다고 하였습니다. 그리고 수많은 형상을 자유자재로 나타내시면서 두렵고 급한 환난患難 가운데 능히 모든 두려움을 없애주신다고 하였습니다.

60권으로 된 『화엄경華嚴經』에는 다음과 같은 이야기가 나옵니다.

옛날에 금슬이 좋은 어느 부부 사이에 두 아들이 태어났는데 부인이 작은 아들을 낳고는 바로 세상을 떠났습니다. 그래서 큰 아들은 이름이 일찍 어머니를 여의게 되었다 하여 조리早離라 하였고, 작은 아들은 태어나자마자 어머니를 잃게 되어 즉리即離라고 불렀습니다. 그리고 계모가 들어왔는데 아버지가 아이들을 너무 예뻐하니까 저 아이들이 없어져야 자기가 사랑을 많이 받을 것 같아서 아버지가 먼 나라로 장사를 하러

떠난 사이에 아무도 없는 어느 외딴 섬으로 아이들을 데리고 가서 재미있게 놀고 있으라 하고는 몰래 그 섬을 빠져나가 버렸습니다. 아이들이 놀다가 정신차려보니 새엄마가 없어져 찾고 찾다가 나중에 지치고 배가 고파서 죽게 되었습니다. 어린 동생이 울면서 새엄마를 원망하니까 형이 동생을 달래면서 "우리가 이런 고통을 당하는데 이 세상에는 이보다 더한 고통을 얼마나 많은 사람들이 당하고 있겠느냐? 우리는 남을 원망하지 말고 다음 생에 태어나면 우리처럼 이렇게 어렵고 괴로움 당하는 사람들을 돕도록 하자."하고 타일렀습니다. 그런 원을 세우고 죽은 후에 태어나서는 세세생생에 남을 돕는 보살행을 닦아서 형은 관세음보살이 되고 동생은 대세지大勢至보살이 되었답니다. 이 두 보살은 또 극락세계의 아미타불을 본사本師로 모시었는데 가운데 아미타불을 중심으로 왼쪽에는 관세음보살이 오른쪽에는 대세지보살이 좌우로 보필하고 있습니다.

80권으로 된 『화엄경』에는 선재善財동자가 구도求道하면서 남쪽을 향해 가다가 '보타낙가산'에서 28번째 만나는 선지식善知識이 관세음보살입니다. 거기에서는 자비慈悲를 실천하도록 가르쳐주는 스승의 모습으로 그려지고 있습니다.

『능엄경』에서는 귀를 통해 소리를 들으면서 그 소리를 들을 줄 아는 성품을 반조返照하는 수행으로 원통삼매圓通三昧를 이루는 수행자의 모습으로 그려지고 있습니다.

반야심경에서는 관자재보살이라는 이름으로 등장하는데, 오온이 모두 공空한 줄을 깨달아 일체고액을 건지는 바라밀을 수행 실천하는 자로 묘사되고 있습니다.

이 천수경은 통불교通佛教적인 경이라서 거의 모든 사찰의 의식에 염송念誦되는 필수적이며 기본인 경입니다. 그리고 민간에도 널리 유통되어 갖가지 굿판의 경문經文이나 무가巫歌 또는 만가輓歌에도 응용되면서, 오랜 세월동안 민족 민중의 의식意識 속에 애환을 함께하여 온 경이기도 합니다.

　이 관음신앙은 우리 선조先祖들에게 가장 보편적인 신앙사상으로 정착되었고, 그래서 도처에 관음도량이 생기고 관음상을 조성하여 모시면서 현세現世의 이상적인 구원자로, 또한 사후死後의 미래를 이끌어 주는 인도자로 깊이 각인되어 있습니다.

　신라, 고려 때는 물론, 억불의 시대인 조선시대에도 줄기차게 이어져 온 신앙사상입니다. 조선朝鮮을 개국하고는 서울 도성의 사방에 비보裨補하는 사찰을 지으면서 동쪽에 청룡사를, 남쪽에는 삼막사를, 서쪽에는 백련사를, 북쪽에는 승가사를 지었는데, 모두가 관음도량입니다. 그리고 중앙에 보신각普信閣을 두어 종을 울려 도성 안팎에서 백성들과 뭇 중생들이 종소리를 들을 수 있도록, 즉 관음觀音할 수 있도록 하였습니다.

　3면이 바다인 우리나라에는 관음보살이 상주하였다는 인도의 남해南海에 있던 보타낙가산을 본받아 동해에는 양양 낙산사, 서해에는 강화 보문사, 남해에는 남해 보리암 같은 관음성지聖地가 이루어졌습니다. 특히 남해 보리암은 조선의 태조가 등극登極하기 전에 그곳을 찾아 기도하면서 만약 등극하게 되면 이 산을 비단으로 감싸주겠다는 약속을 하였다는 것입니다. 나중에 태조는 이 산에 보은報恩의 뜻으로 비단을 다 감싸려고 하니 엄두가 나지를 않았습니다. 그래서 대신에 산 이름을 보광산普光山에서 비단 금錦자를 써서 금산錦山이라 고쳐 부르게 하였다고 합니다. 관세음보살이 상주하는 곳이 '보타낙가산'인데, '보타낙가'라는 말은 보광普光 또는 백화白華; 白花라고 번역하며, 그것은 비단이라는 뜻이기도 하므로 적절한 개명改名인 것입니다.

강한 바람이나 거친 파도 등으로 인한 자연의 재난이 많았던 바닷가에는 민초들의 안심입명처가 되었던 관음성지가 곳곳에 생겨나고, 그리하여 바다에서 일어나는 재난을 구해주는 해수관음海水觀音, 용두관음龍頭觀音, 기룡관음騎龍觀音 등의 형상을 조성하여 모신 곳이 많습니다.

그리고 우리나라에서는 불교가 전래되기 이전부터 신앙하던 칠성신七星神이나 산신山神 용왕신龍王神 조왕신竈王神 측신廁神 등등의 여러 신들을 불법을 옹호하는 호법신護法神으로 귀의시키기도 하였습니다.

그런 예는 바람의 신인 '영등靈登할미'의 전설에서도 알 수 있습니다. 제주의 바닷가에서 살아가는 보재기[해녀]들이 배를 타고 표류하다가 사람을 잡아먹는 외눈박이 괴물[큰 소용돌이]이 사는 위험한 곳을 잘못 찾았을 때, 영등대왕이 '가남보살'을 지극정성 부르라고 하여 그들이 '가남보살' '가남보살'을 부르면서 고향의 갯가에 거의 도착하였습니다. 그런데 이제 거의 다 왔으니 부르지 않아도 될 것이라고 방심하는 사이에 갑자기 광풍이 불어 다시 그곳으로 표류해 가게 되었고, 보재기들은 다시 애원하며 영등대왕에게 빌었더니 불쌍히 여긴 영등대왕이 다시 '가남보살'을 간절히 부르라고 하여 보재기들은 일심으로 잊지 않고 그렇게 하여 무사히 고향으로 돌아가게 되었답니다. 그런데 사람들을 잡아먹고 사는 외눈박이 괴물은 먹이를 놓치게 되니 화가 나서 영등대왕을 세 토막 내어 버렸는데, 머리는 소섬[牛島]이 되고 가운데 토막은 성산城山이 되고 남은 하나는 '비꿀물'이 되었다고 합니다. 수중水中의 액난을 막아준 영등대왕의 은혜를 생각하여 소섬에서는 정월 그믐에, 비꿀물에서는 이월 초하루에 성산에서는 초닷새에 제사를 지냅니다. 영등대왕은 부인이 셋인데 첫째인 영등할멈은 바람신이 되고, 둘째는 구름신, 셋째는 비신[雨神]이 되었답니다. 이렇게 영등대왕은 관음보살의 호법신이 되었다는 것입니다. 인도에서는 힌두의 '시바' 신神 '비쉬누' 신神 등과 차원 높은 하늘의 야마천주夜摩天主, 도리천주忉利天主, 정거천주淨居天主 등 여러 천주天主들이나 천왕天王과 신들이 호법신이 되듯이 우리나라에서는 관음신앙이 이 땅의 풍토에 융화되고 토착화되면서, 일체 중생을 모두 성불시키겠다는 불보살의 자비하신 원력 때문에 이 땅의 기존 신들도 불법으로 교화하여 호법의 신으로 귀의하게 하였다는 좋은 예입니다.

사람이 죽어 장례를 지내면서 상여를 메고 갈 때 상여의 앞에서 상두꾼이 소리를 메기면 후렴으로 '관~음~보~살~'하면서 합창으로 후렴을 합니다. 관암보살, 가남보살, 간섬보살, 관세암보살, 광세음보살 등으로 발음하는 사투리들도 모두 관음보살을 염念하는 소리입니다. 물론 상두꾼이 메기는 가락도 인생의 무상無常함을 노래하며 적선積善을 권장하고 왕생극락住生極樂을 기원하는 회심곡回心曲이나 염불가念佛歌의 구절이 주종을 이룹니다. 구고救苦 구난救難의 대자비로 중생을 구원해 주신다는 관세음보살을 간절히 염하는 그 가락은 듣기만 하여도 애절합니다. 이처럼 관세음보살은 살아서 뿐만 아니라 죽어서 외로이 떠도는 불안하고 어두운 저승에서도 무한한 광명과 영원한 참 생명의 아미타불이 계시는 극락세계로 인도하여 주는 역할을 합니다.

이처럼 이 세상에서나 저 세상에서 연민憐愍의 비원悲願으로 우리를 지키고 이끌어 주시는 관음신앙은 이 땅의 민초들에게는 영원한 귀의처가 되어 왔습니다.

　　관세음보살은 제각기의 소원을 따라 거기에 상응相應하는 모습으로 나투면서 그들의 참되고 간절한 소원을 모두 이루어 주시는 믿음 속의 구원자이십니다. 그리하여 갖가지로 나투시는 여러 모습을 조성하여 모시기도 하였는데, 그 가운데서도 특히 가장 원만하고 이상적인 모습으로 그려진 고려시대의 수월관음상은 인류 역사상 가장 아름다운 예술의 극치라고 찬탄하고 있습니다. 그것은 깊고도 간절한 신심이 예술로 승화되어진 것입니다.

이 관음신앙은 우리나라뿐만 아니라 대승불교권의 나라에는 뿌리 깊은 신앙이 되어 왔습니다.

　잘 알고 있듯이 중국에는 관음신앙이 널리 퍼져있으며, 티베트에서도 그들의 지도자이신 '달라이 라마'가 관음보살의 화신化身으로 존중되고 있으며, 달라이 라마가 머무는 곳도 관음보살의 상주처常住處인 '보타낙가布達洛伽'를 뜻하는 '포탈라 궁宮'이라고 부르고 있습니다. 대만臺灣에서는 많은 불자들이 육식을 하지 않고 오직 채식菜食만을 하는데 이것을 '관음소식觀音素食'이라고 합니다. 일본에서도 관음신앙이 깊은데, 독실한 불교신자인 '요시다 고로(1900~1993)' 씨는 자기가 발명한 카메라를 '캐논Cannon'이라고 명명했습니다. 캐논은 관음觀音의 일본식 발음이며 '쾌논Kwanon'이라고도 발음합니다. 그리고 렌즈는 '카스야파Kasyapa'라고 했는데 그것은 부처님의 정법안正法眼을 전해 받은 '가섭迦葉' 즉 부처님의 십대제자 가운데 한 분인 '마하 가섭Maha Kasyapa'의 이름에서 따왔다고 합니다. 로고마크도 천수관음으로 하였으니 이것은 관음사상이 산업상품에까지 응용된 예가 되겠습니다.

이렇게 대승불교에서 믿고 받들며 수행[信受奉行]하는 관음사상을 우리나라에서 편찬하여 만든 이 천수경은 불자라면 기본적으로 접하게 되고 외우게 되는 경입니다. 그래서 천수경에 대해 신앙적인 면이나 수행적인 입장에서 연구하시는 분들도 많고 천수경에 대한 훌륭한 논문과 해석본들이 많이 나와 있으니, 구해 읽으시면 많은 도움이 될 것입니다.

의상義湘 대사의 백화도량발원문

白華道場發願文

먼저 우리는 천수경을 알아보기에 앞서 신라시대에 관음대비신주를 독송하며 관음보살을 친견하고 백화도량白花道場인 낙산사를 창건하였다는 의상義湘 대사에 대한 이야기와 백화도량발원문白花道場發願文을 알아보는 것이 좋을 듯합니다.

『삼국유사三國遺事』에 다음과 같이 전하고 있습니다.

670년에 당나라에서 유학을 마치고 돌아온 의상 스님은 관세음보살의 진신眞身이 굴속에 항상 머물고 있다는 말을 듣고서 낙산의 해변을 찾아갔다.

낙산洛山이란 인도의 보타낙가산寶陀洛伽山을 말하는데, 한문으로는 소백화小白華라고 하니 백의 대사白衣大士가 머무시는 곳이다. 이레 동안 재계齋戒한 뒤에 좌구坐具를 물 위에 띄웠더니 천룡天龍팔부八部

의 신중神衆들이 시종侍從하여 굴속으로 모시고 들어갔다. 거기에서 공중을 향해 참례參禮하니 수정염주 한 꾸러미를 내려주었다. 동해의 용龍이 또한 여의보주如意寶珠 한 알을 바치므로 스님이 받들고 나왔으나 관음보살을 친견하지 못하였고, 다시 이레 동안 지극히 재계齋戒하고 나서 이에 관음보살의 참모습을 친견하였다. 관음보살이 '내가 앉아 있는 산 정상에 한 쌍의 대나무가 솟아날 것이니 그곳에다 불전佛殿을 지어라' 하였다. 스님이 이 말씀을 듣고 굴을 나서니 과연 대나무가 솟아나왔으므로 거기에다 금당金堂을 짓고 관음상觀音像을 빚어 모시었는데, 그 원만하신 얼굴과 고운 바탕이 장엄하여 마치 살아계신 듯하였다. 대나무가 도로 없어지므로 그 때에야 관음의 진신이 머무는 곳임을 알았다. 그래서 절 이름을 낙산사라 하고, 의상 스님은 자기가 받은 두 구슬을 성전聖殿에 봉안하고 그곳을 떠났다.

●

이렇게 하여 의상 대사는 낙산사를 창건하고 백화도량발원문을 지었습니다.

　　이 발원문은 관음보살에게 어떻게 귀의하고 찬탄하고 발원, 수지, 회향하며 서원하여야 하는지를 잘 보여 줍니다. 번역飜譯을 해 보았습니다.

●

白華道場發願文 백화도량발원문 〈新羅法師 義湘 製〉
稽首歸依
觀彼本師觀音大聖大圓鏡智

亦觀弟子性靜本覺 所有本師 水月莊嚴 無盡相好 亦有弟子 空花身上 有漏形骸

依正淨穢苦樂不同.

今以觀音鏡中 弟子之身, 歸命頂禮 弟子鏡中 觀音大聖 發誠願語 冀蒙加被.

唯願弟子 生生世世 稱觀世音 以爲本師 如菩薩頂戴彌陀 我亦頂戴觀音大聖 十願六向 千手千眼 大慈大悲 悉皆同等 捨身受身 此方他方 隨所住處 如影隨形 恒聞說法 助揚眞化 普令法界一切衆生 誦大悲呪 念菩薩名 同入圓通三昧性海.

又願 弟子 此報盡時 親承大聖 放光接引 離諸怖畏 身心適悅 一刹那間 卽得往生白華道場. 與諸菩薩同聞正法 入法流水 念念增明 現發如來大無生忍.

發願已 歸命頂禮觀自在菩薩摩訶薩.

　

머리 숙여 귀의歸依하옵니다.
당신 본사本師이신 관음대성의 대원경지大圓鏡智를 관觀하고,
그리고 제자의 성정본각性靜本覺을 관하니,
본사의 수월水月처럼 장엄莊嚴하신 무진無盡한 상호相好와
또한 제자의 공화空華같은 신상身上의 유루有漏한 형해形骸는
의보依報와 정보正報, 정淨과 예穢, 고苦와 낙樂이 같지 않습니다.
지금 관음보살 대성大聖의 거울 가운데 제자의 몸이,

제자 거울 속의 관음보살 대성께 귀명정례歸命頂禮하면서,
정성스럽게 발원하며 말씀을 사뢰오니 가피加被하여 주시기를
바라옵니다.
오직 원하옵나니.
제자는 세세생생世世生生 관세음보살觀世音菩薩을 칭칭稱하며
본사本師로 삼으면서,
보살님께서 아미타불阿彌陀佛을 이마에 모시듯이
저도 또한 관음대성을 이마 위에 모시며
열 가지 원願과 여섯 가지 회향回向과
천수천안千手千眼과 대자대비大慈大悲를 모두다 동등同等히 하여,
몸 버리고 몸 받으며 여기저기 머무는 곳 따라
그림자가 형체를 따르듯 항상 설법說法을 듣고 진리의 교화를
도우면서,
널리 법계法界의 일체중생들로 하여금 대비주大悲呪를 외우고
보살님 명호名號를 염송하게 하여 함께 원통삼매圓通三昧의 성해
性海에 들게 하겠습니다.
또 원하옵나니,
제자가 이 과보果報가 다할 때에 대성께서 방광放光하며 맞이하
여 이끄심을 몸소 입게 되어 모든 두려움을 여의고서 몸과 마음
이 기뻐하여 한 찰나刹那 사이에 백화도량에 왕생往生하며, 여러
보살들과 함께 더불어 정법을 듣고 흐르는 진리의 물에 들어가

생각 생각에 밝음이 더욱 늘어나 여래如來의 큰 무생법인無生法忍을 현발現發하오리다.

발원을 마치고, 관자재보살마하살觀自在菩薩摩訶薩께 귀의하옵니다.

◉

이를 독송하기 편하게 가사체歌辭體로 엮어보았습니다.

◉

백화도량발원문 〈의상 대사 지음〉

저희들의 본사이신 백화도량 관세음께
머리숙여 조아리며 지성귀의 하옵니다.
관음보살 대성인의 대원경지 살피옵고
저희들의 본래맑은 참된성품 살펴보니
참생명의 본바탕은 서로평등 하옵니다.
그러하나 우리본사 관음보살 대성인은
저하늘의 밝은달이 온누리를 비추면서
강물마다 그림자를 남김없이 나투듯이
장엄하신 상호들을 그지없이 갖추셨고,
어리석은 저희들의 헛꽃같은 모습들은
집착해도 언젠가는 부질없이 사라지니
지은대로 받는과보 의지하여 사는세상
깨끗하고 더러움과 즐거웁고 괴로움이

보살님과 저희들은 서로각각 다릅니다.
그러해도 이내몸은 다른것이 아니오라
저희본사 관음보살 거울속의 몸이오며
본사이신 보살님도 다른분이 아니오라
내마음의 거울속에 나타나신 님이오니,
당신속의 나의몸이 내맘속의 당신에게
제가이제 귀명하며 머리숙여 절하옵고
지극정성 간절하게 큰서원을 발하오니
거룩하고 그윽하신 가피내려 주옵소서.
우러러 바라옵건대,
이제자는 영원토록 세세생생 날적마다
관음보살 대성인을 스승으로 모시면서
보살께서 이마위에 아미타불 받들듯이
저도또한 그와같이 보살님을 따르리다.
열가지의 큰서원과 여섯갈래 회향하며
쉬지않고 살피시는 천개의손 천개의눈
사랑하고 애달프신 가이없는 대자대비
그와같은 모든것을 저도또한 갖추리다.
몸을버릴 이세상도 몸을받을 저세상도
모양새가 하는대로 그림자가 따르듯이
머무시는 곳이라면 어디에나 나투면서

언제든지 미묘하신 님의설법 들사오며
진리로써 교화하는 님의서원 도우리다.
시방법계 온누리의 모든이웃 중생들이
대비신주 외우면서 님의모습 생각하여
원통삼매 성품바다 함께들게 하오리다.
다시소원 있사오니 저의과보 마칠때에
대성께서 광명놓아 몸소저를 이끄시면
온갖공포 여의고서 몸과마음 안락하며
찰나사이 거룩하온 백화도량 왕생하여
여러모든 보살들과 바른법을 같이듣고
진리속에 인연따라 수월처럼 나투면서
생각생각 묘한지혜 더욱더욱 밝히오며
부처님의 무생법인 드러나게 하오리다.
큰서원을 발하고서 귀명정례 하옵니다.

나무관자재보살마하살.
마하반야바라밀.

千手經

진리와 방편 眞理方便

'진언은 입 밖으로 나올 수 없다.[眞言不出口]'고 하였으니, 진정한 말은 입 밖으로 낼 수 없습니다. 부처님께서도 내가 하고 싶은 말인 진정한 말은 하시지 못하셨다고 하셨으며, 49년간 설법을 하시고서도 내가 한마디도 설한 것이 없다고 하셨습니다. 말씀하시고 싶어도 할 수가 없었던 그것이 바로 '진언'입니다.

　진언이라는 것은 입 밖에 낼 수 없는 것이지만 그 언어나 문자를 통하지 아니하고 어떻게 우리가 그 부처님 법을 이해를 하겠습니까? 그래서 언어나 문자가 반야는 아니지만 어쩔 수 없이 언어나 문자의 방편方便을 통해서 모든 경전들을 설하시게 되는 것입니다.

　부처님께서 처음으로 깨달으시고 그 깨달음의 경지를 말이나 글로 표현할 수가 없었습니다. 그래서 부처님께서는 자기 스스로 깨달은 이 법의 즐거움을 혼자 누리면서 고요히 열반에 들려고 하셨는데,

범천梵天이 나와서 '과거의 한량없는 부처님들께서도 다 자비로 방편을 베푸셨으니 부처님께서도 방편을 베푸셔서 설법하여 주십시오.'라고 간청을 하였다 합니다. 그래서 부처님께서 과거의 모든 부처님을 살펴보니 과거의 부처님들이 다 그렇게 하셨던 것입니다. 그래서 부처님께서는 누구에게 먼저 설하여야 할까 생각을 하니 먼저 떠오른 사람이 자기와 같이 수행하던 다섯 비구였습니다. 그 다섯 비구比丘, 출가 수행하는 남자를 찾아서 성도成道하신 '부다가야'에서 '바라나시'의 교외에 있는 '사르나트'의 녹야원鹿野苑까지 이레 동안 걸어서 그 다섯 비구가 있는 곳을 찾아 가셨습니다. 그리고 제일 처음 네 가지 진리인 고苦·집集·멸滅·도道의 사성제四聖諦 법문을 설하신 것입니다.

이 세상은 고苦 즉 고통이며, 그 고통의 원인은 바로 집集입니다. 그 고통이란 번뇌 망상인 애욕의 집착執着이 쌓이고 쌓인 것[集]이라는 말입니다. 그리고 번뇌 망상인 애욕의 집착으로 생긴 고통이 모두 사라진 것이 적멸寂滅, 즉 멸滅입니다. 그러면 그 적멸에 이르는 방법이 무엇인가? 그 길이 도道입니다. 그 길이 여덟인데 그것을 팔정도八正道라 말합니다.
　　이 사성제 법문을 들은 다섯 비구들은 그 자리에서 바로 모든 번뇌를 끊은 아라한阿羅漢의 과위果位를 다 증득했다고 합니다. 그래서 부처님께서 말씀하시기를 '이제 이 세상에 아라한이 여섯이다.'고 하셨답니다. 이 세상에서 부처님 당신과 다섯 비구를 합한 여섯 분이 아라한이 되었다고 하셨습니다.

이 사성제 법문은 우리 불자들이 잘 아는 얘기입니다. 그런데 우리가 이 사성제와 그 바른 수행법인 팔정도를 알기는 하지만 우리가 아라한阿羅漢이 되었습니까? 사성제, 팔정도를 알고 있는 사람이 세상에 많습니다만 그 사람들이 다 아라한이 되었습니까?

부처님께서 방편으로 말씀하신 사성제 법문을 듣고 다섯 비구들은 그 진실의眞實意를 알아서 모두 아라한이 되었는데, 우리는 그 방편에 떨어져 있습니다. 부처님의 진실한 뜻[如來眞實意]을 알아채지 못하고 그 방편에 걸려 넘어져 있다는 말입니다. 그 부처님의 말씀이 방편에 떨어지고 마느냐, 아니면 진언이 되느냐는 우리들에게 달린 것입니다. 우리가 그 말씀의 진정한 뜻을 제대로 다 알게 되면 말씀 그대로가 진언이 되고, 그러지 못하면 방편이 되고 맙니다. 방편은 부처님의 자비하신 말씀이니 우리가 그 진정한 뜻을 알면 부처님께서 고구정녕하게 베푸신 은혜를 갚게 되고, 그렇지 못하면 부처님을 등지는 것이며 그 은혜를 배반하는 것입니다. 팔만대장경을 설하신 부처님께서 이렇게 우리들이 그 방편의 말씀에 묶이어 있는 것을 안타까이 여기시고는 마지막에 '한 마디도 설한 것이 없다'고 하신 것입니다.

'원해여래진실願解如來眞實意'라는 말은 부처님의 그 간절한 말씀의 뜻이 어디에 있는 줄을 알아야 하겠다는 말입니다. 달을 가리키면 달을 봐야 하는데 손가락에만 매어 있어서는 안된다는 말입니다. 이 사성제도 진리의 달을 가리키는 손가락에 불과합니다.

뗏목은 저 건너 피안으로 건너가게 하는 것입니다. 뗏목은 저 피안彼岸으로 가는데 타고 갈 임시 수단, 즉 방편이며 목적이 아닙니다. 저 건너 언덕, 즉 피안으로 가면 이 뗏목은 소용없는 것입니다. 그런데 우리는 부처님이 설하신 그 뗏목을 타고서 저쪽을 뛰어 넘지를 못하고 있습니다. 그 뗏목을 붙잡고서 이 뗏목의 재료는 무엇이며, 부피는 얼마이고, 높이는 얼마이며, 실을 수 있는 중량은 얼마이며, 부력浮力은 얼마이고, 사용 기간은 얼마이며 … 하는 그런 것만 따지고 있는 셈입니다. 그렇게 우리는 부처님의 진실한 뜻을 모릅니다.

모든 불자들이 거의 알고 있는 천수경이지만 그 가리키고 있는 말씀의 내용이 무엇인지, 그 진정한 뜻이 무엇인가를 우리는 그 경문經文을 따라가면서 다시 한 번 생각해 봅시다.

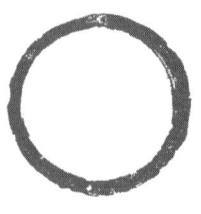

정구업진언
淨口業眞言

━ 수리 수리 마하수리 수수리 사바하 ━

'정구업진언'은 구업을 맑히는 진언, 구업을 깨끗이 하는 진언이라는 뜻입니다. 진언眞言이라는 것은 진리의 말씀, 또는 여러 가지 진리를 함축하고 있는 말이라는 뜻이 되겠습니다. 구업口業은 우리가 입으로 짓는 업입니다. 업業은 크게 나누어서 신업身業, 구업口業, 의업意業 등 세 가지로 나눕니다. 업은 우리들이 살아가면서 '짓'하는 모든 것입니다. 짓이라는 것은 몸으로 하는 몸짓, 말로 하는 언행, 또 우리 생각의 흐름 등, 모든 행위를 말합니다. 에너지의 흐름이 오래되면 습이 되고, 그 습이 오래되면 업이 됩니다. 업도 우리가 낱낱의 개인이 짓고 개인이 받는 업은 별업別業이라 합니다. 그리고 여럿이 같이 짓고 같이 받는 것을 공업共業이라 합니다. 공업이란 공동으로 집단이 같이 공유하는 것입니다. 우리가 하는 짓이 오래오래 쌓여서 그게 업이 되는데 그 업을 쌓거나 살아갈 업을 닦는 것을 수업修業이라 합니다. 디자인 공부를 하는 디자인 수업, 회계를 전문으로 하기 위해 하는 회계 수업, 음악을 하는 사람은 음악 수업 등등…. 자기 살아갈 업을 공부하는 것도 수업입니다. 업은 선업善業과 악업惡業, 그리고 선도 악도 아닌 무기업無記業으로 나누기도 하며, 방법이나 목적에 따라 여러 종류로 분류를 합니다. 우리가 무슨 업이다, 무슨 업이다 하는 그 업이란 별업이든 공업이든 제각기 다 다르기 마련입니다. 사람마다 식성食性도 다르고, 성격도 다르고, 취미도 다르고, 출신도, 건강상태도, 정신상태도 … 무엇 하나 꼭 같은 것은 없습니다. 식성도 인도 사람은 '짜파티'를 좋아하고, 또 중국 사람들은 중국음식을 좋아하고, 이태리 사람들은 이태리 음식을 좋아하며, 육식을 즐기는 사람, 채식을 즐기는 사람 등 식성이 다르게 마련입니다. 이처럼 식성이 다 다르기는 하지만 어쨌거나 우리 사람들은 형체 있는 덩어리를 먹어야 한다는, 공유하는 업이 있습니다. 그런데 천상에서는 사식思食, 즉 무엇이 먹고 싶다 하고 생각만 해도 에너지를 충족시킬 수 있다고 합니다. 천상天上의 향적香積세계에 가면 향기만 맡아도 되니 온갖 향을 갖추어 놓고 맡으면서 에너지를 보충하고, 어느 세계에서는 빛으로 즉 '오로라'로 에너지를 충족하기도 하며, 귀신들은 촉식觸食, 즉 스쳐 지나가며 에너지를 충족한답니다. 그래서 제사 밥은 먹어 보면 맛이 다르다고 합니다.

옛날 어느 고을 원님이 제사 밥을 하도 좋아해서 매일 제사 밥을 얻어 바쳤다고 합니다. 그런데 어느 날 그 고을에 제사 지내는 집을 아무리 찾아봐도 없어서 새벽에 그냥 밥을 해서 지어서 갖다 주었더니 '이건 제삿밥이 아니다'고 했습니다. 어찌 아느냐고 물었더니 '제사 지낸 밥은 먹어보면 다른데, 더구나 이 밥은 향내가 안 난다'고 하더랍니다. 제사 지내면서 향을 태우면 향내가 배이게 되고, 넋이 와서 촉식觸食한 것은 그 맛이 다르다고 합니다.

예전에 어느 시골에서 시계라는 것을 처음 보았을 때, 그걸 신기하게 생각하는 할머니에게 시계 밥을 주라고 부탁을 하고 어딜 갔다 오니 시계 속에다 쌀밥을 넣어 두었다는 이야기가 있습니다. 당시의 시계는 태엽을 감아 주는 것을 뜻한 것이었는데, 요즈음은 그 시계도 제각기 업이 틀려서 태엽을 감아 주는 것은 옛날식이 되었고 흔들어 주거나 '칩'이나 건전지乾電池를 바꾸어 주어야 합니다.

우리는 옷을 재봉裁縫해서 자기 상황에 맞추어 갖가지 패션으로 입지만, 천상天上에서는 천의무봉天衣無縫이라 하여 하늘 옷은 재단을 안 하고 입습니다. 어떤 옷이 입고 싶다 하면 벌써 그 옷으로 바로 입혀진답니다. 밤에 꿈을 꿀 때 내가 꿈에 출연하기 위해서 옷을 지을 필요가 없습니다. 꿈에 바로 잠재의식 속의 그 옷을 입고 나오는 것과 같습니다. 그와 같이 중생들의 업에 따라 피복의 방식도 다릅니다.

그리고 똑같은 색깔을 봐도 미술을 전문으로 공부한 사람이 보면 아주 감각이 다양합니다. 일반적으로 그냥 '붉다'고 그러는데, 붉은 것만 있는 게 아니라 빨갛다, 뻘겋다, 새빨갛다, 불그스름하다, 붉으죽죽하다 등등 여러 가지의 표현이 있습니다. 검은 것도 검은 것, 시꺼먼 것, 거무스레한 것, 거무튀튀한 것, 거무죽죽한 것 등등, 노란 것도 흰 것도 모든 종류의 색깔이 그런데, 색깔을 전문으로 익힌 사람이 보면 색감色感이 더 미세하고도 묘하게 더 세분화되고 더 다양화됩니다.

　　음악을 하는 사람 가운데 오케스트라 지휘를 하는 분들은 긴 시간을 지휘하면서도 그 많은 단원 중 누가 어디에서 어느 부분에서 틀렸다는 걸 다 집어냅니다. 업이 그만큼 아주 전문화되니까 그렇습니다.

　　우리 한국인들은 색깔이나 소리, 향기, 맛, 감촉 등에서 어느 민족들보다도 더 다양한 어휘들을 쓰고 있는 것을 보면 아주 감각이 뛰어난 것입니다. 그래서 한국인들은 다양한 개성과 전문화를 요구하는 미래의 시대에 발전 가능성이 더 높습니다.

태어나는 방법도 사생四生이 다릅니다. 사생이란 태생胎生·난생卵生·습생濕生·화생化生입니다. 즉 태로 태어나는 것, 알로 태어나는 것, 습기濕氣 속에 태어나는 것, 화생化生하는 것입니다.

　　새로이 생명을 잉태하기 위해서 사랑하는 방법도 다르니 우리 사람들은 남녀 간에 서로 끌어안고 사랑을 해야 거기서 자식도 낳고 그렇게 한단 말입니다. 앞으로 생명공학이 더 발달하면 난생卵生의 방법을 차용한 인공수정의 시험관 아기나, 유전자를 분리 조작하여 디자인 하여 낳게 되는 방법 등 갖가지 번식하는 방법도 다양해지게 될 것이며, 또한 그러한 변태의 방식에 의한 많은 부작용도 생길 겁니다. 그런 다른 방식을 취하게 될 때에는 반드시 업의 연기緣起에 의한 인과율因果律을 잘 살펴야 할 것입니다.

천상에서는 마주만 봐도 사랑이 충족된다고 합니다. 서로 그 사람을 멀리서 생각만 해도 사랑의 기쁨이 몇 배나 큰 그런 차원의 세계도 있습니다. 그 가운데서 가장 큰 사랑은 자기 자신을 사랑하는 것입니다. 자기의 내면을 향해 반조하며 삼매三昧에 들어 자기의 진면목眞面目인 참 생명을 깨달아 너와 나를 초월하여 모든 생명들과 함께 나누는 사랑은 최상의 사랑입니다.

이처럼 우리들이 짓는 모든 것이 다 업業; Karma입니다. 그 가운데 우리가 지어 온 다양한 업을 크게 신업身業 구업口業 의업意業의 셋으로 나누고, 다시 선업善業과 악업惡業으로 나누며, 악업은 다시 십악十惡으로 구분하고, 십악 가운데 살생殺生 투도偸盜 사음邪淫은 몸으로 짓는 악업이요, 그 다음에 망어妄語, 기어綺語, 양설兩舌, 악구惡口는 입으로 짓는 악업, 그리고 탐내고 성내고 어리석은 탐貪·진嗔·치癡는 생각으로 짓는 악업으로 분류합니다.

우리는 살아가면서 많은 구업을 짓게 됩니다. 거짓말, 꾸며대는 말, 서로 이간시키는 말, 여기서 한 말과 저기서 하는 말이 틀리는 말, 모질게 말하는 것 등이 악한 구업입니다.

　　옥편玉篇의 입 구口변이나 말씀 언言변을 찾아보면 다른 글자들과 조합된 아주 많은 소리와 여러 말에 대한 표현들이 있는데, 예를 들면 언言변에서는 대표적으로 적을 소小자와 합친 글자[言+小]는 믿을 신信의 옛글자[古字]입니다. 그리고 많을 다多자와 합친 것은 속일 치誃라고 합니다. 말이 많거나 선전이 지나치면 믿음이 없고 말이 적어야 오히려 믿음이 간다는 뜻이 담겨 있습니다. 그리고 말씀 언言에 절 사寺자와 합친 글자는 시詩라고 읽습니다. 아름다운 시는 운율이 있고 여러 사람이 함께 읊으면서 마음속에 새기면 사람들을 순화純化시키는 힘이 있습니다.

우리 불자佛子들은 부처님의 경전을 읽거나, 화두話頭를 참구하거나, 염불하거나, 진언眞言: 다라니을 지송持誦하면서 지고지순至高至純한 정업淨業을 닦아야 합니다.

진언은 묘한 위력을 가지고 있다고 합니다. '부처님께 귀의하고 진리에 귀의하고 훌륭하신 수행자들께 귀의합니다' 하는 삼귀의三歸依나, 그런 길을 가기 위해서 계율을 지키겠다는 서원만 하더라도 진언이 된다고 합니다.

부처님 제자 가운데 '앙굴마라'라는 분은 '사람을 백 명 죽여 그 손가락으로 목걸이를 만들어 걸고 다녀야 도를 이룰 수 있다'는 거짓에 속아서 사람을 아흔아홉 명 죽여 그 손가락을 잘라서 목걸이를 만든 살인자였는데, 마지막에 자기 어머니를 해치려다가 부처님의 교화를 받고 깨어나게 됩니다. 그리고 국왕한테서도 사면을 받은 뒤에 출가하여 부처님 제자가 되었습니다.

어느 날, 앙굴마라는 가사를 걸치고 탁발托鉢을 나가 어느 장자長者 집을 들렀더니 "아 부처님 제자님이시여, 지금 저의 마누라가 아이를 낳다가 애기가 나오지도 않고 진통을 겪고 있는데 순산順産을 할 수 있도록 해주십시오." 하였습니다. 그런데 앙굴마라는 어떻게 할 수가 없어서 얼른 부처님을 찾아뵈옵고 "부처님이시여! 어느 장자가 저를 보고 부인이 산고産苦를 겪고 있는데 순산을 할 수 있도록 해달라는데 어떤 방법이 있습니까?" 하니, 부처님께서 "너는 가서 '나는 부처님 법에 귀의하여 출가한 뒤로 진실로 한 번도 살생한 일이 없다.'라고 말하여라." 하셨습니다. 앙굴마라는 곧장 그 집으로 가서 그렇게 말하니, 그 진실한 한마디도 바로 진언이 되고 묘한 힘이 되어 순산을 하게 되었다고 합니다.

정구업진언은 구업口業을 맑히는 진언입니다. 그리고 구口란 입뿐만 아니라 출입구出入口, 분화구噴火口, 동구洞口, 항구港口 등과 같이 모든 것이 쏟아져 나오고 들어가기도 하는 중요한 목이며 관문關門을 뜻하기도 합니다. 그 신·구·의 삼업을 깨끗이 맑히어나가도록 잘 표현이 되어 있는 한 글귀가 있습니다.

⦿   성 안내는 그 얼굴이 참다운 공양구요.[身業]
    부드러운 말 한마디 미묘한 향이로다.[口業]
    깨끗해 티가 없는 진실한 그 마음이
    언제나 한결 같은 부처님 마음일세.[意業]

우리가 구업을 맑히려면 어떻게 해야 할까요? 이때까지 지어 온 구업은 양치질 한 번 하고 찬물 한 모금 마시듯이 정구업진언을 한번 외운다고 지워지는 건 아닙니다. 오랜 세월동안 지어 온 구업이 얼마나 많습니까?
    업도 선악을 나누었을 때 악업을 짓지 말고 선업을 지어야 합니다. 그런데 『법구경』에서 "사람을 미워하지 말라. 사랑하지도 말라. 미워하는 사람은 만나서 괴롭고 사랑하는 사람은 못 만나 괴롭다." 라고 하였듯이, 악업을 짓지 말아야 할 것은 더 말할 것 없거니와 선업도 짓지 말아야 한다고 합니다. 악업은 참회할 곳이 있지만 선업은 참회할 곳도 없다고 했습니다. 마음속에 좋은 일 했다고 하여 그 좋다는 상相에 집착하는 것을 경계警戒하는 뜻으로 참회할 곳도 없다고 했습니다. 그런데 선도 악도 짓지 않고 멍청하니 있으면 무기업無記業이 되니 그것은 더더욱 경계해야 합니다. 오히려 집착 없이 더 뚜렷하게 많은 선업을 짓도록 해야 합니다.

『채근담』에 이런 말이 있습니다

"바람이 성긴 대숲에 불어와도 바람이 가고나면 그 소리를 남기지 않고, 기러기가 차가운 호수를 지나도 기러기 가고 나면 호수는 그림자를 남기지 않는다. 그러므로 군자는 일이 생기면 비로소 마음에 나타나지만 일이 지나면 마음도 따라서 비워진다."

마치 깨끗한 거울처럼 사물이 나타나거나 일이 생기면 모든 것을 분명히 비추지만 가고나면 흔적을 남기지 않아야 합니다. 선업을 짓지 말라는 것은 선善이라는 거기에 집착하지 말고 선업을 지으면서도 그 업의 실체를 제대로 바로 보아 그 선악을 뛰어넘으라는 뜻이며, 온갖 업의 근본이 공空한 그 청정한 자리로 돌아가야 한다는 것입니다.

업을 맑히는 것은 시비是非 선악善惡 호오好惡 애증愛憎 등의 분별에 의한 미혹인 무명의 구름을 걷어내는 것입니다. 이 방에 어둠이 가득 차 있으면 이 어둠을 몰아내려면 어떻게 해야겠습니까? 어둠을 비우려고 바가지로 아무리 퍼내도 어두움은 끝이 없습니다. 문을 열어 놓아도 어둠은 밀려나가지 않습니다. 이 어둠은 밝은 불을 켜면 단박에 사라집니다. 어두움이 한쪽으로 밀려나가 사라지는 것이 아니라 본래 그 실체가 없는 것입니다. 이 무명無明의 업을 맑히거나 밝히는 한 방편이 진언을 수지受持하는 것입니다. 진언은 미묘한 뜻과 불가사의한 힘이 있어서 우리들의 업을 청정하게 해줍니다.

진언은 옛날부터 번역을 하지 않고 범어梵語 그대로 수지하였습니다. 보통 다섯 가지 이유 때문이라 하는데 이를 오종불번五種不飜이라 합니다.

첫째, 비밀한 뜻이 있기 때문에 번역하지 않습니다. [秘密故]
둘째, 여러 가지 뜻을 함축하고 있기 때문입니다. [多含故]
셋째, 이 지역에는 그런 것이 없기 때문입니다. [此方無故]
넷째, 예전부터 써오던 관습을 따르기 때문입니다. [順古故]
다섯째, 그 뜻이 너무 커서 존중하기 때문입니다. [尊重故]

그래서 옛날부터 조사 스님들도 그것을 번역할 수 있었지만 진언을 풀이하지 않고 원문대로 독송讀誦하여 왔습니다. 그런데 인도印度의 원어原語가 중국, 한국, 일본 등 이곳저곳으로 옮겨 다니면서 세월이 흐르다 보니 조금씩 발음이 변하고 함축되어 있는 뜻도 조금 다르게 전해지기도 합니다. 예를 들면 우리들이 독송하는 반야심경의 '반야바라밀다주呪'도 나라마다 발음이 조금씩 다릅니다. 그리고 우리나라 안에서도 옛날 문자생활이 보편화되기 전에는 경문經文이나 진언眞言들이 구전口傳으로 전해지는 과정에서 일반인들이 원문과 다르게 외우는 것을 볼 수가 있었습니다.

진언은 번역하지 않아야 합니다. 하지만 우리가 저건 비밀이다 하면 더 궁금해지듯이, '도대체 그 진언의 본래 뜻이 무엇일까?' 하는 호기심이 일어나게 됩니다. 그래서 정구업진언이 가진 의미가 무엇인지 대충이나마 그 뜻을 더듬어 보겠습니다.

정구업진언 淨口業眞言
수리 수리 마하수리 수수리 사바하.

정구업진언은 구업口業을 맑히는 진언眞言입니다.

수리(Sri)

수리는 스리Sri입니다. 그 뜻은 거룩하다, 훌륭하다, 맑고도 밝다, 대길大吉하고 상서祥瑞롭다, 길상吉祥스럽다, 보배로우신 존재, 존경스러운 분, 존자尊者, 길상스러우신 존자 등의 뜻입니다. 보통 길상존吉祥尊이라고 하며, '길조吉兆를 띄신 상서로운 존자이시여!' 그런 뜻입니다. 예를 들면 문수文殊보살은 문수사리文殊舍利인데 그것은 범어의 만쥬스리Manju-sri로 묘길상妙吉祥이라 번역합니다. 인도에서는 성자聖者들의 앞에 스리Sri~라고 붙여 '성聖 아무개'라고 부릅니다. '스리-랑카'라는 나라 이름도 '보배로운 상서로운 땅'이라는 뜻입니다.

마하수리(Maha-Sri)

마하는 크다, 많다, 수승하다, 평등하다, 위대하다 등의 의미입니다. 마하의 '크다'라는 뜻은 불가사의의 크기를 말합니다. 온 우주를 감싸고도 남을 만한 크기, 한량없는 수의 우주를 아무리 넣어도 채울 수 없는 크기입니다. 그리고 크기만 한 것이 아니라, 작기로 말하면 바늘 끝도 용납할 수 없고 소립자素粒子마저도 받아들일 수 없는 크기입니다. 그래서 크고 작은 것을 초월하여 걸림이 없는 능소능대能小能大의 크기가 마하입니다.

수수리(Su_sri)

스리를 강조하는 복수형입니다. 참으로 길상스럽다 또는 지극히 길상스럽다는 뜻입니다. 아무리 강조해도 그 지존至尊의 길상吉祥스러움을 다 말할 수 없을 정도의 찬탄입니다.

사바하(svaha)

구경究竟, 원만圓滿하다, 성취成就하다, 억념憶念, 호념護念하다 등의 의미가 함축되어 있습니다. 시작부터 끝까지 모두를 거두어 성취시키고 회향하며 끝없이 지켜나간다는 큰 의미가 있습니다. 모든 것의 마무리이기도 하고, 지속이면서도, 새로운 전개이기도 합니다. 이미 성취한 것은 찬탄하고, 성취된 것을 호지護持하고, 성취되지 못한 것은 기필코 원만히 성취시키겠다고 서원하는 그런 의미를 함축하고 있습니다.

이상의 말을 종합해보면

  길상존이시여!
  길상존이시여!

위대하신 길상존이시여!

지극히 위대하신 길상존이시여!

원만히 성취하셨습니다.[찬탄]

원만히 성취하오리다.[서원]

위대하신, 지극히 위대하신 길상존은 크고 넓기는 온 우주를 다 감싸고도 남고 작고 좁기로는 아무리 작은 티끌 속에도 온전히 다 스며들 수 있는 그런 부처님입니다.

부처님께서 처음 룸비니 동산에 태어나시어 동서남북 사방으로 일곱 걸음을 걸으시며 한 손은 하늘을 가리키고 한 손은 땅을 가리키시면서 제일성第一聲으로 하신 사자후獅子吼가 바로 '천상천하天上天下 유아독존唯我獨尊'입니다. 하늘 위에나 하늘 아래에 오직 나뿐인 독존獨尊이니, 남이 없이 오로지 나이며 온 누리가 그대로 나입니다.

모든 상대相對를 초월한 절대絕對의 경지는 '너와 나' '주관과 객관', '위와 아래', '부처와 중생' 등등의 온갖 분별이 사라지고 모든 만유萬有가 둘이 아닌 원융圓融한 진리의 자리이며, '나고 죽음'을 초월한 불생불멸不生不滅인 모든 삶들의 '참 생명'입니다.

이 '절대의 나'는 '무아無我의 나'입니다. 내가 없으니 너도 없고, 너와 내가 둘이 아니며, 너와 내가 둘이 아니니 '너는 또 다른 나'일 뿐입니다. 온 누리가 그 모든 것을 초월하면서도 또한 일체를 포용하는 오직 〈나〉일 뿐인 것입니다. 그 모든 선악善惡을 초월한 절대인 그 참 생명의 자리는 모든 업業의 자취가 흔적조차 없으니, 그 참 생명을 깨닫는 것이야 말로 모든 업을 청정히 하는 것입니다. 부처님께서는 바로 이 소식을 깨닫고 전해주신 것입니다. 49년 동안의 설법도 이 말씀을 전해주기 위해서입니다.

이처럼 정구업진언은 '길상존이시여! 지극히 위대하신 오직 하나 되는 지극하신 길상존이시여! 온누리가 그대로 참 생명이신 님'이라고 찬탄하고, 그와 같은 참 생명의 길상존이 되겠다고 서원하는 뜻을 함축하고 있습니다.

정구업진언 〈수리수리 마하수리 수수리 사바하〉는 바로 부처님의 제일성第一聲이며, 우리들이 경전을 펼칠 때에 제일 처음 염송하는 그런 오묘한 진언입니다.

부처님 당시에 '바이샬리'라는 곳에 유마維摩라는 거사居士가 있었습니다. 재가자在家者로서 그 수행은 부처님의 제자들을 능가하는 훌륭한 분이었습니다. 부처님께서는 그분이 아프시다는 소문을 들으시고 제자들에게 병문안을 다녀오라고 하십니다. 그래서 많은 제자 보살들이 병문안을 갔는데 유마거사는 찾아오는 부처님 제자들과 불이법不二法, 즉 이분법二分法적인 상대성相對性을 초월한 절대絶對의 진리에 대해 토론하며 하나하나 깨우쳐 주십니다. 마지막으로 지혜가 뛰어난 문수보살이 찾아가서 불이법에 대해서 서로 문답을 나누는데, 문수보살은 '그것은 말이나 글로 표현할 수 없다'고 대답하였습니다. 그리고 유마거사에게 '이제 거사님께서 불이법에 대해 말씀해 보십시오' 하니, 유마거사는 아무 말씀도 없이 침묵하셨습니다. 그때 문수보살과 대중들은 '유마거사께서 불이법을 가장 훌륭하게 잘 설해 주셨다'고 찬탄해 마지않았습니다. 이것이 바로 정구업진언의 극치입니다.

이 세간世間의 분별인 자타自他, 시비是非, 선악善惡 등의 상대적인 모든 것을 초월하면서 또한 일체를 아우르는 불이不二의 확연廓然하고 청정한 그 자리는 본래 고요하니 맑고, 맑으니 밝고, 밝으니 온 누리를 두루 통하게 됩니다. 그와 같이 온 누리 그대로 청정한 진리의 법신인 길상존이시니, 모든 티끌마다에 다 참 생명이 스며 있으시고 두두물물頭頭物物이 그대로 참 생명의 모습으로 장엄한 세계가 펼쳐지는 것입니다.

하얀 눈을 노래하니 마음마저 시려오고
찬 매화를 읊조리니 입에 절로 향기난다.
歌傳白雪心全冷
詩吐寒梅口自香   운옥재(韞玉齋)

오방내외안위제신진언
五方內外安慰諸神眞言

= 나무 사만다 못다남 옴 도로도로 지미 사바하 =

아직 세상이 잠들어 있는 새벽! 사미승은 자리에서 일어나 세수하고 촛불 켜고 향을 사룬 다음 가만히 목탁을 들고 나가 만지작거리듯이 속삭이듯이 작은 소리로 울리기 시작하여 점점 큰 소리를 울립니다. 그리고 다시 점점 사그라지듯이 내렸다가 다시 점점 크게 울리고 이렇게 하기를 세 번 반복한 다음 천천히 목탁을 울리며 천수경을 낭송하면서 도량을 한 바퀴 돌게 됩니다.

　　목탁을 처음부터 쾅! 하고 크게 울리면 잠든 대중들이 놀라게 되므로 깊은 잠 속에서 서서히 깨어나도록 작은 소리에서부터 서서히 크게 울리는 것입니다. 그리고 그렇게 하는 것은 사람뿐만 아니라 도량 주위에 잠들어 있는 산새들이나 길짐승은 물론 허공에 떠도는 넋들이나 도량 안팎을 옹호하는 신중神衆들마저도 놀라지 않게 하려는 배려 때문입니다. 그리하여 불안한 어두움 속의 허공계虛空界까지도 안위安慰시키어 뭇 생명들을 무명無明의 깊은 잠속에서 일깨워내고 무정물無情物들까지도 살아나게 하고, 깨어있는 부처님까지도 다시 깨어나게 하는 것입니다. 이렇게 불보살님께 예불 드리기 전에 목탁을 울리며 자기 스스로 깨어나고 도량을 깨우는 이 의식을 도량석道場釋이라 합니다.

오방은 동·서·남·북과 중앙의 평면적인 방향 개념입니다. 그리고 그 오방의 안과 밖은 또한 아래 위이기 때문에 입체적으로 시방十方이 됩니다. 그 오방의 의미는 오방五方에 대비되는 금金·목木·수水·화火·토土인 오행五行의 이치에 따라 오기五氣, 오색五色, 오미五味, 오음五音, 오장五臟, 오감五感, 오관五官, 오욕五慾, 오정五情 등등 일체의 인식과 대상 경계를 모두 포함합니다. 내외內外는 안과 밖, 나와 남, 주체와 객체, 주관과 객관, 내면과 외형, 생명과 환경, 도량의 안팎, 땅속과 허공계 등을 통틀어 말한 것이며, 또한 나를 비롯한 일체 생명을 총망라하여 일컫는 말입니다. 방향이란 것은 세상을 인식하는 주체를 중심으로 벌려지는 것입니다. 그리고 인식하는 주관의 이동에 따라 방향도 달라지게 마련입니다. 내가 서 있는 이 중심도 내가 서쪽에 가서 보면 동쪽이 되고, 동쪽으로 가서 보면 서쪽이 됩니다. 그리고 높은 곳으로 올라가서 보면 낮은 곳이 되고, 낮은 자리에 내려가서 보면 높은 곳이 되기도 합니다.

연기緣起되는 관계의 변화에 따라 방향도 무유정방無有定方 즉 정해진 방향이 없고, 자리도 무유정처無有定處, 즉 정해진 곳이 없습니다. 이 관계 속에서 나를 중심으로 느끼게 되는 좋고 나쁨도, 기쁘고 슬픔도 상황에 따라 인식하기에 따라 바뀌는 것입니다. 이 상황이 언제 어떻게 변해갈지 불안합니다. 나만 그런 것이 아니라 나와 함께 어우러져 살아가는 일체 존재들이 다 그러합니다. 그래서 제행무상諸行無常 일체개고一切皆苦, 이 세상 모든 것은 덧없고 불안하여 괴로운 것이라 합니다.

'오방내외안위제신진언'은 온 시방 법계의 불안한 모든 생명들을 평안하게 하는 진언입니다. 그리고 내 마음에 떠도는 번뇌 망상과 그늘진 것을 걷어내는 진언입니다.

나무 사만다 못다남 옴 도로도로 지미 사바하

나무(Namo)

'나무'는 '지성으로 귀의歸依하다', '지극한 마음으로 귀명歸命하다', 그런 뜻이 담겨 있습니다. 지성귀의至誠歸依는 지극히 정성 다해 귀의한다는 뜻입니다. 그리고 지심귀명례至心歸命禮라고도 하는데, '지극한 마음으로 절하면서 참 생명의 자리에 돌아가 의지하옵니다.' 하는 뜻입니다.

사만다(Samanda)

사만다는 두루, 널리, 원만圓滿, 보변普遍, 변재遍在하다, 온 누리에 가득해 있는, 온 누리에 충만해 있는, 그런 뜻입니다. 두루한다는 것은 공간적으로 시간적으로 언제 어디에나 충만한 것입니다.

못다남(Budha-nam)

'못다남'은 '붓다남'입니다. '붓다'는 깨달으신 분, 바로 부처님이며,

'남'은 복수複數입니다. 그러니 '못다남'은 부처님들이라는 뜻입니다.

'나무 사만다 못다남'은 '온 누리에 언제나 두루 충만하신 부처님께 귀의합니다.' 라는 뜻입니다. 여기서 충만充滿이라는 것은 온 누리의 공간空間과, 무시무종無始無終의 과거, 현재, 미래를 아우르는 시간時間까지도 다 통틀어 말하는 것입니다. 부처님은 깨달으신 분이란 뜻이며, 또한 우리들의 근본이며 참 생명인 법신불法身佛을 말합니다. 우리가 예불할 때에 '지심귀명례 시방삼세 제망찰해 상주일체 불타야중至心歸命禮 十方三世 帝網刹海 常住一切 佛陀耶衆' 하는 데 바로 그런 뜻입니다.

삼세三世는 과거, 현재, 미래를 말합니다.

제망찰해帝網刹海는 제석천帝釋天의 '인드라'망網의 그물코마다 있는 투명한 구슬에는 다른 구슬의 모든 그림자를 머금어 비치는데, 그물코마다 있는 모든 구슬이 그러합니다. 그리고 그 구슬에 비친 낱낱의 구슬의 그림자에는 다른 구슬을 모두 머금은 그림자가 서로 끝없이 거듭거듭 되비추면서 한량없는 숫자를 펼치게 되는데, 그와 같이 무한하게 중중무진重重無盡 서로서로 연기하는 무량한 세계를 가없는 바다에 비유하여 제망찰해라고 합니다.

'상주일체 불타야중'에서 상주常住는 언제나 변함없이 머무는 것이며, 일체 불타야중一切 佛陀耶衆은 모든 부처님들이라는 뜻이니, 과거에나 현재에나 미래에도 언제나 변함없이 머무는 부처님입니다. 과거의 부처님은 이미 깨달으신 부처님이며, 미래에 성불할 부처님이란 아직 부처를 이루지 못했지만 그 부처될 참 생명인 불성佛性을 갖춘 일체중생인 것입니다.

'나무 사만다 못다남'은 공간과 시간을 모두 아우르면서도 시공

時空을 초월한 과거, 현재, 미래의 부처님들과 일체중생들의 참 생명에 귀의하는 것입니다.

옴(Om)

'옴'은 우주의 기본 소리입니다. '오~ㅁ' 하는 것은 이 우주가 생기기 전부터 울리고 있는, 이 우주가 끝나도 영원히 울릴 소리입니다. 태초에 음양陰陽이 부딪쳐 진동振動이 울리기 그 이전부터 무극無極으로 울리는 소리 이전의 소리입니다. 요즘 말로 하면 우주의 빅뱅Big-bang이 일어나기 이전부터 울리던, 그리고 빅립Big-lip으로 온 우주가 다 사라져도 울릴 그 소리를 '옴'이라고 합니다. 우주의 기본축이 되는 중심이 되는 그리고 무시무종인 참생명의 자리가 바로 '옴'이며, 그 소리가 바로 '옴'입니다.

도로도로(Duruduru)

'도로도로'는 보살피다, 지키다, 관찰하다, 보호保護하다, 임지任持하다, 호지護持하다, 다둑다둑 다둑거리다, 밝다, 재촉하다 등의 뜻이라 합니다. '도로도로'는 어린애를 보살피면서 행여 다칠세라 다둑다둑 잠재우고 젖먹이며 기르는 것처럼, 그리고 옛날에 불이 귀하던 시절에 불씨를 구해다가 불씨가 꺼지지 않도록 조심조심 보호하는 것과 같습니다. 이처럼 도로도로는 한 마음으로 살피면서 계속 관觀하는 것입니다.

지미(Jimi)

'지미'라는 것은 씨앗, 알, 종자, 불씨, 인자因子 등의 뜻입니다. 식물의 씨앗 속에는 물과 온도가 맞으면 싹이 나서 떡잎이 벌어지고 줄기가 자라나 거름을 흡수하여 햇빛과 공기를 마시며 자양분을 만들면서 가지를 뻗어 큰 나무가 되고 잎이 피고 꽃이 피어 열매를 맺게 되는 인자因子를 갖추어 있습니다. 알 속에는 조건만 맞으면 부화하여 나방이 되거나 병아리가 되고 장공長空을 날아가는 큰 새가 되는 그런 인자因子가 구족합니다. 성냥 속에도 불의 씨가 들어 있어 발열하여 불이 나면 수미산을 태우고도 남을 그런 인자因子가 들어 있습니다. 그러나 그 씨앗 인자因子라는 것도 여러 조건들이 형성되어 만들어낸 씨방에서 꽃가루가 수정하여 형성된 것일 뿐이며 그 실체가 있는 것은 아닙니다.

사바하(Svaha)

'사바하'는 원만, 성취하다, 라는 뜻입니다. 앞의 정구업진언에서 설명하였습니다.

〈옴 도로도로 지미 사바하〉는 '아! 씨앗을 잘 보살펴서 성취한다.'는 뜻이 되겠습니다.

　　　닭이 알을 품어 병아리가 깨고 나오게 하듯이, 씨앗을 잘 묻어 싹을 틔우듯이, 불씨를 살려 불을 지피듯이 하라는 뜻이기도 합니다. 그러나 더 나아가 불씨의 실체를 살피고 알의 실체를 살피고 씨앗의 정체를 반조하며 파악하듯이 모든 불안의 근본 실체를 깨달아 불안을 해소하고 안위를 성취한다는 뜻입니다.

우리들이 살아가는 이 세상은 온통 지뢰밭을 걸어가는 것만큼이나 불안합니다. 세상에는 도처에 전쟁과 질병, 자연재해, 교통사고, 금융사고, 살인, 강도, 사기, 폭행, 테러 등등이 끊임없이 신문이나 방송을 도배하고 있습니다. 언제 어디에서 무슨 사고가 터질지? 내 자신은 물론 가족들 하나하나가 어디에서 무슨 사고를 일으키지나 않는지, 우리 공동체에서 무슨 일이 불거지지나 않을까? 모두가 각자 자기의 자리를 지키고 살아가면서 제대로 잘 해낼 수 있을까? 근심 걱정이 그치지 않습니다. '엄마 아빠 걱정 마세요!' 하고 안심시켜드리면 '응 그래!' 하고 대답하면서도 다시 근심 걱정되고, 잠시 불안을 잊고 행복을 누리더라도 또다시 근심 걱정거리가 밀려옵니다.

　　텔레비전에서 방영되는 동물의 왕국이라는 영상물을 보면 약육강식의 먹이사슬 관계 속에서 살아가는 불안한 동물들의 삶을 볼 수 있습니다. 어느 동물이나 외적의 공격에 한 때라도 방심할 수가 없습니다. 숲 속에서 아름답게 노래하는 새들도 언제나 독수리와 같은 강자의 눈을 피해 작은 가슴을 졸여야 하니, 문이 없는 둥지 속에서 꾸는 꿈조차 편할 리가 없습니다.

　　숲이나 정원에서 아름다운 꽃향기를 자랑하는 식물들도 잎새들은 서로 햇빛을 차지하려 다투고 땅속의 뿌리는 흡수할 양분을 다투느라 서로 얽히고설키는 등 그 생존의 치열한 다툼이 끝이 없습니다. 그리고 저 허공 속에도 아수라阿修羅들의 다툼이 끝이 없고, 심지어는 형체 없는 전파電波들까지도 서로 충돌하며 다투고 있습니다. 그래서 '삼계三界가 마치 불타는 집과 같아서 온갖 고통으로 가득 차 있다.[三界火宅 衆苦充滿]'고 하였습니다.

　　이 모순과 부조리와 갈등으로 점철點綴된 세상을 괴로움의 바다 즉 고해苦海라 하고, 그 고해 속에서 어쩔 수 없이 참고 견디며 살아갈 수밖에 없어서 이 세계를 감인세계堪忍世界 또는 사바세계娑婆世界라 하는 것입니다. 이런 고통의 굴레를 벗어나기 위해 왕위마저도 버리고 출가한 '고오다마 싣달타'는 해탈解脫의 진리를 깨달아 부처를 이루시고서, 고통받는 이웃의 뭇 삶들을 위해 자비慈悲의 방편方便으로 '삼계의 끝없는 윤회의 고통을 내가 마땅히 편안케 하리라.[三界皆苦 我當安之]'라고 하셨습니다.

　우리는 이런 온갖 불안에서 벗어나려면 부처님께 귀의하여야 합니다. 부처님께 의지하여야 모든 불안과 번민과 고통을 벗어날 수가 있습니다. 내가 부처님께 귀의하는 것은 부처님을 위해서가 아니라, 나의 불안과 고통을 벗어나기 위해서이니, 바로 내 자신을 위해서입니다.

불교의 가르침 가운데 수행의 핵심을 잘 정리한, 고려 때의 보조국사 지눌 스님께서 저술하신『수심결修心訣』이 있습니다. 그 첫머리입니다.

　"이 세상의 고통은 마치 불난 집과 같으니, 어찌 그런 고통을 참으면서 그대로 달게 받고만 있겠는가? 그 고통스런 윤회를 벗어나려면 부처를 찾는 길뿐이다. 그런데 부처를 어디에서 찾을 것인가? 부처는 곧 마음이니, 마음을 어찌 먼데서 찾으리오. 바로 내 자신을 떠나 따로 있는 것이 아니다.[三界熱惱 猶如火宅 其忍淹留 甘受長苦 欲免輪廻 莫若求佛 若欲求佛 佛卽是心 心何遠覓 不離身中]"

　우리가 부처님의 가르침을 의지하는 것은 그 가르침이 불안 속에 고통받는 중생을 위한 자비심으로 설해진 것이기 때문입니다. 그것은 바로 불안의 인자因子를 찾아내도록 가르치신 것이니, 바로 그 불안의 뿌리 찾기에 의해서만이 불안이 해소된다는 것입니다.

중국 선종禪宗의 초조初祖이신 달마達磨 스님께 제자인 혜가慧可가 찾아가서 간절히 절하며 말했습니다.

"스님! 제 마음이 불안합니다. 제 마음을 편안하게 해 주십시오."
"아 그래. 내가 네 마음을 편하게 해 줄 터이니, 그 불안한 마음을 가져오너라."

달마 스님의 그 말을 듣는 순간 혜가는 한 생각 돌이켜 깨닫고서
"마음을 찾아보니, 안에도 있지 않고, 밖에도 있지 않고 중간에도 있지 않고 그 어디에도 있지 않습니다." 하니,

달마 스님이 "이미 네 마음을 편안케 하였느니라." 하였습니다.

바로 달마 대사께서 '그 불안한 마음 가지고오라' 했을 때, 혜가 스님은 바로 그 불안의 인자因子가 실체가 없는 줄을 깨달아 불안을 해소하고 평안을 성취한 것입니다. 바로 〈옴 도로도로 지미 사바하〉해 버린 것입니다.

달마 스님의 『관심론觀心論』에 '밖으로 모든 반연을 쉬고, 안으로 헐떡거림을 쉬어, 마음이 장벽과 같이 되어야 도道에 들어갈 수 있다.[外息諸緣 內無喘息 心如障壁 可以入道]'라고 하였습니다. 안팎을 안위시켜야 도에 들어갈 수 있다는 것입니다. 또 '마음을 관하는 법이 온갖 것을 거둔다.[觀心一法總攝諸行]'라고 하였습니다. 바로 '도로도로 지미 사바하'한다는 말입니다.

중국 선종의 육조六祖인 혜능慧能 스님께 남악南嶽; 崇山에서 회양懷讓 선사가 처음 찾아 왔을 때에 육조 스님이 물었습니다.

"어디서 왔느냐?"

"예, 숭산崇山에서 왔습니다"

"어떤 것[什麽物]이 왔느냐?"

그 물음에 회양 선사가 꽉 막혀버렸습니다. 먼 숭산에서 여기까지 올 때에 '다리 아프니 쉬어가자' 하고, 목마르면 '입으로 물을 마시자' 하고, 피곤하면 '한숨 자고 가자' 하고, 길을 몰라 '어디로 갑니까?' 하면서 물어물어 이 몸뚱이를 여기까지 끌고 온 '그것'이 무엇인가? 하고 물었습니다. 이 몸뚱이를 끌고 다니는 바로 그것은 소소영영昭昭靈靈 하면서도 모양도 없고 생각으로도 미칠 수 없고 이름 붙일 수도 없는 '머시기'이며 '거시기'인 〈지미〉입니다. 억지로 이름하여 '일물[一物]'이라고도 하고, '불성佛性'이라고도 하고, '여래장如來藏'이라 하기도 하고, '참 생명'이라 하기도 하고, '본래면목本來面目'이라고 하기도 하는데, 그 종자種子인 인자因子가 바로〈지미〉입니다.

회양 선사는 8년 동안을 그것[一物]을 참구하여 육조 스님 앞에 가서 "일물이라 말하여도 맞지 않습니다.[說似一物卽不中]"고 말합니다. 이에 육조 스님께서 "그러면 그것을 닦아서 증득할 수 있느냐?[還可修證不]" 하니, "닦아서 증득하는 것이 없는 것은 아니지만, 물들여 더럽힐 수 없습니다.[修證卽不無 染汚不得]"고 대답합니다. 이 대답에 육조 스님이 "아, 그래 맞다. 이 물들어 더럽힐 수 없는 그것이 모든 부처님께서 호념護念하신 바이다. 너도 이미 그렇고 나도 또한 그렇다.[祇此不汚染卽諸佛之所護念 汝旣如是 吾亦如是]"고 하였습니다.

호념護念한다는 것은 생각을 호지護持하는 것, 일어나는 생각을 잘 살피면서 지켜 보호한다는 것입니다. '모든 부처님께서 호념하는 바[諸佛之所護念]' 그것이 바로 '나무 사만다 못다남'이며, 또한 '옴 도로도로 지미 사바하'입니다.

원효 스님이 『화엄경華嚴經』을 읽다보니 이런 게송偈頌이 나왔습니다.

- 약인욕요지 若人欲了知 삼세일체불 三世一切佛
  응관법계성 應觀法界性 일체유심조 一切唯心造
  만약 삼세의 모든 부처님을
  분명히 알고 싶어 하거든
  법계의 성품을 관觀하라.
  모든 것이 오직 마음이 만든 것이니라.

모든 것을 오직 마음이 만든 것이라니? 마음이 바로 조물주造物主라니? 원효 스님은 도저히 이해가 되지 않아서 그 문제를 풀려고 의상義湘 대사와 함께 멀리 당唐나라로 유학을 떠났습니다. 도중에 날이 저물어 어느 묘廟에서 머물게 되었는데, 험한 먼 길을 걸어오느라 지쳐서 이내 잠이 들었다가 깨어나 갈증을 느껴 어둠 속에 물을 찾으니 마침 물이 고인 곳이 있어 물을 떠 맛있게 마셨습니다. 그리고 다시 곤한 잠속에 빠졌다가 아침에 일어나 지난밤에 마셨던 그 달고 시원하던 물맛이 생각나서 찾아보니 그 물은 해골이 썩어 고인 것이었습니다. 어젯밤 이 물을 마셨다니! 창자가 울렁대며 틀어지듯이 구토를 하다가, 갑자기 생각을 돌이켜 보았습니다. '어째 똑같은 물인데 지난밤에는 시원한 꿀맛처럼 느껴지고 지금은 이렇게 보기만 해도 구토가 나는가? 물이 달라진 것이 아니라 내 마음 먹기에 달린 것이구나!' 그렇게 한 생각 돌이켜 '모든 것이 오직 마음이 만든 것이다.[一切唯心造]'라는 것을 크게 깨닫고는 멀리 당나라까지 갈 필요가 없어져서 발길을 서라벌로 돌렸습니다.

삼세의 모든 부처님께 귀명歸命 하는 것은, 바로 부처님의 진면목眞面目 곧 참 생명[命]의 그 자리를 알고 싶어서 우리가 귀의歸依하는 것입니다. 그러니 다음과 같은 등식等式이 됩니다.

약인욕요지 삼세일체불 = 나무 사만다 못다남
응관법계성 일체유심조 = 옴 도로도로 지미 사바하

그리고 응당 그 법계의 성품을 관觀하여 보면 그 답을 얻을 수 있는데, 바로 그 법계의 성품을 〈지미〉라 하고 간절히 관觀하는 것이 〈도로도로〉입니다. 그리하여 일체가 마음이 만들어 낸 것임을 깨닫는 것이 사바하입니다.

이와 같이 잘 살펴보면 이 오방내외안위제신진언 가운데 부처님과 조사祖師 스님들의 가르침의 핵심核心·요체要諦가 다 들어 있습니다.

다시 한 번 상기想起합니다.

우리들이 경전을 독송할 때 제일 처음 외우는 정구업진언과 오방내외안위제신진언은 바로 부처님께서 태어나시어 제일성第一聲으로 하신 진리의 말씀인 것입니다.

석가모니 부처님께서 탄생하시어 동서사방으로 일곱 걸음을 걸으시며 한 손은 하늘을 한 손은 땅을 가리키시며 대사자후大獅子吼를 하시었습니다.

"하늘 위에도 하늘 아래에도 온통 오직 나뿐인 참 생명이여, 삼계의 모든 고통을 내가 편안케 하리라![天上天下 唯我獨尊 三界皆苦 我當安之]"

걸으시는 걸음마다 연꽃이 솟아나고 하늘에서 꽃비가 내렸습니다. 아! 오묘하고 불가사의한 거룩한 진언이여!

중생계가 다하고 중생들의 업業이 다하고 허공계가 다하여도 이 진언은 다하지 않으리라

달 밝은 밤 인적 없는 정자에 올라서
흥에 겨워 노래하니 꽃잎이 흩날린다.

개경게
開經偈

    무상심심미묘법   無上甚深微妙法
    백천만겁난조우   百千萬劫難遭遇
    아금문견득수지   我今聞見得受持
    원해여래진실의   願解如來眞實意

높고 높은 깊고 깊은 미묘한 법문이여!
백천만겁 지나도록 만나기도 어려운데.
제가 지금 듣고 보며 받아서 지니니
부처님의 진실하신 그 뜻을 알아지이다.

개경게는 경을 펼치기 전에 경의 공덕을 찬미하는 게송입니다. 찬송讚頌을 뜻하는 '가타gata'를 '게偈'라고 하는데 이것은 운율韻律의 평측平仄을 맞추지 않고 그냥 편하게 일곱 자字 또는 다섯 자씩 시의 형식을 빌려 노래해 놓은 것입니다.

● **무상심심미묘법** 無上甚深微妙法
　백천만겁난조우 百千萬劫難遭遇
　높고 높은　깊고 깊은　미묘한 법이여!
　백천만겁　지나도록　만나기가 어렵네.

육도의 뭇 생명 가운데 사람 몸을 받기가 어렵고, 사람 몸을 받더라도 불법 만나기 어렵고, 불법 만나더라도 정법正法 만나기가 참으로 어려운 것입니다. 그 많은 사람들이 살아가는 방법이 다 틀리고 사상이 다르고 믿는 종교가 다른데, 어쩌다 이렇게 부처님의 진리 법을 만났으니 이 얼마나 행운인지? 전생에, 숙세에 무슨 복된 인연을 지었기에 이 법을 만났는지 생각하면 모든 것이 그저 감사할 뿐입니다.

　이 세상을 살아가면서 기본 섭리攝理인 인과법因果法도 모르고서 그저 맹목적인 가르침을 따르며, 그런 무리 가운데서 조직에 매어 종처럼 살아간다면 얼마나 안타까운 짓입니까?

　업장 두터운 내가 내 스스로 길을 찾아 나선다면 앞도 캄캄하고 뒤도 캄캄하여 동서를 분간分揀 못해 어찌할 바를 몰라 방황하다가 삿된 가르침 따르며 헛되이 생을 마치게 되고 다음 생에도 그 다음 생에도 그렇게 흘러 다니게 될 것입니다. 다행히도 이미 잘 닦아 놓은 부처님 정법의 길을 만나고, 거기에다 탈 것 가운데서도 큰 수레인 대승大乘의 법을 만나게 되었으니 이 얼마나 희유한 일입니까? 저 건너기 어려운 피안을 향하는데 이렇게 큰 반야般若의 배를 만나서 쉽게도 저 언덕을 향해서 건너갈 수 있는 인연을 만나게 되었으니 이 인연을 잘 가꾸어 가도록 해야 합니다.

옛날 저 멀고도 험난한 서천西天의 땅 인도印度까지 불법을 구하러 가던 당나라 현장玄奬 법사께서 온갖 신산고초를 겪으면서 경전을 구해오던 기행문紀行文인 『대당서역기大唐西域記』를 읽어보면 이 경전이 얼마나 어려운 과정을 통해 우리에게 전해지게 된 줄 알 것입니다.

『서유기西遊記』는 그것을 일반 민중들을 위해 가슴에 와 닿도록 재미있게 꾸며놓은 소설입니다. 이처럼 수많은 구법승求法僧들이 깊고 깊은 원력으로 온갖 어려움 속에 목숨 걸고 구해왔던 소중한 이 대승 경전을 지금 이렇게 대하게 되었다니, 읽을 때마다 먼저 머리 위에 받들어 절하며 읽고 외워야 합니다.

- 아금문견득수지 我今聞見得受持
  원해여래진실의 願解如來眞實意
  내가 지금 듣고 보며 수지하게 되었으니,
  부처님의 그 진실한 뜻을 반드시 알도록 하겠습니다.

옛날에는 경전 구하기가 쉽지도 않고 글자를 잘 모르는 사람들이 많아서 경전을 한 권 구하게 되면 여러 사람들 있는데서 읽어주며 들은 것을 마음속에 받아 지니면서[受持] 잊지 않고 자꾸자꾸 되새기면서 그 의미를 깨닫도록 노력하였습니다. 그런데 우리는 지금 글자도 알고 거기다 희유한 이 경전을 구해서 읽을 줄도 아니 참으로 좋은 조건입니다. 더구나 요즈음은 과학의 발달로 컴퓨터에서 검색하면 모든 경전을 바로바로 찾아 볼 수 있으니 이 얼마나 부처님 법 만나기 좋은 세상인지 모릅니다. 이런 기계를 만들어 준 많은 분들에게 감사하고, 또 그 부처님 경전이나 조사 스님들의 어록語錄이나 여러 논문을 여러 사람들이 찾아볼 수 있도록 올려주신 분들께도 감사해야 합니다. 이 세상은 이제 이렇게 쉽게도 부처님 말씀을 만나기 좋은 세상이 되었습니다. 그러나 그렇게도 많은 경전을 보고 이해도 하였건만 진실한 불법은 아득하기만 합니다. 아무리 많이 읽고 들어도 가슴이 채워지지 않고 마음이 허전한 것은 왜 그렇습니까? 안타깝게도 그것은 '부처님의 진실한 뜻'이 아닌 우리 나름대로 이해한 지식이었으며, 진실한 지혜가 아니라 마른 지혜, 즉 간혜乾慧였으며, 우리가 읽은 종이로 된 경전이나 컴퓨터 모니터에 뜨는 경전은 진실한 경전이 아닌 '방편의 경전'이었습니다. 우리가 보고 듣고 수지하고 있는 그것은 '여래진실의'가 아니라 말이나 글이나 모양으로써 드러내어 보인 방편의 문자였으며, 방편의 반야였으며, 방편의 경전이었습니다. 그래서 『금강경』에 부처님께서 '만약 모양이 나인 줄로 알거나, 음성이 나인 줄 알면, 이 사람은 제대로 여래如來를 보지 못할 것이다.[若以色見我 以音聲求我 是人行邪道 不能見如來]' 라고 하셨습니다. 그러나 그 방편들은 실상을 가리켜 보이신 것이니, 우리가 그 방편에 떨어지지 않고 그 수많은 방편이 가리키며 맞추려고 하는 초점焦點, 즉 그 낙처落處를 알아채면 바로 '여래진실의'를 깨닫게 됩니다. 제대로 알면 방편의 문자반야文字般若가 그대로 관조반야觀照般若가 되고 실상반야實相般若가 됩니다.

이 '무상심심미묘법'은 그냥 일반적으로 생각하는 법이 아니라, 높고 높아서 끝이 없고 깊고 깊어서 바닥을 알 수 없는 그런 미묘한 법입니다. 이 법은 언어나 문자로 된 것이 아니고, 언어 문자나 모양으로 표현할 수 있는 것도 아닙니다. 이것은 생겨난 것도 아니고 사라지는 것도 아니며 사량思量이나 분별分別이 미칠 수도 없으니 무어라고 이름조차 붙일 수가 없는데, 어쩔 수 없이 '무상심심미묘법'이라고 붙인 것입니다. '여래진실의'가 바로 '무상심심미묘법'입니다.

어느 날 영산회상에서 부처님께서 설법하실 때 아무 말씀을 안 하시고 계시다가 가만히 꽃을 들어 대중들에게 보이셨습니다. 대중들은 무슨 영문인지를 몰라 모두 어리둥절하였는데 그때 마하 가섭 존자尊者만 빙긋이 웃었습니다. 이에 부처님께서 "나에게 있는 정법안장正法眼藏을 마하 가섭에게 전해주노라" 하셨답니다. 정법안正法眼은 진리를 깨달아 바른 법을 보는 안목眼目이며 바른 지견입니다. 장藏은 갈무리해두는 곳간 또는 창고입니다. 정법안장은 '진리를 깨달아 모든 존재의 실상을 갈무리해둔 진리의 곳간'이란 뜻입니다. 아무리 꺼내어 써도 끝이 없는 만덕萬德을 모두 갖춘 진리의 곳간을 통째로 가섭에게 전해준다고 하였습니다.

- 고불미생전 古佛未生前
  응연일상원 凝然一相圓
  석가유미회 釋迦猶未會
  가섭기능전 迦葉豈能傳
  옛 부처 생겨나기 전에
  한 모양이 뚜렷이 밝았네.
  그것은 석가도 만나지 못할 것인데
  가섭이 어찌 전할 수 있겠는가?

옛 부처 나오시기 전에, 천지가 벌어지기 전부터, 천지가 열리기 전, 우주가 '빅뱅'하기 전부터, ~인 듯 아닌 듯한 머시기! 생각 이전의 것이기에 생각이 미칠 수가 없고…. 뭐라 표현하려고 하니 더더욱 아득해지는…. 석가모니 부처님뿐만 아니라 천 부처 만 부처가 출현해도 만날 수 없고, 알 수가 없는…….

그 머시기(?)는 만나야 할 대상이 아니라, 모든 이원적二元的인, 이분적二分的인 상대相對가 사라졌으며, 아니 본래 상대가 없어서 만날 주인과 상대가 애초 없습니다. 그것을 억지로 '절대絶對'라고 표현을 하니, 모든 대對가 사라져서 보는 자[主]가 따로 있거나 보이는 것[客]이 따로 있지 않고 바라보는 자가 바라보는 자신을 만나니, 만나보려 해도 오히려 만나볼 수가 없습니다. 부처님이 그럴진대 가섭인들 또한 그 어찌하오리까?

본래 있던 것은 만나보아서 아는 것이 아니라 깨달아 아는 것입니다. 그 자리에서는 가섭은 다른 가섭이 아니라 석가의 가섭이요, 석가는 다른 석가가 아니라 가섭의 석가입니다. 진리의 안목으로 무애자재하게 쓸 수 있는 보배 곳간인 '정법안장'은 석가의 것이 따로 있고 가섭의 것이 따로 있는 것이 아닙니다. 마찬가지로 모든 부처 부처와 중생 중생이 따로가 아닙니다. 비유하면 부처님과 가섭은 정법안장을 서로 몰래 주고받은 것이 아니라, 본래 공유한 줄을 깨달아 그 열쇠를 알았으니 같이 쓰게 되었던 것입니다. 이심전심以心傳心 – 티없이 깨끗한 두 거울이 동시에 마주 비추듯이 말입니다.

이 정법안장은 무궁무진無窮無盡하며 진진무궁한 무진장無盡藏

이라서 일체제불과 일체중생이 다 함께 영겁토록 쓰더라도 모자라지도 남지도 않는 그런 것입니다. 우리가 그것을 모르니 부처님과 가섭이 몰래 비밀히 주고받은 줄로 의심하고 있습니다. 그러나 부처님께서는 멀고 가까운 차별이 없으시며, 사랑하고 미워하는 분별이 없으시고, 일체를 똑같이 바라보십니다. 마치 하늘의 밝은 해가 이 세상을 차별하지 않고 고루 비추듯이 말입니다. 그리고 방편으로 그러한 모든 법을 남김없이 말씀하셨건만 우리가 스스로 물들인 업장의 거울로 내식대로 받아들이며 깨닫지 못한 것입니다.

〈무상심심미묘법 백천만겁난조우〉!!!

이 본래 갖추어진 '무상심심미묘법'을 백천만겁이 지나도록 깨닫지도 못하고, 알지도 못하고, 매일매일 함께하면서도 그냥 지내왔으니 그야말로 기가 막힌 일입니다.

이렇게 전해진 정법안장은 '가섭' 존자에게서 '아난' 존자에게, 다음 '우바국다' 존자에게, 다음 '상나화수' 존자에게…그렇게 해서 '달마達磨' 대사에게로 전해져 왔습니다.

달마 대사는 중국으로 오시어 동토東土의 초조初祖가 되었고 정법안장은 그 제자인 이조二祖 혜가慧可 대사에게, 다음 삼조三祖 승찬僧璨 대사에게, 다음 사조四祖 도신道信 대사에게, 다음 오조五祖 홍인弘仁 대사에게, 다음 육조六祖 혜능慧能 대사에게까지 전해졌습니다. 이렇게 이외에도 천하의 여러 조사祖師들과 종사宗師들에게 전해오고 수많은 선지식善知識들이 정법안장의 등불을 전해왔습니다. 그 '정법안장'은 바로 '무상심심미묘법'이며, '여래진실의'이며, 부처님 가르침의 그 뜻에 가장 적적的的한 뜻 즉 불법적적대의佛法的的大意이며, 서천으로부터 전해온 조사 스님들의 뜻, 즉 서래조사의西來祖師意입니다. 조사祖師들은 다른 것을 전한 것이 아니라 바로 부처님의 가르침을 전한 것입니다. 여래진실의는 바로 서래조사의와 같은 뜻입니다. 조사 스님들이 학인學人을 가르칠 때 쓰는 온갖 방편도 그 '무상심심미묘법'을 깨닫게 해주려는 자비입니다.

남양 혜충 국사에게 어떤 학인이 묻기를 "어떤 것이 불법의 대의佛法大意입니까?" 하니, "문수당文殊堂 가운데 있는 만 보살이니라." 하였습니다. 학인이 "무슨 말씀인지 잘 모르겠습니다." 하니, 국사가 다시 "대비 보살의 천 개의 손과 눈이니라." 하였습니다.

어느 학인이 조주 선사께 "어떤 것이 서쪽에서 오신 조사의 뜻입니까?[如何是西來祖師意]" 하니, 조주 선사는 대답하시기를 "뜰 앞의 잣나무니라.[庭前栢樹子]" 하였습니다. 학인이 다시 "큰스님께서는 경계로 사람들에게 보이지 마십시오." 하니, 조주 선사는 "나는 경계로 사람들에게 보인 것이 아니다." 하였습니다. 학인이 다시 "어떤 것이 서쪽에서 오신 조사의 뜻입니까?" 하니, 선사는 "뜰 앞의 잣나무니라." 하였습니다.

이처럼 훗날 지름길로 가는 수행을 하는 선종禪宗에서는 그때그때 상황에 따라 친절하게 말하여 주거나, 침묵하거나 몽둥이로 때리거나, 불자拂子를 들어 보이거나, 손가락을 세우거나, 딴청을 피우거나, 크게 고함을 지르거나, 쓰러뜨리는 등 온갖 수단 방법으로 학인을 단련시켰는데, 훌륭한 선지식들의 그러한 행동이나 말씀이 가리키는 참뜻을 화두話頭라고 합니다. 화話는 말씀, 두頭는 머리이며 그냥 가리키는 어조사語助辭이니, 그 말이 가리키는 뜻, 그 말의 초점, 그 말의 낙처落處, 즉 진실의眞實意를 말합니다. 화두란 우리말로 '말귀'이며 '화두를 모른다.'는 것은 즉 '말귀를 못 알아챈다.'는 뜻입니다.

옛날 어느 임금님에게 '선타바仙陀婆'라는 영리한 시종이 있었는데, 임금이 '선타바!' 하고 부르면 물을 대령하고, '선타바!' 하면 소금을 대령하고, '선타바!' 하면 말을 대령하고, '선타바!' 하면 그릇을 대령하였습니다. 선타바는 임금의 뜻을 잘 알아서 이름만 불러도 임금이 무엇을 원하는지 그 마음을 알고 원하는 대로 어김없이 시행하였다고 합니다.

갓난 아이가 '응애!' 하고 울면 엄마는 애기가 무엇을 원하는지를 바로 압니다. 서로 사랑하는 연인의 대문 앞을 지나면서 '뻐꾹뻐꾹' 하면 연인이 그 소리 듣고는 바로 나옵니다. 동네 다른 사람들은 '뻐꾹뻐꾹'하는 그 참뜻을, 그 화두話頭를 모릅니다. 이심전심이 될 때에 서로 알 수 있는 것입니다.

이와 같이 조사 스님들께서 쓰신 수단방편을 모르면 '어째서 그렇게 말씀하셨을까?' 하고 참구하고 참구해서 기어이 그 뜻을 깨달아야 합니다. 이것을 화두 참구라고 합니다. 〈원해여래진실의〉 또는 〈원해서래조사의願解西來祖師意〉라는 말은 '꼭 부처님의 진실한 뜻을 알도록 하겠습니다', '반드시 선사께서 자비로 간절하게 일러주신 서쪽에서 오신 조사의 진실한 뜻을 깨치도록 하겠습니다' 하는 서원誓願입니다.

참선 수행을 하는데 세 가지 요건을 반드시 갖추어야 한다고 합니다. 그것은 경전을 읽을 때에도 마찬가지입니다.

첫째는 대신심大信心입니다.

이 신심은 법에 대한 믿음이니 부처님의 말씀이나 조사 스님들의 공안 어록語錄에 대한 철저한 믿음입니다. 이 '무상심심미묘법'이 가장 높고도 귀한 줄을 아는 것이 확고한 신심입니다.

둘째는 대분심大憤心입니다.

우리는 이 미묘법을 만나게 된 희유한 인연에 대해 감사해야 합니다. 그리고 또한 과거의 한량없는 선지식들은 이를 깨달았건만 나는 아직도 무명無明의 업장業障이 두터워 이렇게 아직도 모르고 있었다는 부끄러운 마음에 이를 기어이 깨치고야 말겠다는 분발憤發하는 마음을 내어야 합니다. 백천만겁에 만나기 어려운 정법을 만났으니 그 희유한 마음에 환희심이 나고 백천만겁토록 모르고 지났으니 분통한 마음도 생겨나니 이제는 분발하여 이 법을 기어이 깨치고야 말겠다는 큰 서원을 세워야 합니다. 이것이 백천만겁난조우입니다.

셋째는 대의심大疑心입니다.

경전이나 어록을 보면서 그 참뜻, 그 진실의眞實意가 무엇일까? 경전 속의 그 말씀이, 어록 속의 그 메시지Message가, 그 싸인Sign이 도대체 무엇을 뜻하는 것인지? 무엇을 말하고 전해주려 하는 것인지?

〈아금문견득수지 원해여래진실의〉는 바로 내가 보고 들은 말씀과 메시지의 진실한 그 참뜻을 참구하여 기어이 깨치고야 말리라고 다짐하는 것입니다.

　이 개경게 속에는 이 수행의 세 가지 요건要件이 다 들어있습니다. 이 세 가지 요건은 솥발[鼎足]과 같아서 하나만 빠져도 쓸모가 없어지니 반드시 이 세 가지 요건을 갖추어야 합니다.

　　나에게 하나의 경전이 있으니
　　종이 위에 먹으로 써 놓은 것 아니어서
　　펼쳐 보면 한 글자도 찾을 수 없지만
　　언제나 그 광명이 온 누리를 비추네.
　　我有一卷經 不因紙墨成
　　展開無一字 常放大光明.

개 법 장 진 언
開法藏眞言

≡   옴 아라남 아라다   ≡

'법장法藏'은 법의 곳간, 즉 진리의 곳간을 말합니다. 이 '무상심심미묘법' 이라는 대大 진리의 곳간을 여는 열쇠가 바로 개법장진언입니다. 보물 창고가 있으면 우리는 그 속의 비밀을 알고 싶고 그 보물을 갖고 싶어 합니다. 동서고금을 막론하고 그러한 보고寶庫를 열 수 있기를 바라는 이야기들이 많이 있습니다.

'아라비안나이트'라는, 천일야화千一夜話 속에도 그런 이야기 가 나옵니다.

'알리바바'가 잠에서 깨어나 보니 말을 탄 40명의 사람들이 큰 자루들을 나르고 있었는데, 거기의 우두머리가 어떤 큰 바위 앞에 서서 "열려라 참 깨" 하니까, 그 바위 문이 열리면서 그들이 자루를 동굴 속으로 모두 가져다 놓고 얼마 후에 나왔습니다. 그리고 다시 우두머리가 "닫혀라 참깨" 하고 외치니 문이 닫혔고, 그들은 말을 타고 사라졌습니다. 이상한 호기심이 난 '알리바바'도 그 바위 앞에 가서 "열려라 참깨" 하고 말했더니 그 바위에 있는 문이 열렸습니다. 그 동굴 속에 들어가 보니 거기에는 금金·은銀·보화寶貨를 가득담은 자루들이 꽉 차있었습니다. '알리'는 그 가운데서 자루 세 개를 가져와 아내와 행복하게 살았다고 합니다.

이 '열려라 참깨'는 바로 주문呪文입니다.

　　이처럼 불가사의한 힘을 가진 진리의 주문을 진언眞言이라고 합니다. 부처님의 경전을 수지 독송하거나 염불을 하거나 대다라니를 하는 등 진리의 말씀인 진언을 계속 반복하면 그 속에는 불가사의한 힘을 갖추고 있어서 반드시 가피를 입게 됩니다.

　　말이 씨가 된다고 합니다. 가수들은 대중들에게 인기를 끌며 유행시킨 자기의 대표적인 가요를 계속 자주 부르게 되는데, 묘하게도 그의 운명은 그 가요의 노랫말처럼 된다고 합니다. 불보살님께서 설하신 법력이 깃든 경전을 읽거나 거룩하신 명호를 칭념稱念하거나 진리의 말씀인 진언을 끊임없이 계속하여 외우면 진언처럼 참으로 오묘한 가피를 반드시 입게 됩니다.

　　옴 아라남 아라다

이 '개법장진언'은 온 우주 법계의 진리가 들어있는, 모든 진리를 갈무리한 그 곳간을 여는 비결秘訣입니다. 그 법장은 바로 부처님께서 마하

가섭 존자에게 전해주었다는 정법안장이기도 합니다. 이 진언은 바로 그 법장을 여는 비밀의 열쇠입니다.

옴
아!

아라남

평정平靜, 모든 출렁거림이 멈추어 고요해진 상태, 분별이 사라지고 시비가 끊어져서 높고 낮음이 없어진 맑고 고요한 호수처럼, 티없이 깨끗한 거울처럼 맑은 상태입니다. 모든 것이 순일純一한 경지, 일여一如의 경지, 즉 모든 갈등이 사라진 무쟁삼매無諍三昧입니다. 또는 깊고 깊은, 심심深深의 뜻이기도 합니다.

아라다

만족滿足하다, 도달到達하다, 성취成就하다 등의 뜻입니다.

〈옴 아라남 아라다〉

'아! 평정平靜으로 성취하시네.' 또는 '아! 맑고 고요한 무쟁삼매無諍三昧로 성취하시네.' 그런 뜻입니다.

탐주정랑探珠靜浪 - 호수에 빠뜨린 구슬을 찾으려면 물결이 고요해지고 혼탁한 앙금이 가라앉아야 합니다. 모든 상대적인 분별이 멈추어진 고요한 그 상태를 지止라 합니다. 그러면 저 깊은 바닥까지 환히 밝게 드러나서 모든 것을 다 볼 수가 있습니다. 모든 것을 환하게 볼 수 있는 그것을 관觀이라 합니다. 바로 바닥까지 사무치는 통투철저通透徹底하는 지관止觀의 수행이 '아라냐'입니다. 바람이 멎고 잔물결마저도 사라진 고요한 호수에는 하늘과 산하대지에 있는 삼라만상의 모습이 그대로 다 비칩니다. 우리 마음의 출렁이던 시비분별이 사라져서 고요한 가운데 모든 것을 남김없이 제대로 비추어 볼 수 있게 되는 그런 상태를 모든 갈등과 다툼이 없어졌다 하여 '무쟁삼매'라고 하며, 또는 고요한 바다에 모든 삼라만상이 남김없이 그대로 다 비친다 하여 '해인삼매海印三昧'라고 합니다. 호수에 작은 파문이 하나 일더라도 모든 영상은 일그러지게 나타나게 되듯이 한 생각이라도 일어나면 온갖 허물이 따라서 일어나게 됩니다. 모든 물결이 사라지고 앙금마저도 가라앉으면 저 깊고 깊은[甚深] 호수의 밑바닥까지도 환히 들여다 볼 수가 있게 되듯이 우리의 마음이 무쟁삼매에 들면 '심심미묘법'의 법장이 열리게 됩니다.

  그러한 해인삼매 속에는 무궁무진의 용궁해장龍宮海藏이 열리게 되니, 용수보살은 이 용궁에 들어가서 그 방대한 『대방광불화엄경大方廣佛華嚴經』을 가지고 나왔다고 합니다. 그러나 그 『화엄경』은 용궁해장에 있는 삼천대천세계의 티끌 먼지 수만큼 많은 게송과 이 세상의 가는 먼지 수만큼이나 많은 품수品數 가운데 극히 일부분이라고 합니다. 이 『화엄경』은 해인삼매에서 열린 용궁해장 속에 갈무리되어 있던 것이면서 우리들의 일심법계一心法界로 펼쳐진 요지경瑤池鏡인 것입니다.

  '개법장진언'은 그처럼 광대무변한 법장을 여는 열쇠입니다.

삼조三祖 승찬僧璨 대사께서 지으신 『신심명信心銘』에 이런 말이 있습니다.

● 　　지도무난 至道無難 유혐간택 唯嫌揀擇
　　　　단막증애 但莫憎愛 통연명백 洞然明白
　　　　도道에 이르는 것은 어렵지 않으니,
　　　　오직 간택揀擇을 하지 말라,
　　　　다만 미워하거나 사랑하지 않으면
　　　　모든 것이 환하게 명백하리라.

　　　　원동태허 圓同太虛 무흠무여 無欠無餘
　　　　양유취사 良由取捨 소이불여 所以不如
　　　　원만하기 태허와 같아서
　　　　모자라거나 남음이 없는데,
　　　　취하거나 버리기 때문에
　　　　그렇게 되지 않는 것이다.

모든 '옳으니 그르니', '미우니 고우니' 하는 그런 분별의 간택揀擇이 사라지면 그것이 바로 도道입니다. 저 태허처럼 남거나 모자람 없이 원만하건만, 취하고 버리는 그런 시비분별 때문에 그렇게 되지 못한 것입니다. 도는 어려운 것이 아니라 오직 간택하지 말고 증애憎愛의 분별을 버리면 도는 저절로 원만해진다고 했습니다.

남전南泉 선사는 '평상심平常心이 도道'라고 하였습니다. 평상심은 분별을 하지 않고 갈등이 없이 항상恒常 여여如如하게 흔들리지 않는 평정平靜한 마음입니다. 바로 이것이 법장을 여는 것이며 도를 이루는 것이라는 말입니다.

육조六祖 혜능慧能 스님이 오조五祖 홍인弘忍 대사로부터 황매黃梅에서 법의 신표信標인 의발衣鉢을 받아 남쪽으로 피해 가는데, 그 의발을 뺏으려고 도명道明이 쫓아오니 혜능 스님이 의발을 바위에 놓고 숨었습니다. 도명이 그 의발을 발견하고는 그것을 들어보려고 했지만 불가사의한 힘이 있어서 안 떨어졌습니다. 묘한 힘을 느끼고는 뭔가 잘못되어진 것 같아 뉘우치면서 "행자이시여, 제가 잘못했습니다. 제가 법을 위해서 온 것이지 의발을 가지러 온 것은 아닙니다. 저를 위해서 법을 설해 주십시오." 하였습니다. 그러니 육조 혜능 스님이 나타나서 말합니다. "그대가 이미 법을 위해서 왔다면 모든 반연攀緣을 쉬고 한 생각도 내지 말라. 그대를 위해 설하리라. 선善도 생각하지 말고 악惡도 생각하지 말라, 바로 이러할 때 어떤 것이 그대의 본래 면목面目이냐?" 도명이 그 말끝에 대오大悟하고 나서 하는 말이 "옛날부터 전해 온 그 비밀한 말씀과 비밀한 뜻 외에 다른 어떤 비밀한 뜻이라도 있습니까?" 하니까, "내가 그대에게 말해 준 것은 비밀이 아니고 그대가 만약 자신을 돌이켜 반조하면 그 비밀한 뜻이 네 편에 있느니라. 그러니 잘 호지護持하도록 하라"고 하였습니다.

'무상심심미묘법'인 법장法藏, 곧 부처님께서 비밀히 전해준 정법안장正法眼藏이 우리가 한 생각 돌이키면 우리 자신에게 다 갖추어져 있다는 말입니다. 선도 생각하지 말고 악도 생각하지 말고 내 자신을 반조하는 그것이 바로 '옴 아라남 아라다'이며, '개법장진언'입니다.

이 '아라남'은 무쟁삼매, 곧 해인삼매이니 우리가 밖으로 모든 반면을 쉬고 안으로 헐떡거리는 마음을 쉬고 쉬어 고요한 상태의 삼매三昧입니다.

　　티베트에서 '달라이 라마'를 간택揀擇할 때는 '라모이 라쵸'라는 호수에 가서 명상을 한답니다. 그러면 그 호수에 그 어떤 상징이 나타난다고 합니다. 그런 맑고 고요한 거울 같은 호수처럼 평온해진 삼매 상태에서 그 분들이 명상을 하고 있을 때에 그 이미지가 떠오른다는 뜻입니다.

법회 때 법문을 듣기 전에, 바깥 인연을 쉬고 마음을 오롯이 하기 위해 죽비竹篦를 세 번 치고 입정入定합니다. 선방에서 화두를 참구하며 입선入禪할 때 죽비를 치고 입정합니다. 그리하여 마음이 온전히 하나 되어 타성일편打成一片의 순일純一한 경지가 되어 동動과 정靜이 일여一如하고 오매일여寤寐一如, 생사일여生死一如의 경지에 들어가는 것이 바로 법장을 여는 것입니다. 입정 죽비소리는 바로 '아라남'의 상태로 들어가는 진언이기도 합니다.

　　　차가운 가을 강물 거울처럼 맑으니
　　　둘러있는 봉우리의 온갖 경치 그려낸다.

이상의 '정구업진언', '오방내외안위제신진언', '개경게', '개법장진언'은 모든 경전을 독송할 때에 필수적으로 먼저 외우게 되는 것입니다.

　　이 진언과 게송이 얼마나 그 뜻이 심오하고 중요한지 알 것입니다. 팔만대장경이나 조사어록을 대할 때 어떤 마음가짐으로 대하여

開法藏眞言

야 하는지 짐작할 수 있을 것입니다. 이 진언과 게송은 경전이나 어록을 펼칠 때에 염송念誦하는 간단한 의식이면서도 불조의 핵심사상을 고스란히 담고 있는 것이니, 이후에 읽게 되는 팔만대장경은 이 진언들이 펼치어 내는 요지경瑤池鏡속의 한바탕 연극演劇들이라 할 수 있을 것입니다.

천수경
千手經

천수천안관자재보살광대원만무애대비심대다라니
千手千眼觀自在菩薩廣大圓滿無碍大悲心大陀羅尼

 이 말은 '천 개의 손과 천 개의 눈을 가지신 관자재보살의 광대하고 원만하여 아무 걸림이 없는 크나큰 자비심의 대다라니'라는 뜻으로, 천수경의 핵심인 '신묘장구대다라니'와 그 다라니에 관련된 열 가지의 원[十願]과 육향六向과 관세음보살의 여러 명호名號에 대해서 함께 수지하도록 편집되어 있습니다.

 우리들이 보통 천수경이라고 부르는 경의 갖춘 이름은 '가범달마' 번역의 『천수천안관세음보살광대원만무애대비심다라니경』에서 취해 온 것이며, '관세음보살'이 '관자재보살'로, '다라니'가 '대다라니'로 바뀌었습니다.

 관자재보살이나 관세음보살은 자비慈悲의 화신化身인 '아바로키제스바라Avalokitesvara'를 번역한 말입니다. ava는 보다[觀], lokita는 세상 또는 세간世間, isvara는 자재自在를 뜻하는데, 구마라집鳩摩羅什은 관세음觀世音이라 번역하고, 현장玄奘은 관자재觀自在라 번역하였습니다. 관세음觀世音은 구세救世의 자비를 실천하는[修] 측면을 강조하였고, 관자재觀自在는 지혜 즉 반야般若의 돈오頓悟적인 측면이 강조된 듯이 보입니다. 그러나 이理와 사事는 둘이 아니며 깨달음의 지혜와 그 실천인 자비는 둘이 아니니, 관세음觀世音이나 관자재觀自在나 다 같은 내용의 말입니다.

자비는 맹목적인 사랑이 아니라 모든 존재의 실상을 철저徹底히 깨달은 지혜 즉 반야를 바탕으로 피워내는 향기인 것이며, 반야는 완고하고 메마른 지혜가 아니라 자비로서 실천되어지는 걸림 없는 밝은 광명입니다.

그런데 여기에서는 '천수천안관세음보살광대원만무애대비심다라니'라고 하지 않고 '천수천안관자재보살광대원만무애대비심대다라니'라고 하였습니다. 광대하고 원만한, 아무 걸림이 없는 대비大悲의 실천자로서 천수천안'관세음'보살로 하지 않고, 반야般若 지혜의 측면을 다분히 함의含意하고 있는 천수천안'관자재'보살로 수식한 것은 지혜와 자비의 균형을 갖추도록 한 미묘한 뜻이 담긴 듯합니다.

보살은 보디사트바Bodhisattva의 음역音譯인 보리살타菩提薩陀의 준말입니다. 보디bodhi는 각覺이라 번역하고, 사트바sattva는 생명 있는 존재이며 유정有情 즉 중생衆生을 뜻하니, 깨달은 중생 또는 중생을 깨닫게 하는 이를 말합니다.

관자재觀自在의 관觀은 관찰의 주체主體이며, 자재自在는 관찰의 대상이니, 관찰자가 바깥의 다른 대상을 관하는 것이 아니라 관찰자

083

자신을 관하는 것이며, 주관인 내 자신이 객관인 바깥 세계를 관하는 것이 아니라 주관인 내 스스로를 관하는 것입니다.

우리가 보통 눈으로 바깥을 보는 것을 견見이라 하고, 마음으로 대상을 살피는 것을 관觀이라 합니다. 관자재觀自在는 회광반조廻光返照 하는 것, 즉 마음의 빛을 돌이켜 자기 자신을 되살피는 것, 즉 자기에게 있는[自在] 것을 관觀하는 것입니다.

관자재보살은 자기를 돌아보며 그 실상을 깨달아 스스로 갇히어 있는 틀을 깨고, 자기의 참 생명의 무한 가능성을 실천하는 수행자이며, 다른 모든 이들에게도 그렇게 스스로의 질곡을 벗어나도록 도와주는 선각자先覺者입니다.

천수천안은 천 개의 손과 천 개의 눈이니, 한량없이 많은 손과 눈이란 뜻입니다. 천수관음의 탱화幀畵를 보면 천 개의 손과 눈이 그려져 있는데, 눈 따로 손 따로 있는 것이 아니라, 눈이 손에 붙어 있고 손마다 눈을 갖추어 있습니다. 지혜를 상징하는 눈과 자비의 상징인 손이 함께하고 있습니다. 자비의 손과 지혜의 눈이 함께하는 즉조즉용卽照卽用입니다. 지혜의 눈인 조照와 자비의 손인 용用이 구별 없이 하나입니다.

'광대원만廣大圓滿'은 바로 무변無邊한 허공과 같은 것입니다. 시작도 없고 끝도 없고, 위도 없고 아래도 없고, 늘어나지도 않고 줄어들지도 않고, 안팎도 없이 이 세상의 온갖 것을 모두 포용하고 있습니다. 모든 시비분별이 사라진 부처님의 경계나 보살의 경계가 그와 같습니다.

소위 우리 미혹한 범부들이 아집我執에 갇히어 원만하다고 하는 것은 마치 비눗방울이나 풍선이나 애드벌룬 정도의 협소狹小한 원만입니다. 범부들은 누에처럼 스스로 견해를 내어 '나'라는 집을 지으면서 너와 나를 나누고 멀고 가까운 것을 구별하고 안과 밖이라는 것을 가르면서 스스로 그 안에 갇히어 지내고 있습니다. 그러나 스스로를 반조返照하여 그 틀을 깨어 자기라고 할 것이 없는 무아無我임을 철저히 대오大悟하면 온 허공과 그대로 하나가 됩니다. 우리는 이 광대무변의 허공 속에서 금방 사라지고 말게 될 각자의 작은 비눗방울을 만들어 그 크기나 빛깔 등을 서로 비교하고 견주면서 시비 분별 속에 살아가고 있는 소아병小我病에 걸려 있는 것입니다. 이 비눗방울 같은 하찮은 거품에 갇힌 나를 깨고 나면 저 구름 밖의 드넓기가 한량없는 창공과 하나 되어 저 대기권도 벗어나고 태양계도 벗어나고 은하계도 벗어나고 삼천대천세계도 벗어나 모든 경계境界가 사라지고 나서 온 우주법계와 그대로 하나가 되는 대아大我의 그런 광대원만입니다. 그리하여 그 어디에도 걸림 없는 무아無我인 너와 내가 둘이 아닌 경지에서 우러나는 자비심이 '무애대비심無碍大悲心'입니다. 그 가운데 작은 티끌 하나라도 끼어들면 무애無碍가 될 수 없습니다. 너니 나니 옳으니 그르니 하는 분별의 조각이 끼어들면 무애의 대비심이 아닙니다. 거기에는 아무 조건이 붙지 않습니다. 건지는 '나'가 있고 건져져야 할 '너'가 있으면 무애가 아닙니다. 너는 바로 나의 다른 모습이며 너는 또 다른 나일 뿐이니, 다른 모든 것이 같은 하나이고 한 몸인 동체同體대비심이 무애대비심입니다.

'대다라니'는 신묘장구대다라니를 말하는 것입니다. 이 신묘장구대다라니는 여러 가지 이름이 있습니다. 넓고 크고 원만하다 하여 광대원만다라니廣大圓滿多羅尼라 하고, 아무 걸림이 없는 대자대비이니 무애대비다라니無碍大悲多羅尼라고 하며, 모든 괴로움을 없애주므로 구고다라니救苦多羅尼, 모든 병을 고쳐 수명을 연장하여 주므로 연수다라니延壽多羅尼, 악도에 태어나는 것을 막아주는 멸악취다라니滅惡趣多羅尼, 모든 악업의 장애를 없애주는 파악업장다라니破惡業障多羅尼, 모든 소원을 이루어 주는 만원다라니滿願多羅尼, 마음대로 자유자재를 얻는 수심자재다라니隨心自在多羅尼, 모든 절차를 빨리 뛰어넘어 깨달음을 이루는 속초상지다라니速超上地多羅尼 등의 이름이 있는데, 모두 그 공덕에 대한 이름이며 이 외에도 대비주大悲呪, 천수주千手呪, 관음주觀音呪 등의 이름이 있습니다.

　'다라니'는 번역하여 총지摠持라고 하는데 모든 것을 두루 갖추었다는 뜻입니다. 말이나 글로써 다 표현할 수 없는 오묘한 모든 진리를 미묘한 언어로 표현해 놓았다 하여 진언眞言이라고도 하며, 불가사의한 힘을 지닌 문장이라 하여 주문呪文이라고도 합니다. 이 다라니 속에는 현밀顯密을 모두 갖추었으며, 불보살님의 지혜와 공덕의 모양을 갖추었으며, 귀의歸依와 찬탄讚歎과 발원發願과 회향回向 등을 모두 갖추었습니다.

　이 다라니의 수지受持는 불보살의 수승한 지혜와 공덕에 대한 귀의와 찬탄이면서 또한 예참禮懺과 반조返照의 수행을 통해 다라니삼매 속에 시공時空을 초월하여 다라니와 하나 되어 이를 실천 회향하기를 서원하는 것입니다.

　이 다라니는 신信, 해解, 행行, 증證이 모두 갖추어져 있는 것이며, 무시무종無始無終인 광대원만의 돈오적頓悟的인 바탕 위에 구원겁久遠劫토록 언제 어디서나 바라밀을 궁행躬行하는 것입니다.

이 대비주大悲呪를 염송念誦하는 것은 스스로도 대비주가 되기 위한 것이며 대비주大悲呪를 자기화自己化시키어 자신이 대비주大悲呪가 되는 것입니다.

계청
啓請

계수관음대비주	稽首觀音大悲呪
원력홍심상호신	願力弘深相好身
천비장엄보호지	千臂莊嚴普護持
천안광명변관조	千眼光明遍觀照
진실어중선밀어	眞實語中宣密語
무위심내기비심	無爲心內起悲心
속령만족제희구	速令滿足諸希求
영사멸제제죄업	永使滅除諸罪業
천룡중성동자호	天龍衆聖同慈護
백천삼매돈훈수	百千三昧頓勳修
수지신시광명당	受持身是光明幢
수지심시신통장	受持心是神通藏
세척진로원제해	洗滌塵勞願濟海

초증보리방편문　超證菩提方便門
아금칭송서귀의　我今稱誦誓歸依
소원종심실원만　所願從心悉圓滿
넓고깊은　자비원력　상호갖추신
관음보살　대비주께　절하옵니다.
일천팔로　장엄하여　널리지키고
천눈으로　광명놓아　두루비추며
진실하온　말씀속에　비밀설하고
하염없는　마음속에　자비심내어
온갖소원　지체없이　채워주시며
모든죄업　영원토록　없애주시네.
천룡들과　성현들이　감싸주시고
백천삼매　순식간에　익혀닦으니
이다라니　지닌몸은　광명당이요
이다라니　지닌마음　신통장이라.
모든번뇌　세척되어　고해를 건너
깨달음의　방편문을　뛰어넘는다.
제가이제　지송하고　귀의하오니
원하는바　마음따라　원만하소서.

계啓는 열다, 여쭙다, 인도하다, 아뢰다, 라는 뜻입니다.
　　계청啓請은 임금께 아뢰어 청한다는 뜻이며, 여기에서는 지존至尊이신 부처님이나 자비의 주主이면서 화현化現이신 관세음보살께 여쭈어 청한다는 뜻입니다. 그리고 자기 스스로 진리를 갈망渴望하며 진리로 나아가려는 자기 다짐이기도 합니다. 스스로 깨달음의 길로 나아가려는 마음을 일깨워내는, 발보리심發菩提心 하는 것입니다. 저 거룩한 대비주를 통해 내 자신 속에 잠재되어 있는 법신불을 친견하기를 간절히 발원하는 것이며, 내 자신의 근본 참 생명을 깨달아 그 열린 마음으로 나도 자비의 화신化身이 되기를 청하는 것입니다.

계청 1
啓請 一

계수관음대비주 稽首觀音大悲主
원력홍심상호신 願力弘深相好身
넓고깊은　자비원력　상호갖추신
관음보살　대비주께　절하옵니다.

계수稽首는 머리를 조아려 절하는 것입니다.
　머리 조아린다는 것은 온몸과 마음을 다 바친다는 뜻입니다. 예배禮拜하면서 머리가 바닥에 닿는 것은 온몸을 송두리째 던지는 것이며 내 머릿속에 들어 있던 온갖 망상이나 알음알이를 다 내려놓는 것입니다. 온 몸을 최대한 폈다가 최소한 오므리고 엎드리면서 떠받드는 그 행동을 반복하면서 끝없이 내 스스로를 낮추고 내가 알고 있고 짐작했던 모든 것을 비우고 부처님의 가르침을 받들겠다는 나무南無이며, 귀의歸依이며, 귀명歸命입니다. 그래서 서산 대사의 『선가구감禪家龜鑑』

에 "예배는 공경하는 것이며 조복하는 것이다. 그것은 자기의 참 생명을 공경하는 것이며 자기의 무명업장無明業障을 조복하는 것이다.[禮拜者敬也伏也 恭敬眞性 調伏無明]"라고 하였습니다.

  불교의 수행법 가운데 하나가 절하는 것입니다. 108배나 1000배, 3000배, 10000배 또는 십만 배나 백만 배를 목표삼아 수행하는 분들이 있습니다. 무명의 업장으로 이루어진 자기 자신을 낮추면서 자기 속의 참 생명인 법신불을 공경하여 모시며 스스로를 정화淨化시키는 수행입니다.

- 아금일신중 我今一身中
  즉현무진신 卽現無盡身
  변재삼보전 遍在三寶前
  일일무수례 一一無數禮
  저의 지금 절 하옵는 이 한 몸이
  곧바로 한량없는 몸을 나타내
  온 누리에 두루 계신 삼보님 전에
  하나하나 수없이 절하옵니다.

  신심이 깊어지고 보리심이 우러나는 예배를 하면서 온 누리에 두루하신 수없이 많은 천백억 부처님들과 삼보三寶께 모두 절하려 하오나 이 한 몸이 너무 한정이 되어 있기에 이런 발원을 하는 것입니다. 내 이 한 몸이 곧바로 헤아릴 수 없이 많은 몸으로 분신分身이 되어, 그 분신들이 모든 삼보님 전에 절 한 번이 아니라 무수히 절하옵기를 서원하는 것입니다.

  만약 앞뒤, 좌우, 아래위가 모두 거울로 된 공간에서 절을 하게 되면 우리가 절을 한 번 할 때에 사방四方 상하上下의 거울 속에 그 절하는 모습들이 서로 되비추면서 한량없는 영상映像이 겹겹이 나타납니다. 그와 같이 하여 부처님과 삼보님께 절하여 온 우주 법계에 가득해지면 부처님과 절하는 내가 둘이 아니며 시방세계가 그대로 하나가 되어 산하대지의 두두물물頭頭物物이 나의 참 생명인 청정법신이며, 절하는 내 자신[能禮]과 절하는 대상[所禮]이나 그 모두가 참 생명에서 일어나는 연기緣起 관계임을 알게 됩니다[能禮所禮皆從眞性緣起].

자기를 가장 낮추면서 절하는 그 순간 거기에 무슨 아만我慢이 있고 무슨 아상我相이 있겠습니까?

절[寺]에서는 '절을 많이 하기 때문에 절'이라고 합니다. 이 세상에서 절을 많이 하는 사회는 아름다운 사회입니다. 어른들께 절하고 스승들에게 절하고, 이웃들에게 절하고, 건강히 잘 자라주는 아이에게도 절하고, 오늘의 나를 있게 한 조상들에게 절하고, 하늘을 보고 절하고, 땅을 보고 절하면서 모두에게 감사하고 모두가 행복하기를 빌며 절하는 모습은 얼마나 아름다운지 모릅니다. 옛날 우리의 선조들은 서로를 존중하면서 인사하고 기원하면서 절 잘하는 그런 좋은 풍속을 가졌기에 다른 나라에서 예의지국禮義之國이라고 불렀습니다. 그런데 요즈음은 서구 풍속으로 거수擧手나 목례目禮로 대신하기도 합니다. 심지어 자기의 뿌리인 조상祖上들께 절하는 것을 무슨 몹쓸 짓이라도 하는 것처럼 여기기도 하는 그러한 무례無禮의 무리들이 있는데, 그런 사람들의 편협偏狹된 생각을 살펴보면 측은한 마음이 생기기도 합니다.

『법화경法華經』에 보면 상불경보살常不輕菩薩이라는 분이 있습니다. 그분은 언제 어디에서라도 다른 사람을 만나면 "나는 당신을 공경하고 예배합니다. 왜냐하면 당신은 보리심을 발하여 언젠가는 성불하실 것이기 때문입니다." 하고 엎드려 절하였습니다. 그를 경멸하거나 미친 사람 취급하더라도 그 사람에게 엎드려 절하였습니다.

우리가 예불할 때에 "과거 현재 미래 부처님께 예배합니다." 하고 절합니다. 그것은 이미 이룬 부처님뿐만 아니라 먼 미래에 이룰 부처님께도 절 한다는 것이니, 바로 먼 미래 부처인 지금의 중생들에게도 절한다는 것입니다. 중생들에게 절을 하는 것은 그 중생의 무명 업장으로 된 헛꽃 같은 몸뚱이에 절하는 것이 아니라 그 중생이 갖추어 있는 부처가 될 소질인 불성佛性, 즉 진성眞性인 참 생명에 절하는 것입니다.

관음대비주觀音大悲主는 대비하신 관음의 주主이신 관음의 본체本體이며, 관음의 주체主體로 관음보살과 같은 지혜와 자비의 성품을 본래 갖추어 있는 내 자신의 주인공主人公입니다. 그리고 어떤 독송집에서는 계수관음대비주呪라고도 하는데 그 주呪는 관음의 대자대비를 실천적인 진언眞言으로 표현해 놓은 것입니다. 주主라 하던지 주呪라고 표현하던지 주먹과 열 손가락 같은 관계입니다.

세상의 모든 것은 마음먹은 대로 바뀌어 갑니다. 우리가 세상에 태어날 때는 전생에 지은 업보대로 모양새를 갖추어 태어나서 성장하면서 안팎의 조건에 따라서 점점 바뀌어 갑니다. 살고 있는 기후 풍토와 영양상태 등의 바깥 환경과 안으로 마음가짐에 따라서 늘 새롭게 조금씩 바뀌게 됩니다. 똑같은 쌍둥이라도 착한 마음으로 부지런히 살아가는 모습과 그늘지고 게으른 모습으로 살아가는 사람의 모습은 달라지게 마련입니다. 그래서 어린 시절은 부모로부터 타고난 것이라 어쩔 수 없다 하지만 나이 들어 장년이 되어서는 자기 얼굴에 대해서 스스로 책임을 져야 한다고 합니다. 나의 이 모습은 지난 세월동안 지어온 인과의 결정체이며, 이 모습은 앞으로도 내가 어떻게 살아가느냐 하는데 따라 시시각각 다르게 변해갈 것입니다.

불교는 믿고 우러르기만 하는 신앙信仰이 아닙니다. 발원문發願文이나 사홍서원四弘誓願에서 볼 수 있듯이 끝이 없고 다함이 없고 한량이 없고 위가 없는 원력願力을 실천하는 종교宗敎입니다.

불보살님들은 오랜 세월 여러 겁 동안 크고 깊은 서원을 발하고 수행하여 왔기에 그 상호相好가 여러 거룩한 모습으로 나타나십니다. 상호신相好身이란 불보살님의 몸에 나타나는 서른두 가지의 훌륭하신 모습[32相]과 여든 가지의 장부丈夫다운 좋은 특징[80種好]을 말합니다. 관세음보살은 중생구제의 원력에 의해 자비방편으로 근기根機에 따라 백천 가지 모습을 나타내시는데, 부처님이나 벽지불, 성문, 범왕, 자재천, 천대장군, 비사문, 장자, 거사居士, 관리官吏, 바라문, 비구, 비구니, 우바새, 우바이, 동남童男, 동녀童女, 하늘, 용, 야차, 건달바, 아수라, 긴나라, 마후라가, 인, 비인, 집금강신 등 32응신應身을 나타내시기도 하며, 원력에 의해 그 외에도 양류관음楊柳觀音, 해수관음海水觀音, 기룡관음騎龍觀音, 연화생관음蓮花生觀音, 용두관음龍頭觀音 등등으로 나타나시기도 한다고 했습니다. 이러한 넓고 깊은 원력에 의해 나타나는 자재하고 거룩하고 원만한 상호의 몸을 가지신 분과 그분께서 깨달으신 참 생명에 귀의하는 것입니다. 그것은 바로 나도 참 생명을 깨달아 그러한 삶을 살아가겠다는 서원입니다.

뭇별은 북극성을 향하여 돌고
모든 강물 흘러 흘러 바다로 간다.

계청 2
啓請 二

천비장엄보호지 千臂莊嚴普護持
천안광명변관조 千眼光明遍觀照
일천 팔로 장엄하여 널리 지키고
천 눈으로 광명 놓아 두루 비추네.

천비千臂는 일천 개의 팔이니, 천수千手와 같은 뜻입니다.
'천비장엄보호지'는 관세음보살께서 대비심으로 우리를 다양하게 보살피고 감싸며 지켜주신다는 뜻입니다. 관세음보살이 천 개의 손과 천 개의 눈을 갖추게 된 것에 대한 이야기가 가범달마 역본의『천수천안관세음보살광대원만무애대비심다라니경』에 나옵니다.

"과거 무량억겁 전에 '천광왕정주여래千光王靜住如來'라는 부처님이 세상에 나오셨는데, 그 부처님께서 관세음보살을 연민히 생각하시고 다시 일체중생을 위하여 이 '광대원만무애대비심다라니廣大圓滿無碍大悲心陀羅尼'를 설하시고는 금색 손으로 관세음보살의 이마를 만지시며 말씀하시기를 '선남자야 너는 마땅히 이 심주心呪를 가지고 널리 미래의 나쁜 세상에 일체중생을 위하여 큰 이익을 지어주라' 하셨습니다.

관세음보살은 그때 보살이 수행하여 닦아 올라가는 첫 번째 지위인 초지初地에 머무르기 시작했는데, 이 주문을 한 번 듣고는 보살이 수행하여 닦아 올라가는 열 계단 중 여덟 번째 지위인 제팔지第八地로 뛰어 올랐습니다.

그때 관세음보살은 마음으로 환희하며 곧 서원을 발하기를 '만일 내가 앞으로 능히 일체중생을 이익되고 안락하게 하려면 곧바로 내 몸에 천 개의 손과 천 개의 눈이 구족되어지이다.' 하고 서원을 세우고 나니, 바로 몸에 천 개의 손과 천 개의 눈이 다 갖추어지게 되었다 합니다.

그때에 시방의 대지는 여섯 가지로 진동하며 시방에 계시는 모든 부처님이 광명을 놓아 관세음보살의 몸을 비추어 어루만져주시고 시방의 끝없이 많은 세계도 비추셨으며, 이로부터 다시 헤아릴 수 없이 많은 부처님 계시는 곳과 무량한 법회 가운데서 거듭 이 다라니를 얻어듣고 몸소 받아 가지어 환희용약歡喜踊躍하면서 문득 무수억겁無數億劫토록 반복해온 미세한 나고 죽음을 뛰어 넘었다고 합니다.

이로부터 관세음보살은 항상 이 주문을 지송持誦하면서 조금도 그만두거나 잊어버리지 아니했으며, 이 주문을 지닌 때문에 태어나는 곳마다 항상 부처님을 만나게 되고 연꽃으로 화생化生하여 태보胎報의 몸을 받지 않았습니다."

일체중생들을 제도하기 위해서는 어루만져야 할 손과 보살펴야 할 눈이 그렇게 많이 필요하였기에 그 원을 세울 때에 바로 천수천안이 갖추어졌다는 겁니다. 우리의 광대원만한 대비심의 원력이 온 세상에 가득할 만큼 되면 손과 눈은 천 개뿐만이 아니라 온 세상에 그대로 가득해지는 것입니다.

천 개의 손으로 도와주신다는 것은 자비심으로 헤아릴 수 없이 많은 중생들의 소원과 고통을 모두 해결해 준다는 뜻입니다. 우리들이 가진 것은 두 손이지만 마음만 먹으면 천 개의 손과 눈으로 변할 수 있습니다. 이 손으로 자식을 어루만지면 어버이의 손이 되고, 부모를 봉양하면 자식의 손이 되고, 아내에게는 남편의 손이 되고, 누이에게는 오빠의 손이 되고, 친구에게는 벗의 손이 되고, 회사에서는 근무자의 손이 되고, 물건을 살 때에는 구매자의 손이 되고, 택시를 세우려고 손을 들 때는 탑승자의 손이 되고, 손님에게는 주인의 손이 되고, 주인에게는 손님의 손이 되고, 운전할 때는 운전기사의 손이 되고, 밥을 먹여주는 손, 눈물을 닦아주는 손 등등, 하루에도 수천 개의 손이 됩니다. 눈도 그와 같이 어머니의 눈이 되기도, 아내의 눈이 되기도, 벗의 눈이 되기도, 주부의 눈이 되기도, 요리하는 눈, 바느질하는 눈, 사랑스럽게 바라보는 눈, 책을 보는 눈, 미워하는 눈, 흘겨보는 눈, 원망하는 눈, 탐내는 눈 등등 수천 개의 눈이 됩니다.

우리들이 하루 동안에 그처럼 다양하게 사용한 손길과 눈빛을 종이 하나에다 스크랩하여 놓고 보면 과연 어떤 모양새가 될 것인지 그리고 그 가운데 얼마나 많은 지혜로운 눈과 자비의 손길이 있을지 궁금합니다.

천수관음보살의 그 많은 손에는 갖가지 보배와 온갖 장엄구들을 들고 있습니다. 그것은 자신을 장엄하려는 것이 아니라 중생들을 각자의 소원 따라 도와주시려고 갖추어 있는 자비심을 상징하는 것입니다.

천 개의 눈은 많은 중생들을 두루 살피시는 눈입니다. 무한히 빛나는 밝은 눈으로 일체중생들이 겪는 낱낱의 고통과 소원을 두루 비추어보는 광대원만하신 자비의 눈길입니다.

그 천 개로 표현된 수많은 눈들이 모두 공통점이 있습니다. 다름 아니라 광명으로 두루 널리 관조한다는 것입니다. 그것은 어두움 속에 헤매는 중생의 고통과 소원을 남김없이 살피며 바라본다는 뜻입니다.

그리고 그냥 살피며 바라보는 눈이 아닙니다. 그 눈은 무명無明 속에 싸인 모든 존재의 실상이 공空함을 관조觀照하는 지혜의 눈[慧眼]이며, 그 광명은 모든 중생들이 무명의 질곡 속에 헤매면서 느끼는 온갖 업의 고통이 본래 공空한 줄을 깨닫도록 보내는 자비의 눈길[慈光]입니다. 그렇게 보살피며 무한히 보내는 광명은 지혜의 눈을 떠서 무명의 꿈을 깨도록 보내는 대비심의 메시지입니다.

우리가 수행할 때에 이 세간의 실상을 바로 관조하는 것이 가장 중요합니다. 그래서 도를 닦는 여덟 가지의 바른 길인 팔정도八正道에서도 존재의 실상을 바로 보는 정견正見이 가장 먼저입니다.

바르게 볼 줄 아는 눈을 정안正眼이라고 합니다. 우리의 눈은 생명의 모든 정기精氣가 모이어 발하는 곳이며, 눈빛은 그 사람의 내공內功을 가늠하는 척도가 됩니다. 조화造化가 무궁무진한 용龍을 그리고서 마지막으로 눈을 그려 눈동자를 찍는 것을 화룡점정畵龍點睛이라고 합니다.

절에서 불상佛像이나 불화佛畵를 조성하여 봉안할 때에 가장 중요한 의식이 정안正眼의 바른 눈동자를 그려넣는 점안點眼 의식입니다. 그래서 물질로 조성한 불상이나 불화에도 살아있는 정안正眼을 그려넣기 위해서 혜안을 갖춘 법사法師를 모시고 증명證明하면서 점안의식을 하는 것입니다.

보통 눈을 다섯 가지로 말합니다. 육안肉眼, 천안天眼, 혜안慧眼, 법안法眼, 불안佛眼의 오안五眼입니다.

　육안肉眼은 우리의 육신에 갖추어져 있는 감각적인 눈입니다. 사물의 모양이나 빛깔을 구별하고 어떤 한계 안에서만 볼 수 있습니다.

　천안天眼은 육안으로 볼 수 없는 먼 곳의 것이나 가려진 것까지도 볼 수 있고 미래의 여러 모습도 볼 수가 있는 눈입니다. 천상天上에 태어나 저절로 얻게 되는 것을 생득천안生得天眼이라 하고, 인간세계에 있으면서 선정禪定을 닦아 얻는 것을 수득천안修得天眼이라고 합니다.

　혜안慧眼은 진리를 아는 눈입니다. 만유의 모든 현상은 공空, 무상無相, 무생無生임을 깨달아 모든 집착을 벗어나 현상세계를 초월한 지혜의 눈입니다.

　법안法眼은 일체의 법을 하나로 보는 눈이며 모든 법의 실상을 바로 보고 중생을 제도하는 눈입니다.

　불안佛眼은 모든 법의 참모습을 투명하게 바로 보고 시방세계의 일체 만유를 두루 밝게 살피시는 부처님의 대자대비의 눈입니다.

　이 오안五眼 외에도 나아가 십안十眼, 천안千眼, 무진안無盡眼으로 나누기도 합니다.

　개안開眼하는 점안의식은 이 육근의 눈과 천안과 법안과 혜안과 불안과 나아가 무진안이 청정한 모습이 되고 원만한 모습이 되도록 가피加被하는 것입니다. 이런 의식을 통하여 우리들도 관세음보살처럼 팔만사천의 청정한 보목寶目을 갖추도록 발원하게 되는 것입니다.

이 육근六根 가운데 눈이 얼마나 중요한지 모릅니다. 그 중요함은 눈먼 사람이라야 그 심정을 알 것입니다.

눈과 귀가 멀고 말까지 할 수 없었던 미국의 헬렌 켈러 여사는 1933년에 대공황으로 힘들었던 미국인들의 마음에 '사흘만 볼 수가 있다면 [Three days to see]'이라는 에세이로 한줄기 광명을 비추었습니다.

첫째 날은 '헬렌 켈러' 그녀에게 자신감을 갖도록 가르치고 일깨워준 설리번 선생을 보면서 그 선생의 감사한 모습을 마음속 깊이 간직해 두고 싶으며, 나뭇잎과 들꽃과 노을이 지는 석양을 바라보고 싶다. 둘째 날은 먼동이 트면서 밤이 낮으로 바뀌어 가는 장면을 바라보고, 박물관을 구경하고, 그리고 밤하늘의 반짝이는 별을 보고 싶다. 사흘째가 되는 마지막 날은 바쁘게 출근하는 사람들의 표정을 바라보고, 극장에 가서 희극을 보고 싶다. 그리고 잠시 동안이나마 세상을 보게 된 것에 대해 깊이 감사의 기도를 올린 다음, 다시 영원한 어두움으로 돌아가겠다.

이것이 헬렌 켈러 여사가 눈을 뜨고서 꼭 해보고 싶은 것들이었습니다.

우리들에게는 일상적인 평범한 것들이 그녀에게는 기적인 것입니다. 그러한 기적을 매일 매일 누리면서 사는 우리가 감사한 줄을 모르고 불평불만과 시비 갈등 속에 탐내고 성내고 어리석은 삼독三毒으로 마음의 눈을 잃고 산다면, 비록 육근六根이 온전치 못하였으나 심안心眼을 뜬 사람보다 더 불행한 것이 아니겠습니까?

우리들이 잘 아는 심청전沈淸傳 이야기입니다.

눈이 멀어 앞을 못 보는 심봉사가 어느 추운 겨울날에 냇물을 건너다가 물에 빠져 허우적거릴 때, 마침 지나가던 화주승化主僧이 보고는 건져주었습니다. 앞 못 보는 신세를 한탄하는 심봉사에게 화주승이 "부처님 전에 공양미供養米 삼백 석을 시주하면 눈을 뜰 수 있다"는 말을 하자 심봉사는 귀가 번쩍하여 그렇게 하겠다고 약속하고 말았습니다. 집에 돌아와서 생각해보니 끼니도 잇기가 어려운 처지에 무슨 쌀 삼백 섬이 가당치도 않아서 한숨 쉬며 근심에 잠겨있는데, 효녀孝女인 심청이 어찌하여 그 사정을 알았습니다. 심청은 불쌍한 아버지가 눈을 뜰 수가 있다는 그 스님의 말을 철저히 믿는 마음에 자기가 쌀 삼백 석에 팔려가기로 하였습니다. 그리하여 정성껏 발원하며 공양미 삼백 석을 올린 다음 인당수에 제물祭物로 빠져들었습니다. 심청은 연꽃 속에 소생甦生한 다음 나중에 황후가 되었으나 언제나 아버지를 잊지 못하여 걱정하였습니다. 그리하여 아버지를 만날 인연을 만들기 위해 천하의 맹인들을 초대하여 잔치를 벌이게 되었습니다. 마지막 날 간신히 잔치 자리에 참석하게 된 남루한 심봉사를 알아본 심청이 '아버지!' 하고 부르며 감격스러운 상봉을 하면서 심봉사가 눈을 뜨게 되었습니다. 그리고 동시에 천하의 봉사들이 모두 눈을 뜨게 되었습니다.

심청의 지극한 효심과 아버지의 눈을 반드시 뜨게 하겠다는 간절한 원력 때문에 심청이 연꽃으로 태어나게 되었습니다. 그것은 일체중생의 혜안慧眼을 뜨게 하려는 서원이 담긴 '신묘장구대다라니'를 언제나 수지受持하여 연꽃에 화생化生한 관세음보살에 빗대어 은유隱喩한 것입니다. 그리고 그 넓고도 깊은 원력은 아버지인 심봉사 한 사람의 눈만 뜨게 하는 것이 아니라 천하의 눈먼 사람들을 동시에 눈뜨게 하는 가장 아름답고 감동적인 이야기로 회향回向하게 됩니다.

한국이 낳은 세계적인 음악가인 윤이상 선생님은 이 심청전의 이야기를 작품으로 만들어 서구인들에게 큰 감동을 주었다고 합니다. 특히 마지막에 이 세상의 모든 맹인들이 다함께 한꺼번에 눈뜨게 되는 순간이 그러했다고 합니다. 이것은 천수경 속의 한 구절을 이처럼 미묘하고 아름다운 이야기로 승화시킨 것입니다.

천안광명변관조千眼光明遍觀照는 천 개의 눈이 밝은 빛으로 온 세상을 바로 보게 된다는 뜻입니다. 그것은 한 사람이 수많은 눈을 갖추어 세상을 살피는 것이기도 하지만, 수많은 사람들이 다 같이 하나의 혜안慧眼, 즉 일척안一隻眼을 갖추게 된다는 뜻도 되는 것입니다.

> 봄바람 불어오니 가지마다 꽃이 피고
> 밝은 달이 떠오르니 온 누리가 눈을 얻네.

계청 3
啓請 三

진실어중선밀어 眞實語中宣密語
무위심내기비심 無爲心內起悲心
진실하온 말씀속에 비밀설하고
하염없는 마음으로 자비심내네.

진실眞實은 진리의 열매입니다. 콩을 심으면 콩이 열리고 팥을 심으면 팥이 열리는 것이 진실이며, 배나무에는 배가 열리고 사과나무에는 사과가 열리는 것이 진실입니다. 이것이 씨앗과 열매의 관계이며 인과因果의 법칙입니다. 부처님의 말씀은 이러한 진리를 설하신 것입니다. 그래서 부처님을 참되게 말씀하시는 분[眞語者], 실답게 말씀하시는 분[實語者], 한결같은 말씀을 하시는 분[如語者], 다르지 않게 말씀하시는 분[不異語者], 거짓말을 하지 않으시는 분[不誑語者]이라고 합니다.

부처님의 말씀은 불가사의한 공덕이 깃든 원음圓音이어서 언어가 틀린 사람이나 다른 중생들까지도 각자의 그릇대로 두루 알아듣는 다고 합니다. 그 진실한 원음을 사람은 사람대로, 축생畜生은 축생대로, 천상天上은 천상대로, 성문聲聞은 성문대로, 보살菩薩은 보살대로, 부처님은 부처님대로 서로 아무 걸림 없이 알아듣게 되는데 그것은 어언다라니삼매語言多羅尼三昧에서 설하시기 때문입니다. 그런데 부처님의 진실한 말씀을 부처님이나 보살들은 이심전심以心傳心으로 서로 알지만, 우리는 우리 그릇대로 받아들이면서 나름대로 진실하다고 이해하게 됩니다. 그 진실어 가운데 말이나 글로 표현할 수 없는 우리들이 아직 모르는 '진실한 뜻[眞實意]'이 밀어密語입니다. 밀어인 진실한 뜻을 깨달아야 제대로 진실어가 됩니다. 진실어眞實語는 현교顯敎이며, 밀어密語는 밀교密敎입니다. 진실어와 밀어가 둘이 아니며, 현교와 밀교가 둘이 아닙니다. 우리가 그 진실한 뜻을 모르면 비밀한 말씀이 되고 맙니다.

『열반경涅槃經』에 가섭보살이 "모든 부처님께서 비밀한 말씀을 하셨다고 하지만 따로 비밀히 감춘 것은 없습니다.[諸佛有密語無密藏]"고 말하니, 세존께서 칭찬하여 말씀하시기를 "여래의 말씀은 모든 것을 그대로 드러내어 청정하여 아무것도 가려놓은 것이 없건만 어리석은 사람들은 알지 못하고서 비밀히 감추었다 말하고, 지혜 있는 사람은 깨달아 알고서 여래가 감추었다고 말하지 않는다."고 하셨습니다. 그러니 부처님께서 따로 감춘 것이 없는 진실한 말씀을 우리가 받아들일 그릇이 되지 못하여 제대로 알지 못하니 밀어가 되고 만 것입니다.

밀어密語는 곧 다라니인 진언眞言입니다. 진실어중선밀어眞實語中宣密語

는 다라니 진언眞言 속에 어리석은 우리들이 모르는 진리의 비밀한 뜻이 들어있다는 뜻입니다.

하염없는 마음속에 자비심을 일으키신다는 것은, 함이 없는 마음, 즉 아무 조건이 없는 마음 가운데서 자비심을 일으키는 것입니다. 아무 조건 없이 순수한 마음에 자비심을 낸다는 것은 천진무구한 아이들이 아무런 대가를 바라지 않고 무엇이든지 그저 기쁜 마음으로 주는 것과 같습니다.

그 어떤 모양에도 집착하지 않는 것을 무주상無住相이라고 하며, 만약 상相이 생기면 상대相對가 되어 너와 내가 생기고 시비是非가 벌어지고 온갖 분별이 생겨나게 되니 그것은 유위법有爲法이 됩니다.

보살이 만약 상相이 있으면 보살이라 할 수 없고, 그 어떤 상도 없어야 보살이 된다고 하였습니다. 밝은 거울이 멀고 가까운 것이나 아름답고 추한 것을 가리지 않고 온갖 것을 두루 남김없이 비추지만 지나고 나면 한 점의 그림자도 남기지 않듯이, 그와 같이 명명백백明明白白하면서도 집착 없는 마음이 무위심無爲心입니다. 그 어느 것에도 집착하는 바가 없이 응하면서 일어나는 그 마음[應無所住而生其心]이 무위심입니다. 그래서 『금강경』에서는 "모든 현성賢聖이 다 무위법으로써 차별을 한다.[一切賢聖 皆以無爲法 而有差別]"라고 하였습니다.

관세음보살은 너와 나라는 모든 상대相對가 사라진 참 생명의 근본자리인 무위심에서 중생에 대한 사랑과 연민을 일으키므로 누구에게 베풀었다는 생각이나 보답을 바라는 그런 조건이 없는 자비심을 일으키는 것입니다. 우리도 집착 없는 그런 거울 같은 마음을 갖도록 하여야겠습니다.

지난 밤 비바람에 꽃잎이 날리더니
오늘 아침 시냇물에 꽃향기가 흐르네.

계청 4
啓請 四

속령만족제희구 速令滿足諸希求
영사멸제제죄업 永使滅除諸罪業
온갖 소원　지체 없이　채워 주시고
모든 죄업　영원토록　없애주시네.

우리가 바라는 욕심은 아무리 채워도 채워지지 않습니다. 무엇을 하게 되면 그것 때문에 또 하게 되고, 그래서 또 그것 때문에 또 다시 하게 되는 끝없는 연기緣起의 유위법으로는 만족이 될 수가 없습니다.

　　내가 서 있는 자리에서 앞을 바라보면 제일 꼴찌이지만 고개를 돌려보면 제일 앞선 자리입니다. 사방을 다 둘러보아도 마찬가지입니다. 내가 이 자리에 이렇게 서 있게 된 것은 다른 누구 때문이 아니라 바로 내 탓인 것입니다. 모든 말미와 까닭[由]이 스스로[自] 그렇게 만든 것이 자유自由이며, 모든 원인이나 탓이 자기에게 있는 것이 자재自在입니다.

모든 것이 자유자재自由自在이며, 그 자유자재의 실체를 깨닫는 것이 불교이며, 그 자유자재를 마음대로 걸림 없이 실천하는 것이 불교입니다. 모든 까닭이 나에게 있으며 모든 것이 내 탓임을 알고 내 분수를 지키면서 만족할 줄 아는 것이 현재에 누릴 수 있는 가장 큰 만족입니다.

미래에 성불하실 보살들이 머무는 곳으로 모든 것을 만족하게 갖춘 도솔천兜率天이라는 하늘세계가 있습니다. 도솔은 '도솔타'라는 범어에서 온 말입니다. 지족知足이라고 번역하며 도솔천을 지족천知足天이라고도 하는데, 안분지족安分知足하는 하늘입니다. 안분지족을 상족上足이라 하는데, 이 말은 자기 분수를 알아 만족할 줄 아는 것이 제일가는 만족이라는 말입니다. 모든 중생들이 현재로서 만족하지 않고 더 나은 것을 희구希求하고 싶어한다면, 모든 것이 자유자재自由自在이니 스스로 인과법을 돌이켜보며 스스로 노력하여 지혜를 닦고 선업善業을 쌓도록 이끌어야 합니다. 그리하여 자유자재한 복덕과 지혜를 원만히 갖추도록 돕는 것입니다.

모든 희구를 가장 빨리 만족시키는 것은 '일체 유위법이 꿈같고 허깨비나 물거품이나 그림자 같고 모든 희구하는 것의 실체가 부질없다는 것을 깊이 깨닫게 하는 것'이 가장 빨리 만족하게 하는 지름길입니다.

여기에서 모든 죄업을 영원히 소멸시키는 법은 신묘장구대다라니의 염송과 그 가피에 의해 이루어집니다. 우리들이 지어온 모든 죄업은 탐내고 성내고 어리석은 생각 때문에 생겨난 것이니 그 죄업은 참회와 불보살의 위신력威神力이 있는 다라니의 가피에 의해 소멸시킬 수 있습니다. 오직 일념으로 신묘장구대다라니 삼매에 들어 출렁이던 번뇌 망상을 가라앉히고 마음을 허공처럼 텅 비우면 탐욕과 성냄과 어리석음의 삼독三毒이 점점 사라지게 됩니다.

이 신묘장구대다라니의 모양은 모든 것이 평등해지는 마음平等心이며, 함이 없는 마음無爲心이며, 물들지 않는 마음無染着心이며, 실체가 없고 부질없다는 것을 관하는 마음空觀心이며, 어지럽지 않은 마음無雜亂心이며, 위없는 보리심無上菩提心이라고 하였습니다. 그리하여 어둠 속에 여명이 차츰 밝아오다가 밝은 해가 떠오르면 모든 어두움은 사라지고 온 세상이 광명천지가 되듯이, 고요한 다라니 삼매의 광명이 점점 밝아지다가 한량없는 무명無明의 죄업罪業은 깨달음에 의해 그 실체가 모두 소멸됩니다.

그러나 잠깐 동안의 고요함으로는 그 무명의 뿌리가 사라지지 않습니다. 우리들이 다생겁 동안 끝없이 만족을 위해 온갖 것을 희구하면서 지어온 모든 죄업을 영원히 사라지게 하려면 내 자신이 신묘장구대다라니가 되어야 하며 스스로 대비주大悲主인 관세음보살, 즉 관자재보살이 되어야 합니다.

대비주인 관세음보살은 소리를 들으면서 소리를 들을 줄 아는 그 성품을 반조하는 수행을 하였습니다. 그냥 고요 속에 다라니를 외우기만 할 것이 아니라, 이 다라니를 외울 줄 아는 '이것이 무엇인가?'를 끝없이 반조하여야 합니다.

염불을 하면서 지금 이렇게 염불할 줄 아는 그것이 무엇일까[念佛者是誰]? 하고 참구하듯이, 이 신묘장구대다라니를 지극히 염송하면서 지금 이 다라니를 입으로 외울 줄 알고 귀로 들을 줄 아는 그것이 무엇인지? 끊임없이 참구하고 참구하여 이렇게 외우는 성품이면서도 들을 줄 아는 자기의 진성眞性인 참생명의 실상實相이 공空한 줄을 깨달아 다라니의 상相마저도 공한 원통삼매圓通三昧를 성취하면 모든 질곡桎梏에서 영원히 벗어나게 될 것입니다.

우물 속의 둥근달을 바가지로 떠내어도
맑은 샘에 여전히 밝은 얼굴 웃고 있네.

계청 5
啓請 五

천룡중성동자호 天龍衆聖同慈護
백천삼매돈훈수 百千三昧頓熏修
천룡들과 성현들이 감싸주시고
백천삼매 순식간에 익혀 닦는다.

신묘장구대다라니를 염송念誦하며 수행하여 원통삼매圓通三昧를 이루면 그 감응으로 불법을 외호外護하는 하늘이나 용龍 등의 팔부八部와 화엄華嚴세계의 성중聖衆과 성현들이 모두가 하나인 동체대비심同體大悲心으로 옹호하게 됩니다. 그리고 이 불가사의한 가피가 온 우주에 충만하여 천룡天龍이나 성중聖衆들이 이 다라니를 수지하는 모든 이들을 자비로 옹호하여 주게 됩니다.

　　삼매三昧는 범어 '삼마디sammadhi'의 음역音譯이며 정신이 오롯이 집중되어 적적寂寂한 가운데 또렷또렷한 상태를 말합니다. 고요하기만

하고 멍청한 상태는 무기無記라고 합니다.

　　삼매는 올바른 삼매와 삿된 삼매가 있는데, 깨끗한 한 생각으로 이룬 삼매를 올바른 삼매라 하고, 상대가 있어서 게임이나 시비 승부를 가리기 위해 몰두하는 삼매는 삿된 삼매라 합니다. 여기에서 말하는 삼매는 고요한 마음으로 이 신묘장구대다라니를 염송하면서 수행하여 이룬 원통삼매圓通三昧를 말하며, 이 삼매는 모든 삼매를 한꺼번에 몽땅 이루게 되는 것입니다.

　　이 다라니를 일념으로 염송하여 모든 생각들이 고요해지고, 고요하여 맑아지고, 맑아져서 밝아지고, 밝아져서 두루 통하게 되는 이것이 원통삼매이며 그 경계는 밝은 달빛이 산하대지 온 누리를 두루 비추는 것과 같습니다. 그리고 수많은 형형색색의 등불이 서로서로를 방해하지 않고 모두가 밝은 빛으로 서로 원융圓融하듯이 해인삼매海印三昧, 무쟁삼매無諍三昧, 능엄삼매楞嚴三昧, 법화삼매法華三昧, 화두삼매話頭三昧 등등 백천삼매가 모양과 이름이 다르지만 그 바탕은 모두 하나로 통하게 됩니다. 모든 것이 하나의 다라니가 되어 한 덩어리를 이루면 그 일념一念의 깨끗한 마음이 필경에 부처를 이루게 됩니다.

중국 홍주洪州의 수료水潦 화상이 천하의 유명한 선지식善知識인 마조馬祖 스님을 찾아뵙고는 묻기를 "어떤 것이 달마 조사께서 전해주신 깊고 깊은 뜻입니까?" 하니, 마조馬祖 스님이 발로 한번 걷어차서 쓰러뜨렸는데, 그 순간에 수료 화상이 크게 깨닫고 일어나 말하기를 "참으로 기이하고 기이합니다. 부처님과 조사祖師 스님들의 백천삼매百千三昧와 한량없는 미묘한 뜻을 한 털끝의 찰나 사이에 단박 그 근원을 알아버렸습니다." 하고는 절을 하며 물러났습니다.

이처럼 상근上根의 대기大機는 백천삼매의 근원을 단박에 깨달아 닦게 되는 것입니다. 대다라니를 고요한 일념으로 지송하면 모든 천룡팔부 호법선신들이 옹호하여 주시고, 이 가운데 모든 삼매를 단박 이루게 됩니다.

바람은 멎었어도 꽃잎 자주 떨어지고
산새 우는 소리에 산은 더욱 고요하네.

계청 6
啓請 六

수지신시광명당 受持身是光明幢
수지심시신통장 受持心是神通藏
이 다라니 지닌 몸은 광명당이요,
이 다라니 지닌 마음 신통장이네.

이 다라니를 수지하여 백천삼매를 한꺼번에 두루 통한 다라니 행자行者는 이 몸이 그대로 광명의 깃발입니다. 당幢은 바른 법을 갖춘 선지식이 개산開山하여 산문山門을 열게 되면 그 도량에 세우는 깃발입니다. 여기가 바로 당당히 정법의 진리를 전파하는 도량임을 천명闡明하며 높이 거는 기치旗幟가 당幢입니다.

　이 다라니 행자는 누구나 본래 갖추어져 있는 지혜광명이 현발現發하여 다라니의 삼매 속에 이 몸 그대로 진리의 깃발이 되고, 업으로 된 몸뚱이가 그대로 법신을 이루게 되니[幻化空身卽法身], 생각생각이 보리심이요 걸음걸음이 진리의 중심이고 이 세상의 주인공이며, 온 우주를 두루 밝히는 광명의 깃발인 것입니다.

　　이 대다라니를 수지하여 당당히 살아가는 사람의 마음은 신통의 창고와 같아서 세상일을 마음먹은 대로 이루지 못하는 것이 없습니다. 우리에게는 본래 모든 것을 뜻대로 이루어주는 형상이 없는 여의주如意珠가 있습니다. 우리가 가슴 속에 품고 있으면서도 그것을 미혹迷惑하여 모르고 있다가 대다라니의 삼매에 들어 내 마음의 출렁대던 망상이 고요해져서 생각이 맑아지고 마음이 밝아져 내 속에 있던 그 여의보배를 찾게 되면 불가사의한 영험이 있어서 모든 것이 뜻대로 형통亨通됩니다.

　　예전의 백천만겁 동안 칠통漆桶처럼 캄캄하던 암흑이 대다라니를 수지하여 원통삼매를 이루어 마음의 광명이 밝게 비추면 수천겁의 묵은 암흑이 찰나 사이에 걷히고 온갖 신통이 갖추어지게 됩니다. 이 갖가지 신통은 누구에게서 전수받은 것이 아니라 본래 자신에게 갖추어져 있는 신령스럽게 통하는 묘한 작용입니다. 이 신통은 자유자재自由自在한 것이니, 자기 마음에서 말미암은 것이며 자기에게 본래 있었던 것입니다. 이렇게 신통을 자기 마음대로 쓰게 되는 무애자재無碍自在한 경계가 바로 부처님의 경계입니다.

그 신통을 크게 여섯 가지로 나누어 육신통六神通이라 말합니다.
　　1. 천안통天眼通: 온 우주 속의 멀고 가까운 것이나 트이고 막힌 것을 가리지 않고 모두 꿰뚫어 볼 수 있는 능력입니다.
　　2. 천이통天耳通: 이 세상의 멀고 가까운 소리를 모두 다 들을 수

있는 초능력입니다.

3. 타심통他心通: 다른 사람의 마음속에 생각하는 것을 환히 들여다보듯이 알고 다른 중생들의 의식작용까지도 다 아는 능력입니다.

4. 숙명통宿命通: 자기와 다른 사람의 과거 수많은 전생前生의 이력을 모두 꿰뚫어 아는 능력입니다.

5. 신족통神足通: 마음먹은 대로 어디에나 순식간에 갈 수 있는 왕래자재往來自在와 내 모양도 마음대로 바꿀 수 있는 변화자재와 바깥 경계도 마음대로 하는 수의자재隨意自在의 능력입니다. 수의자재는 부처님만이 가질 수 있는 경계입니다.

6. 누진통漏盡通: 모든 번뇌가 모두 사라진 상태이며, 모든 생각이 흘러 새어나가는 것이 없어진 경계입니다. 이 누진통은 오직 부처님만 얻을 수 있습니다.

이 가운데서 부처님이 가지고 계신 숙명, 천안, 누진의 3통通을 3명明이라고 합니다. 신선도를 수행하는 이나 다른 외도外道들도 5통通을 얻을 수 있습니다. 귀신이나 하늘에 태어나서 얻게 되는 신통을 생득生得신통이라 하고 선정을 닦아서 얻는 신통을 수득修得신통이라고 합니다.

그리고 다음과 같이 오종五種의 통력通力으로 나누기도 합니다.

1. 도통道通: 도道을 깨닫고서 사물의 이치를 따라 얻게 되는 통력通力.
2. 신통神通: 선정禪定 속에 사유 관찰하여 얻는 통력.
3. 의통依通: 부적이나 주문, 약물 등의 힘으로 얻는 통력.
4. 보통報通: 업보에 의해 얻게 되는 통력.

5. 요통妖通: 요마妖魔나 요귀妖鬼등이 가진 통력.

이와 같은 신통이나 특수한 통력通力은 수행을 하거나 능력을 갈고 닦아서 나타나는 경계입니다.

　　이런 신통력은 수행하는 과정에서 나타나는 경계이며 그것 또한 그림자와 같은 것일 뿐입니다. 간혹 믿지 않는 자에게 믿음을 주기 위해, 더욱 열심히 정진하도록 하기 위해, 만인萬人의 이익을 위해 신통을 보이기도 하지만 수행의 목표가 아닙니다. 만약 약한 수행력으로 거기에 이끌려 재미를 붙이거나 혹세무민惑世誣民하는 수단으로 쓰게 된다면 스스로 돌이킬 수 없는 나락奈落으로 빠지는 과보를 받게 되므로 크게 경계하여야 합니다. 우리가 추구해야 하는 것은 근본의 진리이며 능력의 외연外緣을 넓히는 말변사末邊事인 신통이 아닙니다.

인도에서 중국의 장안으로 찾아온 대이삼장大耳三藏이라는 분이 타심통他心通을 얻었다는 소문이 널리 퍼져 숙종肅宗 황제의 귀에까지 들어갔습니다. 숙종은 혜충 국사慧忠國師에게 시험을 해 보라고 하였습니다.
　　혜충 국사가 묻기를 "그대가 타심통을 얻었다는데 사실인가?" 하니, 삼장이 "그렇기는 합니다만…." 하였습니다. 국사는 뱃놀이 구경하던 것을 생각하며 "그대는 지금 내 마음이 어디에 있는지 말해보라." 하니, 삼장이 "스님께서는 나라의 국사國師이신데 어찌 강에서 하는 뱃놀이나 구경하고 있습니까?" 하므로, 다시 국사는 가만히 있다가 다리에서 원숭이 노는 것을 생각하면서 다시 "지금은 내가 어디 있는가?" 하니, 삼장이 "나라의 국사이신 스님께서 어찌 천진교天津橋에 가셔서 원숭이 놀음이나 구경하십니까?" 하였습니다. 이번에는 혜충 국사가 가만히 무심삼매無心三昧에 드니, 삼장이 어찌할 바를 몰라 쩔쩔매고 있으므로 국사가 "이 들여우 같은 것아! 타심통이 어디에 있는가?" 하고 꾸짖으니 삼장이 아무 말도 못하였습니다.

우리가 따로 신통을 구하지 않아도 우리들의 일거수一擧手 일투족一投足이 모두 신통입니다. 어제의 일을 알고 내일의 일을 짐작하니 숙명통이요, 전화로 천리 밖의 소리를 들으니 천이통이요, 엄마는 어린 아기의 울음소리를 듣고 배가 고픈지 변이 마려운지를 아니 타심통이요, 개미보다 수백 배나 빨리 달리니 신족통이요, 하루살이보다 몇십 배나 멀리 보니 천안통입니다. 그러나 우리는 부처님이나 혜충 국사와 같은 무심삼매의 누진통은 되지 않습니다.

우리의 근본 마음자리를 모르고 업력業力으로 아는 것은 업식業識일 뿐이며, 우리들의 근본인 참 생명을 깨달아 신령스럽게 알고 행하는 것이 신통이며 묘용입니다.

방온龐蘊 거사居士에게 마조馬祖 선사가 "요즘 자네는 어떻게 지내고 있는가?" 하고 물으니, 방온 거사는 다음 게송을 지어 답하였습니다.

> 날마다 하는 일은 다른 것 없고
> 오직 나를 마주하며 살아가나니,
> 무엇 하나 취하거나 버리지 않고
> 어디서나 틀리거나 어긋남 없네.
> 옳으니 그르니 누가 말하리.

산 언덕은 티끌먼지 다 사라졌네.
신통과 묘용이 딴 것 아니라
물 긷고 나무하는 그런 것이지.
日日事無別 唯吾自偶諧
頭頭非取捨 處處勿張乖
朱紫誰爲號 丘山絶塵埃
神通及妙用 運水及搬柴

계청 7
啓請 七

세척진로원제해 洗滌塵勞願濟海
초증보리방편문 超證菩提方便門
모든 번뇌 세척하고 고해를 건너
깨달음의 방편문을 뛰어넘는다.

진로塵勞는 우리를 혼란스럽게 하는 온갖 빛깔이나 소리와 냄새와 맛과 감촉과 바깥의 현상인 육진六塵경계에 시달리는 노고勞苦이니, 밖을 찾아 헤매는 번뇌 망상을 말합니다. 우리가 신묘장구대다라니를 지극한 마음으로 지송하면 그러한 번뇌 망상을 깨끗이 씻어버리고 대비주이신 관세음보살의 원력에 의해 고해苦海를 건너게 되는 것입니다.

 신묘장구대다라니를 수지하여 원통삼매를 이루어 나의 참 생명인 심지心地의 광명이 발하면 바깥의 진로塵勞는 굳이 세척洗滌하지 않더라도 본래 공空한 것이라 저절로 사라지게 됩니다. 그리하여 안팎이 없는 참 생명의 청정한 본래 모습이 벗은 듯이 드러나고 씻은 듯이 깨끗하여 거기에는 무슨 티끌 하나라도 붙일 수가 없습니다. 바깥의 진로가 사라진 거기에는 내외內外가 없고 피차彼此가 사라져서 상대적인 차별이나 분별을 붙일 수가 없으니, 여기도 없고 저기도 없으며 차안此岸도 없고 피안彼岸도 없으니 그 가운데 건너야 할 고해苦海도 자연히 사라지게 됩니다.

보리방편문은 진리의 깨달음으로 이끌어 주는 방법이며 해탈로 나아가게 하는 수단입니다. 우리 중생들은 근기가 다르고 업이 다르기 때문에 불보살들께서는 각자의 그릇 따라 수행하는 방법을 다양하게 설정하였습니다. 진리의 길로 들어가는 데는 근기 따라 여러 방편으로 세운 문門이 다르고 수행과정에 거치는 단계의 노정路程도 천차만별입니다. 그러나 대다라니를 수지하여 원통삼매를 이루어 나의 참 생명을 깨달아 증득하면, 안팎이나 멀고 가까움 등의 상대적 차별이 없어져서 모두가 하나로 원통圓通하니 모든 차제次第나 방편을 단박에 다 뛰어넘게 됩니다. 그리고 나아가 아무 걸림 없는 경지에서 중생들을 제도하기 위하여 보살행을 하면서 그 구하는 바를 따라서 온갖 방편의 문門을 다시 펼치게 됩니다. 그것이 방편자재方便自在입니다.

우리가 관세음보살 명호名號를 부르며 기도祈禱 정근精勤할 때에 "나무보문시현 원력홍심 구고구난 대자대비 관세음보살南無 普門示現 願力弘深 救苦救難 大慈大悲 觀世音菩薩"이라고 합니다.

보문시현普門示現은 널리 갖가지 방편을 나타내 보이신다는 뜻이니, 깨달음을 얻도록 베푸신 여러 방편, 즉 '보리방편문'을 베푼다는 것입니다. 이 보리방편문은 중생들이 자기의 본래 자리로 돌아가 자기의 참 생명을 깨치도록 하기 위해서 베푼 온갖 방법들입니다. 병이 나으면 약방문이 필요 없고 강을 건너면 뗏목을 버리듯이 자기의 참 생명을 깨닫고 보면 모든 방편이 아무 소용없게 됩니다.

　　서방의 극락세계 어디냐고 묻지 말라.
　　안개구름 사라지면 청산이 여기있네.

계청 8
啓請 八

아금칭송서귀의 我今稱誦誓歸依
소원종심실원만 所願從心悉圓滿
제가 이제 지송하고 귀의하오니
원하는 바 마음 따라 원만하소서.

내가 지금 신묘장구대다라니의 한량없는 공덕을 칭송하며 맹세코 귀의한다는 것은 나의 소원을 모두 원만하게 성취시키기 위함입니다.

　신묘장구대다라니는 내 마음의 세계를 펼쳐놓은 만트라Mantra; 진언입니다. 이 대비주를 칭송하며 귀의하는 것은 바로 내 마음의 본래 자리로 돌아가겠다는 서원입니다. 그리하여 내 자신이 그대로 관세음보살님의 대비심주大悲心呪와 하나가 되고, 내 자신도 대비주大悲主가 되고 또 하나의 관세음보살의 화신化身이 되어 관세음보살의 서원을 실천하는 관음행자觀音行者가 되겠다는 다짐입니다. 내 스스로 그 길을 가겠다는 서귀의 誓歸依입니다. 관음대비주를 지송하는 것은 그 보살도菩薩道를 실천하기 위함입니다.

관세음보살께서는 모든 중생들이 안락을 얻게 하기 위하여, 일체 모든 병을 없애기 위하여, 영원한 수명을 얻게 하기 위하여, 부요富饒를 얻게 하기 위하여, 일체 나쁜 업과 큰 죄를 없애기 위하여, 모든 장애와 어려움을 여의기 위하여, 일체 깨끗한 법과 모든 공덕을 증장하기 위하여, 일체 모든 선근을 성취하기 위하여, 일체 모든 두려움을 멀리 여의기 위하여, 속히 일체 희구希求를 만족시키기 위하여 이 신묘장구대다라니를 설한 것이라고 하였습니다.

　이 대다라니의 원력이 모두 원만하게 성취되려면 모든 중생들이 희구하는 소원이 이루어져서 안락을 얻고 영원한 수명을 얻어 일체 중생들이 모두 성불하여야 실원만悉圓滿이 되는 것입니다.

　마음먹은 대로 원만하게 이루어져야 할 모든 소원은 나의 바라는 소원만이 아니라, 나아가 다른 사람이 바라는 소원도 다 포함됩니다. 그래서 기도를 할 때에 남을 위해서도 기도해야 합니다. 나와 가까운 것은 우리가 되고 먼 것은 남입니다.

　나의 기도가 제대로 되어갈수록 나는 점점 커져 우리가 되고 우리가 점점 커져서 결국 남이 없어집니다. 나와 가장 가까운 우리 가족에서, 그리고 우리 이웃, 우리 회사, 우리 동네, 우리 사회, 우리나라, 우리 지구, 우리 우주, 우리 법계法界, 모두가 우리뿐입니다. 그리하여 우리가 기도할 때에는 마지막에 반드시 "온 법계의 모든 생명들 나와 남이 다함께 부처를 이루기를 원하옵니다.[願共法界諸衆生　自他一時成佛道]"

하고 발원해야 합니다.

보살은 자리自利와 이타利他의 길[道]입니다. 그리고 자리와 이타는 결국 둘이 아닙니다. 보살은 무아無我이니 나와 네가 없으며 나와 네가 하나입니다. 나와 너의 구별이 있으면 보살님이 아니며 하나님이 아니고 둘 셋으로 나누어지는 중생衆生님이 되고 맙니다. 나라는 것[我相] 남이라는 것[人相], 네 편과 내 편이라는 상相이 있으면 상대相對가 있어서 절대絶對가 아니며 보살이 아니라고 하였습니다. 보살은 상대가 없기에 무엇을 하던 모든 ~ 바[所]가 없습니다. 보살의 길은 일체 중생들의 모든 원하는 바가 원만히 이루어지도록 끝없이 영겁토록 닦는 바 없이, 머무는 바 없이, 행하는 바 없이 가야할 길입니다. 중생계가 다하고 중생업이 다하고 허공계가 다 하여도 그 원願이 다하지 않는 것이 보살의 길입니다.

> 빙글빙글 물레를 돌릴 적에는
> 한쪽으로 기울지 않도록 하라.

십원
十願

나무대비관세음　南無大悲觀世音

원아속지일체법　願我速知一切法

나무대비관세음　南無大悲觀世音

원아조득지혜안　願我早得智慧眼

나무대비관세음　南無大悲觀世音

원아속도일체중　願我速度一切衆

나무대비관세음　南無大悲觀世音

원아조득선방편　願我早得善方便

나무대비관세음　南無大悲觀世音

원아속승반야선　願我速乘般若船

나무대비관세음　南無大悲觀世音

원아조득월고해　願我早得越苦海

나무대비관세음　南無大悲觀世音

원아속득계정도　願我速得戒定道
나무대비관세음　南無大悲觀世音
원아조등원적산　願我早登圓寂山
나무대비관세음　南無大悲觀世音
원아속회무위사　願我速會無爲舍
나무대비관세음　南無大悲觀世音
원아조동법성신　願我早同法性身

대자대비 관세음께 귀명하오며
어서빨리 일체법을 알겠습니다.
대자대비 관세음께 귀명하오며
어서빨리 지혜의눈 얻겠습니다.
대자대비 관세음께 귀명하오며
어서빨리 일체중생 건지오리다.
대자대비 관세음께 귀명하오며
어서빨리 좋은방편 얻겠습니다.
대자대비 관세음께 귀명하오며
어서빨리 반야선을 타겠습니다.
대자대비 관세음께 귀명하오며
어서빨리 고통바다 건너가리다.
대자대비 관세음께 귀명하오며
어서빨리 계정도를 가겠습니다.
대자대비 관세음께 귀명하오며
어서빨리 원적산에 올라가리다.

　　　　대자대비　관세음께　귀명하오며
　　　　어서빨리　무위사를　만나오리다.
　　　　대자대비　관세음께　귀명하오며
　　　　어서빨리　법성신을　이루오리다.

 관세음보살은 신묘장구대다라니를 설하시기 전에 "어떤 사람이든지 신묘장구대다라니를 외워 지니려고 하면 반드시 모든 중생들에게 자비심을 일으키고 먼저 나를 따라 다음과 같은 원願을 세워야 한다."고 하였습니다. 그리고 세워야 할 열 가지의 원[十願]과 여섯 가지의 악도惡道에 들어가서 고통받는 중생들을 제도하겠다는[六向] 원을 설하였습니다. 열 가지의 원은 하나하나가 별개의 원이지만 서로 연관되어 있습니다. 서원이 어서 빨리 조속早速하게 이루어지기를 발원하는 속速과 조早가 서로 갈마들면서 다섯 번 반복되는데, 이 원이 서로 상관이 있으므로 다섯으로 나누어 살펴보겠습니다.

십원 1
十願 一

나무대비관세음 南無大悲觀世音
원아속지일체법 願我速知一切法
나무대비관세음 南無大悲觀世音
원아조득지혜안 願我早得智慧眼

대자대비　관세음께　귀명하오며
어서 빨리　일체법을　알겠습니다.
대자대비　관세음께　귀명하오며
어서 빨리　지혜의 눈　얻겠습니다.

'나무'라는 말은 범어인데 귀의歸依 또는 귀명歸命으로 번역합니다. 귀의는 되돌아가서 의지한다는 것이며 보통 불보살님을 믿고 의지하는 것을 말합니다. 귀명은 목숨을 바쳐 귀의한다는 것이며 근본의 목숨에 귀의하는 것입니다. 근본인 목숨에 귀의한다는 것은 바로 참 생명의 자리로 돌아가는 것입니다. 참 생명은 모양이나 빛깔이나 소리나 냄새나 무게가 없어서 보이지도 만져볼 수도 생각할 수도 없는 미묘한 것입니다. 그렇지만 그것이 눈으로 색色을 보고, 귀로 소리를 듣고, 코로 향기를 맡으며, 혀로 맛을 보고, 입으로 말하고, 피부로 감촉을 느끼며, 뜻으로 옛 생각도 하고 다음의 계획도 하니 참으로 불가사의不可思議합니다. 그러한 우리의 참 생명인 목숨을 대자대비하신 관세음보살께 바치니, 몸뚱이는 지금 여기 있지만 나의 참 생명은 관세음보살에게 속해졌습니다.

나의 업業은 여기에 버려두고 나의 참 생명을 바친 관세음보살에게 가서 내가 참 생명의 주인 노릇을 하면 나도 관세음보살이 됩니다. 참 생명은 하나이면서도 한량없는 수가 되기도 하고 그 한량없이 많은 숫자 전체가 하나가 되기도 하는 일즉일체一卽一切이며 일체즉일一切卽一의 오묘奧妙하고도 불가사의한 것이기 때문에 아무 문제 될 것이 없습니다. 관세음보살의 참 생명은 한없이 분화分化될 수 있기 때문입니다.

관음보살은 시방제국토十方諸國土에 무찰불현신無刹不現身이라 하였는데 온 우주 법계의 어디에나 나투지 않는 곳이 없다는 뜻입니다. 그러니 나의 업신業身마저도 참 생명의 드러난 모습입니다. 그런데 그 참 생명을 모르고 바깥 경계에 골몰汨沒하며 한량없는 세월동안 온갖 업을 짓고 살아 온 것입니다. 그렇게 관세음보살님께 귀명歸命하여 주主와 객客의 관계로 의지하는 것에 머물지 않고 하나인 참 생명을 깨닫게 되면 헛꽃 같고 환화幻化같은 이 업신業身 그대로 법신法身으로 쓸 수가 있게 됩니다. 그렇게 참 생명의 주인 노릇을 하게 되면 나도 바로 관음보살의 분신分身입니다. 온 누리에 가득한 산하대지의 두두물물이 그대로 참 생명의 드러난 모습이며, 세간世間의 일체법이 참 생명의 작용이며 그 드러난 현상입니다. 이 세간에 연기緣起되는 모든 법의 참다운 이치를 알려면 참 생명을 깨달아야 합니다.

고려시대에 불법을 중흥시킨 보조 국사普照國師에게 한 제자가 찾아와서 진리를 깨닫도록 이끌어 달라고 하였습니다. 마침 문밖에서 까치 우는 소리가 들렸습니다.

"진리에 들어가는 길이 많지만 한 방법을 말해주겠다. 그대는 저 까치 우는 소리가 들리는가?"

"예 들습니다."

"그대는 저 까치소리를 들을 줄 아는 그 성품을 돌이켜 들어보아라. 거기에 무슨 소리가 있는가?"

"까치 우는 소리를 들을 줄 아는 그 자리를 돌이켜보니, 거기에는 일체 소리와 일체 분별이 없습니다."

"기특하고 기특하구나. 이것이 바로 관음觀音보살이 진리에 들어간 문이다."

그러고는 보조 스님이 다시 물었습니다.

"내가 다시 묻겠다. 그대가 거기에는 일체 소리와 일체 분별이 없다고 했는데 그렇다면 그것이 허공인가?"

"원래 공한 것도 아니며, 밝고 밝아서 어둡지 않습니다."

"그러면 무엇이 공하지 않은 본체인가?"

"형상이 없어서 말로 표현할 수가 없습니다."

"이것이 바로 모든 부처님과 조사祖師의 생명生命이니 다시는 의

심하지 말라."

요통了通 선사는 우리들이 어떻게 해야 관세음[관자재]보살을 만날 수 있는지 다음과 같이 그 방법을 말했습니다.

"관세음[관자재]보살을 만나려거든 조용히 앉아서 마음을 지극히 고요히 하여라. 마음이 지극히 고요할 때에 한 무위진인無位眞人이 몸뚱이 위의 육근六根을 언제나 드나들면서 눈으로 보고 귀로 듣고 코로 냄새 맡으면서 온갖 경계에 자유자재로 노닐면서 시방세계의 모든 국토에 몸을 나투지 않는 곳이 없는 줄 알게 될 것이다. 그것이 온 누리에 남김없이 두루하지만 형체도 그림자도 없으니 아무리 찾아보아도 찾을 수가 없을 것이다. 그러나 보이거나 들리지 않으면서도 눈으로 볼 줄도 알고 귀로 들을 줄도 아는데, 또한 분명히 보고 들을 줄 알면서도 보이거나 들리지도 않는다. 만일 이와 같이 무위진인無位眞人을 친견하거나 관음보살觀音菩薩께 귀의하면 언제 어디서 무엇을 하던지 모자라거나 부족함이 없으리라."

우리는 이와 같이 관세음보살님께 귀명하고 일체법의 참 이치를 깨닫도록 하여야 합니다.

일체법을 알기 위해서는 어서 빨리 지혜의 눈을 뜨기를 서원해야 합니다. 우리가 바른 길을 가려면 먼저 바른 지혜의 안목眼目을 가져야 합니다. 천리의 먼 길을 가려면 첫걸음부터 시작하는데, 그 첫걸음보다 먼저 해야 할 것이 있습니다. 그것은 바로 올바른 가늠을 할 줄 아는 눈을 뜨는 것입니다. 그런 지혜로운 눈을 갖추어야 도중에 방향을 잃어 헤매지 않고 제대로 목적지에 잘 도착할 수 있습니다. 그래서 수행하는데 필수적인 여덟 가지 바른 조건인 팔정도八正道 가운데, 제일 첫째 조건이 정견正見, 즉 바른 안목이니 그것이 지혜안智慧眼입니다. 여기서 말하는 지혜안은 무슨 물건의 빛깔이나 모양을 잘 구별하거나 감식鑑識을 잘하는 그런 바깥 현상을 보는 눈이 아니라 그 현상의 본바탕을 깨달은 견성見性의 안목입니다. 지혜안은 모든 존재의 참 모습인 실상實相을 꿰뚫어보는 혜안이며, 만유萬有의 공성空性을 깨달은 반야般若의 지견知見이며, 모든 현상의 근본 바탕인 참 성품을 바로 보는 견성見性의 안목입니다. 이 정견의 지혜안이 얼마나 중요한지 우리들의 소의경전所依經典인 『금강경金剛經』 가운데 꽃이라 할 수 있는 네 구절로 된 사구게四句偈도 거의 정견正見에 대한 것입니다.

- 범소유상 凡所有相
  개시허망 皆是虛妄
  약견제상비상 若見諸相非相
  즉견여래 卽見如來
  세상에 나타난 현상들은
  모두가 허망한 것이니
  만약 모든 현상들의 현상 아님을 본다면
  바로 여래를 보는 것이다.

  약이색견아 若以色見我
  이음성구아 以音聲求我

시인행사도 是人行邪道

불능견여래 不能見如來

만약 모양으로 나를 보거나

음성으로 나를 구한다면

이 사람은 그릇된 길을 가는 것이라

여래를 보지 못하리라.

일체유위법 一切有爲法

여몽환포영 如夢幻泡影

여로역여전 如露亦如電

응작여시관 應作如是觀

모든 현상인 유위의 법은

꿈이나 허깨비나 물거품이나 그림자 같고

이슬 같고 번개 같은 것이니

응당 이렇게 보도록 하라.

이상과 같이 『금강경』의 정수精髓라 할 수 있는 사구게가 공통적으로 이 세간의 현상들을 어떻게 바로 보아야 하는지를 설하고 있습니다.

  그리고 팔만대장경八萬大藏經의 골수骨髓라고 하는 반야심경般若心經의 핵심核心인 첫 구절도 정견에 대한 것입니다.

관자재보살觀自在菩薩 행심반야바라밀다시行深般若波羅密多時 조견오온개공照見五蘊皆空 도일체고액度一切苦厄 - 관자재보살이 깊은 반야바라밀다를 수행할 때에 '모든 존재의 현상들이 모두 공空함을 비추어 보고' 일체의 고액苦厄을 제도하신다.

관자재보살이 반야바라밀다를 수행할 때에 모든 존재의 현상들의 실체가 공空함을 비추어 보고[見] 일체고액을 건지신다고 하였습니다. 이렇게 현상의 참모습을 밝게 보는 것[見]이 관자재觀自在이며 반야般若입니다. 이 반야般若가 곧 지혜입니다. 그러니 천수천안千手千眼의 관자재보살觀自在菩薩이 광대원만廣大圓滿하고 무애無碍한 대비심大悲心으로 일체一切 중생의 고액苦厄을 건지는 것도 이러한 지혜안智慧眼을 얻었기에 가능한 것입니다. 물질적인 현상이나 정신적인 현상인 오온五蘊의 실체가 공空한 줄을 바로 보았기에 그 현상 속에 일어나는 고액의 실체도 공空한 줄을 꿰뚫어보고 그러한 고액들을 건지는 것입니다. 그러니 고통을 건지더라도 건지는 바가 없이 건지고, 건져야 할 바인 중생이 없는 그 가운데 중생을 제도하시는 것입니다.

불교는 자비의 종교입니다. 그런데 자비를 실천하기 위해서 가장 우선하는 것이 지혜입니다. 피안으로 가는 바라밀을 수행하려면 먼저 반야의 지혜를 갖추어야 합니다. 자비의 보살행菩薩行을 실천하려면 관자재觀自在하여야 합니다. 관자재는 바로 정견正見이며 반야般若이며 지혜안智慧眼입니다. 그래서 신묘장구대다라니의 행자行者가 되려면 어서 빨리 지혜의 눈을 얻어야 하는 것입니다.

천지는 지극히 공평하지만
풍월을 알아야만 누릴 수 있네.

십원 2
十願 二

나무대비관세음 南無大悲觀世音
원아속도일체중 願我速度一切衆
나무대비관세음 南無大悲觀世音
원아조득선방편 願我早得善方便

대자대비　관세음께　귀명하오며
어서 빨리　일체중생　건지오리다.
대자대비　관세음께　귀명하오며
어서 빨리　좋은방편　얻겠습니다.

우리가 발심하여 수행하는 목적은 혼자만의 해탈을 위한 것이 아닙니다. 나만이 아니라 나를 있게 해준 가까운 내 부모형제와 이웃들과 온 법계의 일체중생을 제도하기 위하여 발심하여야 합니다. 그래서 네 가지 큰 서원인 사홍서원四弘誓願 가운데 첫 번째가 끝없는 중생을 다 건지겠다는 중생무변서원도衆生無邊誓願度입니다.

일체중생을 제도한다는 것은 일체중생의 은혜를 갚는 일입니다. 우리는 이 세상에 살면서 여러 은혜 속에 살아갑니다. 낳아주신 부모님의 은혜, 가르쳐 주신 스승님들의 은혜, 좋은 벗들의 은혜, 이처럼 수행할 수 있도록 뒷바라지 해주는 단월 시주들의 은혜, 이 사회와 국가의 은혜, 우방友邦들의 은혜, 나의 목숨을 지탱하게 해 주는 온갖 먹거리들의 은혜, 맑은 물과 공기와 햇살의 은혜 등등이 있습니다. 그리고 그 하고 많은 과거 전생에 나를 길러 주었던 과거의 부모들의 은혜가 있습니다. 사람 몸을 받았을 때 뿐만 아니라 내가 축생의 과보를 받거나 다른 이류異類의 몸을 받았을 때 길러 주었던 어미들의 은혜도 있습니다.

과거 전생의 그런 하고 많은 부모 형제나 이웃들이 금생에는 어떤 얼굴을 하고 지금 어디에 태어나 살고 있겠습니까? 온 누리에 살고 있는 중생들이 바로 그들이니 일체중생이 바로 나의 부모들이었습니다. 그러니『부모은중경』에 보면 부처님께서 길을 가시다가 해골 앞에 서서 '이 해골의 주인이 바로 전생에 나의 어머니였다'고 절을 하시었습니다. 이런 인연의 관계를 생각하면 이 세상에서 온갖 고통을 받고 있는 저 중생을 누가 건져야 하겠습니까? 그나마 다행히도 바른 정법을 만난 내가 먼저 발심하여 구해야 합니다. 대자대비하신 관세음보살님께 귀명하는 것도 이런 서원을 성취하기 위한 것입니다. 이것이 관세음보살의 참 생명에 귀명하여 나도 관세음보살의 화신이 되어 보살의 서원을 실천하여야 하는 까닭입니다.

그리고 그 서원을 실천하려면 그 방법인 방편이 있어야 합니다. 중생들의 업이 제각기 다르고 근기가 다른데 어떻게 해야 제대로 된 좋은 방편이 될 수 있는지를 알아야 합니다. 신묘장구대다라니를 일념으로 염송하는 것도 한 좋은 방편입니다. 신묘장구대다라니를 일념으로 염송하면서 '다라니를 염송할 줄 아는' 그 참 생명을 반조返照하여 다라니와 참 생명이 둘이 아닌 원통삼매를 이루어 모든 존재들의 실상이 공空한 줄을 깨달으면 광대원만의 무애자재無碍自在한 그 경지에는 고락苦樂이나 생사生死 등의 모든 상대를 초월하게 됩니다. 모든 상대相對를 초월하여 나라는 상[我相]이나 너라는 상[人相]이나 중생이라는 상[衆生相]이나 목숨을 가졌다는 상[壽者相]이 없으니, 거기에는 건져야 할 중생이 없는 줄을 알게 될 것입니다. 그래서 『금강경金剛經』에 부처님께서 "한량없고 수없이 많은 무변중생을 제도하더라도 실로 중생을 제도함이 없느니라." 하셨습니다. 그러나 부처님께서 중생을 제도함이 없는 것이 아니라, 참 생명인 그 자리는 모든 상相을 초월하였기에 제도하는 바 없이 제도하면서 일체중생을 무여열반無餘涅槃에 들도록 하는 것입니다. 제도하는 바 없이 제도하는 것이 바로 선방편입니다.

좋은 처방을 내려고 하면 바른 진단을 하여야 하듯이 좋은 방편도 마찬가지로 바른 진단이 필요합니다. 땅에서 넘어진 사람은 땅을 짚고 일어서야합니다.[因地而倒者 因地而起] 다른 방편이 없습니다. 중생들은 자기의 근본 마음을 미혹하여 바깥의 경계에 끄달리면서 탐내고 성내고 어리석어서 온갖 업을 지으면서 누에가 실을 토해내어 스스로 고치 속에 갇히듯이 스스로를 묶어 버리고 만 것입니다.

세상의 번뇌 망상에 끄달리고 얽매어 괴로워하던 도신道信이 승찬僧璨

대사를 찾아가서 "화상께서는 자비를 베푸시어 저를 모든 얽매임으로부터 벗어나는 해탈解脫의 법문으로 이끌어 주십시오." 하니, 승찬 대사는 "누가 너를 묶었는가?" 하니, "아무도 묶지 않았습니다." 하였습니다. 그러자 승찬 대사는 "그런데 왜 해탈을 구하느냐?" 하니, 도신이 이에 크게 깨달았습니다.

그 고통의 근본이 밖에 있는 것이 아니라 근본 마음인 참 생명을 미혹한 자기 자신에게 있는 것입니다. 그러니 밖에서 남이 건져줄 수 있는 것이 아니라 스스로 깨어나도록 스스로 벗어날 수 있도록 돕는 것이 건져주는 것입니다. 그것은 바로 중생들이 자기 참 생명의 실상實相을 바로 깨달을 수 있도록 온갖 방편으로 이끌어 주는 것입니다. 부처님의 가르침을 적은 경전을 보게 하거나 염불을 하게 하거나 다라니를 지송하게 하거나 육바라밀을 수행하게 하거나 참선을 하게 하는 등의 온갖 수단으로 각자의 근기根器에 따라 가장 좋은 방법으로 가르치며 이끌어 주는 것이 바로 선방편善方便입니다.

> 팔십세 늙은이가 어깨춤을 추는 것은
> 흥이 난 것 아니라 어린 손자 위해서네.

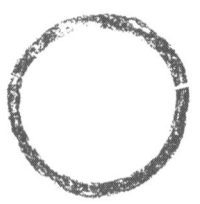

십원 3
十願 三

나무대비관세음 南無大悲觀世音
원아속승반야선 願我速乘般若船
나무대비관세음 南無大悲觀世音
원아조득월고해 願我早得越苦海

대자대비　관세음께　귀명하오며
어서 빨리　반야선을　타겠습니다.
대자대비　관세음께　귀명하오며
어서 빨리　고통바다　건너가리다.

어두움을 밝히려면 등불이 있어야 하고, 바다를 건너려면 거친 파도에도 흔들림이 없는 배가 있어야 합니다. 나고 죽음 속에 괴로움의 풍랑이 끝없이 출렁대는 이 생사고해生死苦海를 건너서 저 피안彼岸의 세계를 향해 건너가려면 반야선般若船을 의지해야 합니다.

반야선은 지혜의 배이니, 곧 피안으로 건너가는 바라밀波羅密의 배입니다. 바라밀의 배는 육바라밀의 여섯 척으로 군단이 되기도 하고 십바라밀의 열 척으로 군단을 이루기도 하며 혹은 수많은 배들이 군단을 이루기도 하는데, 그 가운데서 반야선이 모든 구축함驅逐艦의 모함母艦입니다. 이 모함母艦은 함장艦長이 통신으로 모든 구축함을 통제하고 각종 장비와 장구를 공급하며 항공기를 탑재하고 다른 여러 시설과 휴식시설도 갖추고 있습니다. 반드시 모든 바라밀의 모함인 이 반야선을 타야만 피안으로 제대로 갈 수가 있습니다.

반야선에는 이 세상의 일체 모든 것을 아무리 실어도 좁지가 않습니다. 이 배는 삼세三世의 제불諸佛과 일체중생이 모두 선장船長 노릇을 할 수 있으며, 그 배는 하나가 되기도 하고 수천만 개가 되기도 하는 신출귀몰하는 배입니다. 그런데 부처님이 선장인 배는 반야선이 되고, 중생들이 운전하는 배는 해적선海賊船입니다. 중생들은 고해 속에서 탐욕으로 노략질을 일삼아 자기의 배에다 잔뜩 싣기는 하지만 수리가 제대로 안 된 부서진 유루有漏의 난파선難破船이라서 모두가 새어나가 버립니다. 그리고 자기가 가진 이 배의 기관 시설을 제대로 알지도 못하여 항해할 줄도 모르는 폐선廢船입니다. 그러니 하물며 저 피안으로 갈 수가 있겠습니까?

우리는 폐선이 된 해적선을 버리고 부처님의 반야선을 타야합니다. 그런데 반야선을 타려면 승선乘船하는 절차가 있습니다. 반야선은 바닥이 없는 무저선無底船이기 때문입니다. 검문 검색이 까다롭기 짝이 없으니 겨자씨 하나 먼지 하나라도 묻어 있으면 안 됩니다. 내가 가진 모든 것을 비워버리고 내 몸뚱이와 내 머릿속에 든 모든 생각까지도 비워야 합니다. 내가 공[我空]하고, 내가 가진 것들이 공[法空]하고 일체一切가 공해야 반야선을 탈 수가 있습니다. 이런 과정을 거쳐 반야선에 오르면 그 배는 넓지도 좁지도 않게 꼭 들어맞아서 나와 반야선이 둘이 아닌 하나입니다. 이 반야선을 타야만 바다를 무사히 항해航海할 수 있습니다.

이 세상은 괴로움의 바다입니다. 산하대지는 물론 허공계에도 존재들이 있는 곳은 괴로움이 있기 마련이니 온 누리가 그대로 고해입니다. 어서 빨리 고해를 뛰어넘어 파라다이스Para-dise인 극락세계를 누리고 싶은 것은 누구나 바라는 소원입니다. 파라다이스는 파라미타 Para-mita인 바라밀에 의해 건너갈 수 있는 곳입니다. 바라밀 선단船團의 모선母船인 반야선에 오르면 그 속도는 용주龍舟보다도 더 빠릅니다. 빠른 것이라기보다는 너무도 빨라서 속도가 없는 무속도無速度입니다. 찰나 사이에 이미 벌써 피안에 도달합니다. 이 반야선에 오르기만 하면 어느 사이에 고해는 사라지고 없습니다. 시발점始發點과 가야할 목표인 종착지 사이에 과정이 있어야 속도를 측정할 수가 있는데 건너야 할 고해가 사라지고 없으니 공간이 사라지고 시간이 사라졌습니다. 모양도 없고 빛깔도 없고 높이도 크기도 무게도 없는 반야선에 오르는 순간 삼천대천세계가 사라지고 영겁의 시간이 사라져버렸기 때문입니다.

　　회두시안回頭是岸! 저 멀리 아득히 펼쳐진 고해苦海가 고개를 돌리면 바로 언덕입니다.

푸른 파도 깊은 곳에 고기 잡는 어부여!
먹이 던져 그물질에 기진맥진 하는구려.
돛대에는 맑은 바람 달빛어린 그 속에서
자신이 수정궁에 있는 줄도 모르구나.

碧波深處釣魚翁
抛餌牽絲力已窮
一棹淸風明月裡
不知身在水晶宮　　　　　〈佛慧禪師〉

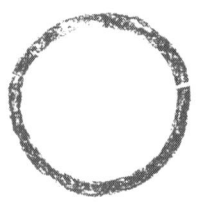

십원 4
十願 四

나무대비관세음 南無大悲觀世音
원아속득계정도 願我速得戒定道
나무대비관세음 南無大悲觀世音
원아조등원적산 願我早登圓寂山

대자대비 관세음께 귀명하오며
어서 빨리 계정도를 가겠습니다.
대자대비 관세음께 귀명하오며
어서 빨리 원적산에 올라가리다.

계정도戒定道는 계율戒律과 선정禪定의 길이며 삼학三學의 길입니다. 삼학三學은 계戒·정定·혜慧입니다.

　계戒는 삼귀의계, 오계, 십계와 출가 수행자가 지켜야 할 비구계, 비구니계와 보살계 등이 있는데, 자기가 처한 상황 속에서 참된 삶의 질서를 잘 지키는 것입니다. 정定은 산란함이 없는 고요한 안정安定 상태입니다. 계를 잘 지키면 마음이 안정되고 마음이 안정되면 지혜가 드러납니다. 계戒는 그릇을 반듯이 놓는 것과 같고, 정定은 그릇 가운데 담긴 물이 새거나 출렁대지 않고 고요한 것과 같으며, 혜慧는 고요한 물에 비치는 달과 같습니다. 밝은 달이 온전히 나타나려면 물이 안정되어야 하고 물이 안정되려면 그릇이 제대로 반듯이 놓여 있어야 합니다.

계정혜 삼학은 따로따로가 아니라, 하나하나 속에 셋을 다 갖추어 있습니다. 먼 길을 가려면 두 발이 있어야 하는 것처럼 우리가 진리를 향해 갈 때는 반드시 계를 지켜야 하므로 계를 계족戒足이라고도 하며, 계 가운데는 선정과 지혜가 구족되어 있으므로 다른 독송집의 천수경에서는 가끔 계정도를 계족도戒足道라고 한 곳도 있습니다. 이 계정도는 바로 진리로 나아가는 팔정도八正道입니다. 계정도는 내 고향으로 돌아가는 길이며, 나를 찾아가는 길입니다.

원적圓寂은 열반涅槃의 다른 이름이며 번뇌를 여의고 진리를 깨달아 누리게 되는 청정한 불생불멸의 경지입니다. 원적산은 모든 혼란이 사라진 고요가 충만한 평온의 산입니다. 산은 움직임이 없이 언제나 여여부동如如不動합니다. 태고의 신비를 간직하고 있습니다. 그저 적막하기만 한 것이 아니라, 온갖 것을 품고 있기에 물소리, 바람소리, 산새소리와 온갖 생명들의 숨소리가 배어나옵니다. 그리고 그 모든 소리들을 적정 속으로 빨아들이는 묘한 힘이 있으니, 새소리가 오히려 더 고요하게 들려오고 바삐 지나가는 흰 구름이 있어 더 한가하게 느껴집니다. 여기에서 일어나는 짓이나 울리는 소리들은 태초 이전의 적묵寂黙에 그 뿌리를 두고 있어서 그렇습니다. 이 원적산은 우리들 모두의 고향 동산입니다. 우리들 참 생명의 태생지胎生地이며 우리가 언젠가는 돌아가야 할 그런 불생불멸不生不滅의 열반涅槃의 땅이 바로 이 원적산입니다.

내 고향의 동산인 원적산이 어디입니까?

  조고각하照顧脚下!
  제각기 서 있는 발밑을 살펴보라!

  곳곳마다 푸른 버들 말고삐를 맬 수 있고
  집집마다 대문 앞은 장안으로 통해 있네.

십원 5
十願 五

―

나무대비관세음 南無大悲觀世音
원아속회무위사 願我速會無爲舍
나무대비관세음 南無大悲觀世音
원아조동법성신 願我早同法性身
대자대비 관세음께 귀명하오며
어서 빨리 무위사를 만나오리다.
대자대비 관세음께 귀명하오며
어서 빨리 법성신을 이루오리다.

―

무위사無爲舍는 본래의 내 고향집입니다. 무엇을 하기는 하여도 하는 바 없이 하는 집이라서 이 집에서는 살림을 하여도 살림하는 바가 없습니다. 이 집은 주인도 없고 주소도 없고 번지수도 없으며, 들어가는 문이 없고 벽이 없으니 안팎이 없고 일체 시비가 없고 분별이 없는 집입니다. 누가 들어오거나 나가거나 상관하지 않으며, 일체 성현이나 중생들이 모여 들어 앉고 눕고 쉬어도 넓거나 좁지도 않은 집입니다.

부처님께서 정각正覺도량의 이 집에서 설법하시니 시방세계의 모든 국토의 부처님들이 한량없이 많은 대중과 옹호하는 화엄성중華嚴聖衆들을 거느리고 함께 와서 동시에 설법하고 동시에 법문을 들어도 이 집은 좁지 않았고, 유마거사도 이 집에 앉아 불이법不二法을 설하는데 그 방장方丈 넓이의 방이 넓지도 좁지도 않다고 하였습니다. 중국의 방온龐蘊거사도 이 집을 선불장選佛場 삼아 마음을 비워서 급제及第하여 이 집을 노래했습니다.

- 시방동취회 十方同聚會
  개개학무위 箇箇學無爲
  차시선불장 此是選佛場
  심공급제귀 心空及第歸

  시방세계 대중들이 함께 모여서
  누구나 하염없는 법을 배우니,
  이곳은 부처를 뽑는 과거장
  마음을 비워서 급제하여 돌아가네.

법성신은 진리의 몸입니다. 법성은 본래 청정하고 절대평등인 우주의 근본이며 진리의 바탕이며 만물이 본래부터 가진 성품으로 바로 내 자신의 근본자리이며 나의 참 생명입니다. 일체중생과 우주 만유萬有의 근본 성품이니 이를 깨달으신 분을 부처라고 하기에 불성佛性이라고도 하며, 누구나 갖추어 있는 근본 성품이기에 본성本性이라 하고, 무엇이라 매김할 수 없는 참 사람이기에 무위진인無位眞人이라고도 합니다. 이 법성신은 우주의 근본 진리인 몸이니 법신法身 또는 청정법신淸淨法身이라고도 말합니다.

부처님의 몸은 법신法身·보신報身·화신化身이 있습니다. 법신法身은 온 우주에 가득 차 있는 진리의 몸이며 우주에 충만한 부처님의 참모습입니다. 보신報身은 오랜 세월동안 수행하여 그 결과로 원만하신 상호를 갖추신 몸이기에 원만보신圓滿報身이라고도 말합니다. 우리 중생들은 지어온 업의 과보로 받은 몸이기에 업보신業報身입니다. 화신化身은 중생을 제도하기 위하여 온갖 방편으로 나타내는 몸이며 응신應身 또는 응화신應化身이라고도 합니다.

'원아조동법성신願我早同法性身'은 내 자신의 주인공主人公인 참 생명을 깨닫고 내 자신이 무위진인無位眞人이 되어 제대로 된 세상의 주인 노릇을 하겠다는 것입니다.

누가 천하에 고불古佛이라고 알려진 조주趙州 선사에게 묻기를 "하루 종일 동안 어떻게 마음을 쓰십니까?" 하니, 조주 선사는 답하기를 "그대들은 하루 종일 동안 마음을 사용 당하지만 나는 하루 종일 마음을 사용하고 있다네." 하였습니다. 조주 선사는 이처럼 삶의 주인 노릇을 하였습니다.

참 생명을 깨달아 법성신과 하나가 되는 이것이 스스로 주인공이 되는 것이며 이것이 바로 개벽開闢입니다. 신천지新天地가 열리는 것입니다. 새로운 삶이 시작되는 것입니다. 땅이 꺼지고 하늘이 무너져서 새로운 천지가 생기는 것이 아니라, 장님이 눈을 뜨듯이 지금의 산하대지와 두두물물頭頭物物 그대로인 채로 새로운 세상이 새롭게 전개됩니다.

부처님의 경전은 마치 고향을 잃고 유랑流浪하는 실향민失鄕民들이 제각기 고향을 찾아가도록 상세히 가리키는 노정기路程記이며, 잃어버린 진정한 자기를 찾아가는 길이며, 나의 참 생명을 찾아가는 길입니다. 이 천수경에 나오는 열 가지 원[十願]도 마치 생사의 고해苦海 속에 떠도는 나그네가 자기의 그리운 본래 고향을 찾아가기를 원하는 것과 같습니다. 자기가 처한 상황[一切法]을 바로 알고, 길눈을 갖추고 반드시 필요한 채비[智慧眼]를 장만하고, 모든 실향민[一切衆]들이 다 함께 고향으로 갈 수 있기를 희망하며, 그 찾아가는 온갖 수단 방법들[善方便]을 찾고, 고향으로 가는 배[般若船]를 타고, 바다를 건너서[越苦海], 고향으로 가는 길[戒定道]을 따라, 내 고향의 옛 동산[圓寂山]에 올라, 고향 집[無爲舍]에 들어가서, 본래의 내 몸[法性身]이 태어난 그 자리에 앉는 과정입니다.

법성신法性身과 같아진다는 것은 이 내 몸이 그대로 온 우주 만유의 근본이면서도 나의 근본인 참 생명과 같은 줄을 깨달아 참 생명의 삶을 살아가는 것입니다.
　　다음은 법성신인 자기의 참 생명을 깨달아 부처의 삶을 살아가는 쌍림 선혜雙林善慧 대사의 게송입니다.

　　　밤이면 밤마다 부처를 안고 자고
　　　아침에는 그대로 함께 깨어 일어난다.

앉고 설 때 언제나 서로 같이 따르고
말하거나 말없어도 늘 함께 행동하네.
몸이 가면 그림자가 같이 따라 다니듯이
가는 털 끝 만큼도 떨어지지 않는다.
부처의 간곳을 알고 싶은가?
바로 지금 말을 하는 이것이라네.
夜夜抱佛眠 朝朝還共起
起坐鎭常隨 語默同居止
如身影相似 纖毫不相離
欲識佛去處 秪這語聲是.

육향 六向

아약향도산	我若向刀山
도산자최절	刀山自摧折
아약향화탕	我若向火湯
화탕자소멸	火湯自消滅
아약향지옥	我若向地獄
지옥자고갈	地獄自枯渴
아약향아귀	我若向餓鬼
아귀자포만	餓鬼自飽滿
아약향수라	我若向修羅
악심자조복	惡心自調伏
아약향축생	我若向畜生
자득대지혜	自得大智慧

제가 만약 칼산지옥 향하게 되면

칼산이　　저절로　　꺾어지소서.
제가 만약　화탕지옥　향하게 되면
화탕이　　저절로　　소멸되소서.
제가 만약　지옥도를　향하게 되면
지옥은　　저절로　　없어지소서.
제가 만약　아귀도를　향하게 되면
아귀들이　저절로　　배부르소서.
제가 만약　수라도를　향하게 되면
악한 마음　저절로　　조복되소서.
제가 만약　축생도를　향하게 되면
큰지혜가　저절로　　얻어지소서.

진리를 깨달은 보살의 삶은 혼자 열반涅槃의 즐거움을 누리는데 있지 않고 고통을 받고 있는 중생들을 위하여 그들의 아픔을 함께하면서 온갖 방편으로 그들과 어울리며 이끌어 주는 온갖 만행萬行을 실천하는 바라밀波羅密의 삶입니다.

　　보살이 향해가는 세상은 풍족하고 즐거운 세상이 아니라 어리석고 춥고 배고프고 목마르고 고통스런, 그늘지고 깨어나지 못하는 어두운 곳을 향해가는 것입니다.

중생들이 지은 업을 따라 윤회하는 세상을 크게 여섯 갈래인 천상天上, 인간人間, 아수라阿修羅, 축생畜生, 아귀餓鬼, 지옥地獄으로 나누어 육도六道라고 합니다.

천상세계는 선善한 과보로 온갖 즐거움을 누리는 풍족한 곳입니다. 선업을 쌓은 정도에 따라 누리는 여러 종류의 천상세계가 있습니다. 그러나 그 과보를 다 누리고 나면 마치 하늘 높이 올라간 화살이 다시 떨어져 내려오듯이 다시 낮은 곳으로 떨어지게 됩니다.

인간세계는 지금 우리들이 누리는 세상입니다. 물론 우리 인간세계에서도 천상의 즐거움 못지않게 즐겁게 사는 이와 지옥보다 더 고통스러운 삶을 살아가는 이가 있습니다.

아수라阿修羅 세계는 투쟁의 세계이며, 줄여서 수라修羅라고도 합니다.

축생畜生은 짐승들의 세계입니다. 땅위를 기어 다니거나 걸어 다니는 길짐승, 공중을 날아다니는 날짐승, 수중水中 세계에 살고 있는 물고기 같은 것들입니다.

아귀餓鬼 세계는 굶주리고 배고파서 헐떡대는 중생들의 세계입니다.

지옥地獄 세계는 중생들이 온갖 악업을 지어 헤아릴 수 없는 고통을 받고 있는 세계입니다. 지옥은 지은 그 악업의 정도에 따라 여러 가지의 지옥이 있습니다.

이 가운데 특히 고통이 심한 축생, 아귀, 지옥을 삼악도三惡道라고 합니다. 관세음보살은 이 고통받는 악도에 들어가 공포와 두려움을 없애주기 위해서, 평화와 안락을 안겨주기 위해서, 해탈시키기 위해서 온갖 모습을 나투면서 그들을 제도합니다.

보살이 때로는 심지어 털이 무성하고 뿔이 돋은 짐승들의 모습으로 나타나기도 하는데 그것을 피모대각被毛戴角이라 하고, 이상한 다른 모습으로 중생세계에 나타나므로 그것을 이류중행異類中行이라고 합니다.

지장보살地藏菩薩은 지옥의 문 앞에서 지옥으로 들어가는 중생들을 가엾이 여기어 눈물을 흘리면서 저 고통받는 중생들이 모두 지옥을 벗어날 때까지 지옥 중생들을 교화하고 일체중생이 모두 성불成佛한 다음 마지막에 성불하겠다는 그런 크나큰 원을 세우신 보살입니다.

어떤 종교를 빙자한 모자라는 사람들이 자기네 종교를 믿으면 천국으로 가고 불교를 믿으면 지옥으로 간다고 목청을 돋우며 비난을 하는데, 그런 말을 하는 사람들의 사고가 불쌍하기도 하지만 돌이켜 생각하면 선지식의 외침으로 들리기도 합니다. 보살은 자기 혼자 천당 세계나 가려는 소승적인 삶을 사는 분이 아닙니다.

보살은 지옥에서 고통받는 중생을 위해 지혜와 자비를 갖추고 당당히 지옥을 향해 나아가는 것입니다.

불교는 자비慈悲의 종교입니다. 자비는 자慈와 비悲를 말합니다. 자慈는 자兹의 마음[心]이며, 자兹는 차此 또는 시是와 같은 뜻입니다.

자慈는 제대로 잘 되어가고 있는 것을 바라보는 마음입니다. 어린 아기가 예쁘고 건강하게 잘 자라는 것을 바라보는 마음, 대견스럽게 공부 잘하고 행동이 착한 것을 바라보는 마음, 모양새나 쓰임새가 마음에 쏙 들고 밉지 않은 마음, 하는 일이 잘 되어 가는 것을 바라보는 마음, 바라보기만 하여도 기쁜 마음, 흡족해져서 즐겁게 바라보는 마음 등 좋거나 좋게 되는, 긍정적으로 되어가는 것[兹=是]을 바라보는 마음입니다.

비悲는 비非를 바라보는 안타까운 마음[心]입니다. 잘못된 것을 바라보는 안타까운 마음, 제대로 되지 않는 것을 바라보는 안타까운 마음, 아파서 괴로워하는 것을 바라보는 안타까움, 내가 잘해주지 못해서 안타까운 마음, 욕심 많고 화를 잘 내고 미련한 짓을 하고 있는 것을 안타깝게 바라보는 마음, 어린 아기가 뜨거운 불이나 깊은 물속으로 들어가는 것을 바라보는 안타까운 마음 등 굳고 나쁘게 되는 것을 바라보는 마음이며, 부정적으로 되어가는 것을 바라보며 안타까워하는 마음입니다. 보살의 자비심은 좋게 잘 되어가는 것을 바라보며 사랑하고 기뻐하고 즐거워하기도 하지만, 나쁘게 잘못되어 가는 것을 슬퍼하며 안타까워하는 그런 마음입니다.

보살은 광명光明의 세계를 찾아 보리심을 발하여 지혜롭게 살아가는 이를 이끌어 주면서도, 저 어두움의 무명無明 속에서 헤매고 있는 어리석은 중생들이 받는 괴로움을 아파해 하는 그 마음이 더 사무치는 것입니다. 어머니는 자식이 그냥 자식이 아니라 또 다른 나일 뿐이니, 잘 되는 자식을 대견하고 자랑스럽게 바라보면서도 어리석고 못난 자식을 안타까워하는 마음이 더 가슴에 멍들게 사무치는 것입니다.

보살이 그와 같이 저 어리석은 중생들의 두려움과 괴로움을 아파하는 마음을 대비심大悲心이라고 하며, 그 고통을 건져주려는 서원을 비원悲願이라고 합니다. 그래서 자비의 화신化身인 관세음보살이 설하신 신묘장구대다라니도 대비심다라니大悲心多羅尼라 하며 대비심주大悲心呪 또는 대비주大悲呪라고 부릅니다. 광대원만하고 무애자재한 대비심으로 중생들을 제도하려는 원력보살은 너와 나를 나누지 않기에 고통받는 저 삼악도의 또 다른 나를 향하여 당당하게 들어가는 것입니다. 이러한 대 원력을 세운 보살의 지옥을 향하는 그 그림자에 지옥은 자취가 없어지고 그 걸음소리에 삼악도의 고통은 사라집니다.

신묘장구대다라니를 지송하는 행자行者는 관세음보살의 서원을 본받아 이와 같이 중생들의 갈등을 없애주고 고통을 없애주며 청량제가 되고 선근을 심어주며 환희심을 일으키게 하여 삶을 지혜롭고 풍요롭게 해주어야 합니다.

보살이 고통받는 곳을 향向하여 찾아가야 할 여섯 곳을 육향六向이라고 합니다.

불교는 무아無我의 사상입니다. '나'라는 것이 있기 때문에 온갖 고통이 따르는 것인데, 그 '나'라는 것을 돌이켜 살펴보면 나라는 것은 연기緣起에 의해 생긴 것으로 그 실체가 공空한 것이니 나라는 것을 내세울 것이 없습니다. 고통을 받는 나의 실체가 없는 줄을 철저히 깨달으면 실체 없는 고통은 자연히 사라지게 됩니다.

무아를 철저히 깨달으면 나고 죽음이 사라지고 괴로움과 즐거움의 분별 속에 스스로 얽매어 고통받던 윤회의 굴레를 벗어나게 됩니다. 나고 죽음이 사라지니 나고 죽음이 둘이 아니요, 고苦와 낙樂이 둘이 아니니 아무 걸림 없는 자유자재를 얻게 됩니다.

무아無我는 '너'가 없습니다. 인식하는 주체가 없으니 객체가 없고, 주관이 없으니 객관이 사라집니다. 나란 것이 없으니 남이 없고, 나와 남이 둘이 아니고 주主와 객客이 둘이 아니니, 모든 남들이 바로 다른 나의 모습들입니다. 보살은 나와 남이 없습니다. 고통받는 저 중생들을 향해 가는 것은 저 중생들이 또 다른 나이기 때문입니다. 이것이 아무 조건이 없고 걸림이 없는 무애대비심無碍大悲心입니다. 무애대비심대다라니의 행자行者가 향하여 가는 비원悲願의 길이 바로 이러한 길입니다.

육향 1
六向 一

아약향도산 我若向刀山

도산자최절 刀山自摧折

제가 만약 도산지옥 향하게 되면

칼산이 저절로 꺾어지소서.

도산刀山지옥은 날카로운 칼날이 산을 이루고 그 위를 다니며 고통받는 곳입니다. 칼날에 찔려 다치는 쓰라림과 고통, 남에게 날카로운 혀로 마음의 상처를 주고 남에게서 받는 내 마음의 상처가 모두 칼산지옥입니다.

 남을 다치게 하는 어둡고 날카로운 검은 기운을 쏟아내는 내 자신을 향해 검은 기운이 나는 그 근본을 돌이켜보아야 합니다. 남을 해치려는 날카롭고 어두운 나쁜 기운은 먼저 내 자신이 어둡게 되어 상대편에게 그 어두운 기운이 가게 됩니다. 그 날카롭고 어두운 기운이 상대에게 전달이 되든지 안 되든지 확실히 먼저 나 스스로를 해롭게 한다는 것입니다. 마찬가지로 남에게 감사하고 자비심을 내는 것도 먼저 내 자신이 따뜻하고 부드러운 감사함의 기운을 내기 때문에 그 감사와 자비심은 나를 가장 먼저 이롭게 합니다.

가시나무 덩굴에 따뜻한 바람 부니
가지마다 장미꽃이 송이송이 피어나네.

육향 2
六向 二

아약향화탕 我若向火湯

화탕자소멸 火湯自消滅

제가 만약 화탕지옥 향하게 되면

화탕이 저절로 소멸되소서.

화탕火湯은 펄펄 끓는 가마 속에서 고통을 받는 화탕지옥을 말합니다. 끝이 보이지 않는 큰 가마솥에 끓는 쇳물이 튀어 올라 큰 바퀴 같은 불꽃[火輪]이 되었다가 다시 솥 안으로 들어가기를 반복하는 가운데서 고통을 받는다는 것은 생각만 하여도 끔찍한 일입니다.

    이 화탕지옥은 인간들이 불이라는 도구를 사용하면서 다른 생명을 해친 과보로 받게 되는 것이라고 합니다. 그리고 불은 열熱이며 우리가 화를 내는 것을 열 받는다고 하는데 바로 우리 몸속의 불기운 때문입니다. 불길은 위로 타오르기 때문에 우리가 화를 내면 불기운이 솟아오르고 피가

끓어오르며 타기 때문에 얼굴이 붉어지는 것이니 그것도 화탕지옥입니다.

우리의 몸속에 이런 화탕지옥이 들끓고 있습니다. 그 불꽃이 밖으로 튀어 남을 해치면 끔찍한 범죄를 저지르기도 합니다. 화를 내면 심장부터 타오르면서 먼저 자기의 건강부터 해치고 남을 다치게 합니다.

그리고 화탕지옥과는 반대되는 한빙지옥寒氷地獄이 있습니다. 쉴 틈 없이 찬바람이 불어오는 차가운 얼음 속에서 무자비하게 냉정한 짓을 한 과보로 쉴틈없이 찬바람이 불어오는 고통을 받는 곳입니다.

우리의 몸을 이루고 있는 지地·수水·화火·풍風의 사대가 감정에 의해 그림자처럼 반응하는 것이 표정입니다.

물의 기운은 아래로 흐르고 불의 기운은 위로 솟아오르니 그것을 잘 조화調和하여야 합니다. 불기운이 아래에 머물고 물의 기운이 위에 있으면 수증기가 오르고 비를 내리면서 대기가 맑아지고 만물을 윤택하게 합니다. 그 불의 기운을 잘 쓰면 위로 광명이 피어오르면서 머리가 총명해지지만 덩어리인 채로 솟아오르면 그것을 울화鬱火가 치밀어 오른다고 합니다.

불은 양陽이며 밝음이며 뜨거움이며 그런 마음이 열정熱情이며 그 기운만 치성하면 불덩어리인 울화가 되고 화탕지옥이 됩니다. 물은 음陰이며 맑음이며 기운은 차가움이며 그런 감정이 냉정冷情이며 그 기운이 너무 지나쳐 응고凝固하면 얼음덩어리가 되고 한빙지옥이 됩니다.

얼음이 따뜻한 불기운을 만나서 녹는 것을 소消라고 합니다. 그리고 불길이 차가운 기운을 만나서 식은 것을 식息이라 하고 멸滅이라고 합니다. 우리가 애타게 기다리다가 잘 있다는 기별을 듣고 안심하는 것을 소식消息이 왔다고 합니다. 선방禪房에서 화두話頭를 참구하며 정진하던 분들이 간절히 의심하던 화두를 타파打破하면 한 소식하였다고 합니다.

　이 불기운이 치성한 생각을 번뇌煩惱라 하고, 그래서 '이 삼계三界의 뜨거운 번뇌가 마치 불난 집과 같다.[三界猶如火宅]'고 표현하며, 수행하여 모든 번뇌가 사라진 청량세계淸凉世界인 불생불멸不生不滅의 경지를 열반涅槃이라고 합니다. 그 열반을 적멸寂滅이라고 번역하는데 모든 번거로움이 고요해지고 타던 불이 꺼진 경지라는 뜻입니다.

　화탕을 소멸한다는 것은 펄펄 끓는 가마솥에 차가운 얼음이나 물을 넣으면 조용해지듯이 되는 것입니다. 마찬가지로 차가운 얼음도 뜨거운 기운으로 해소시켜 물이 되어야 제대로 쓸 수가 있습니다. 모든 일을 할 때에 뜨거운 열정과 차가운 냉정의 조화를 잘 이루어, 우리의 삶이 따뜻한 밝음과 시원한 맑음이 유지되도록 하여야 합니다. 거문고 줄을 고르듯이 느슨하지도 팽팽하지도 않아야 밝고도 맑은 아름다운 소리가 울리듯이 조화를 잘 이루는 것이 관음觀音의 이치이며, 이것이 중도中道입니다.

　　비 내리고 구름 개어 산 빛이 부드럽고
　　시원한 바람 부니 땀방울이 식는구나.

육향 3
六向 三

아약향지옥 我若向地獄

지옥자고갈 地獄自枯渴

제가 만약 지옥도를 향하게 되면

지옥은 저절로 없어지소서.

세상에서 큰 잘못을 저지른 사람이 재판을 받고 감옥에 가듯이, 지옥은 악업을 지은 중생들이 그 죄 값을 치르느라고 고통받는 세계입니다.

'천망회회 소이불누天網恢恢 疎而不漏'라는 말이 있습니다. 하늘이 펼쳐놓은 그물은 코가 넓고 넓어서 성글기는 하지만 거기에서 무엇 하나라도 빠져나갈 수가 없다는 것입니다. 우리들이 저지르는 일거수일투족이 그대로 빠짐없이 선한 짓은 선한대로 악한 짓은 악한대로 고스란히 그 과보를 받게 되는 것이 인과법因果法이니 그것이 자연의 섭리인 천리天理이며 바로 천망天網입니다.

지옥은 염라대왕이나 하느님이나 다른 어느 누가 보내는 것이 아니라, 누에가 제 몸속에서 나온 실로 스스로를 가두듯이, 어리석은 나방이 불빛을 탐하여 불 속으로 몸을 던지듯이, 중생들이 탐내고 성내고 어리석은 마음으로 온갖 업을 지으면서 스스로 그 어두움 속으로 또는 불구덩이로 들어간 것이 지옥입니다.

지옥은 중생들의 업보에 따라 여러 종류가 있으며 고통도 갖가지입니다. 그곳의 시간은 한없이 길고도 지루한데, 우리가 즐거운 시간은 얼른 지나가고 말지만, 괴로움은 잠깐 겪어도 몇년이나 지난 것처럼 느껴지는 것과 같습니다. 가장 혹심하게 고통을 받는 곳이 아비阿鼻지옥입니다. 아비는 무간無間이라는 뜻이니 그 고통을 쉴 틈 없이 받습니다.

지옥에서 그 지은 악업만큼이나 고통의 갚음이 끝나야 조금 고통이 덜한 곳으로 나오게 됩니다. 자기 스스로 탐내고 성내고 어리석은 삼독심三毒心의 결과로 스스로를 가두어 어두움 속에서 지옥 고통을 받는 것은 마치 스스로 온갖 악독한 마음을 품어 악몽을 꾸는 것과 같습니다. 내가 받는 이 고통은 그 누구도 원망할 일이 아니라 내 자신이 어리석어 인과를 모르고 저지른 결과입니다.

대비심의 보살은 시작도 끝도 없이 광대원만한 대자비의 광명으로 그 고통의 근원인 무명無明을 비추어 만법이 본래 공空한 줄을 깨닫게 해줍니다. 모든 것이 인과의 업보인 줄을 돌이켜 자기 탓인 줄을 알아 원망하지 않고 참 생명의 심지心地를 환히 밝히면 어두움의 덩어리인 지옥의 죄업은 사라지게 됩니다. 그래서 영가永嘉 선사는 "꿈속에는 육도의 세계가 분명하지만, 꿈을 깨면 텅텅 비어 대천세계 사라진다.[夢裡明明有六趣 覺後空空無大千]" 하고, 또 "찰나 사이 아비지옥 죄업을 없애고 만법이 본래부터 공한 줄을 깨달았네.[刹那滅却阿鼻業 了得萬法本來空]"라고 하였습니다.

　　　　깊고 깊은 혼침昏沈 속에서 허우적대며 악몽에 시달리는 사람을 흔들어 깨우고 나면 온갖 악몽이 본래 공空한 줄을 깨닫게 되고, 혼탁한 물속에 수청주水淸珠가 들어가면 물이 저절로 맑아지듯이 대비주大悲呪의 원력으로 고해苦海는 저절로 고갈枯渴하게 됩니다.

이 세상의 모든 고통은 애착 때문에 생기는 것입니다. 이 애착 때문에 모든 갈등이 생기고 성취하는 즐거움과 못 이루는 괴로움이 생겨나는 것입니다. 그래서 『법구경』에 이런 게송이 있습니다.

● 　사랑하는 사람을 가지지 말라.
　　미워하는 사람도 가지지 말라.
　　사랑하는 사람은 못 만나서 괴롭고
　　미워하는 사람은 만나서 괴롭다.

지옥이란 결국 산이 높으면 골짜기가 깊듯이 사랑과 미움, 즐거움과 괴로움의 상대적 편차 때문에 벌어지는 것입니다. 하늘보다 더 높은 사랑과 즐거움 때문에 땅굴보다 더 깊은 지옥地獄의 고통이 벌어지게 되는 것입니다.

　　　베갯 가에 흐르는 두 줄기 눈물이여!
　　　반은 님이 그리웁고 반은 님을 원망하네.

육향 4
六向 四

아약향아귀 我若向餓鬼

아귀자포만 餓鬼自飽滿

제가 만약 아귀도를 향하게 되면

아귀들이 저절로 배부르소서.

중생들이 배고픈 고통을 받는 곳이 아귀餓鬼의 세계입니다. 아귀의 배는 태산만큼이나 큰데 목구멍은 바늘 끝보다 좁아서 무얼 먹으면 목이 찢어지며 목구멍에서 뜨거운 불길이 솟아나니 무얼 먹을 수가 없습니다. 설사 그 목구멍으로 아무리 먹는다고 먹어도 큰 배를 채울 수 없고, 지은 복이 없는데다 끝없이 헐떡이는 탐심貪心만 내니 더더욱 갈증渴症만 나고 배고픔은 더 심하게 됩니다.

누가 지옥에 가서보니 모두 가지고 있는 수저들이 그 길이가 엄청나게 길다고 합니다. 밥 때가 되니 자기 몸보다 더 긴 수저로 밥과

국을 떠서 먹으려고 아귀餓鬼다툼을 하는데 그 밥이 입에 와 닿지 않고 주변 사람들의 머리나 옷에다 쏟아대면서 뒤엉키며 싸움만 벌어지고 아무도 그 밥을 먹지 못하고 말더랍니다. 그런데 극락세계에 가보니 거기에도 모두 긴 수저를 가졌지만, 음식이 나오니 그 긴 수저로 멀리 있는 다른 사람을 서로 서로 먹여주며 즐거워하더랍니다. 똑같은 상황에서도 긴 수저로 서로를 먹여주는 마음이나 서로를 배려하는 마음 거기에서 극락이 열리고, 헐떡거리며 자기 것만 챙기려고 하는 거기에서 아귀세계가 벌어지는 것입니다.

마음이 고프면 배는 더욱 고프고 마음이 넉넉하면 등마저도 따뜻합니다. 나의 것만 챙기다 보면 남의 것이 되고 말며, 남의 것을 위하다 보면 그것이 자기 것으로 되는 것이 이치입니다. 나의 일이 곧 남의 일이며 남의 일이 바로 나의 일입니다. 이기利己와 이타利他의 차이입니다. 왜냐하면 본래에 나와 남이 없고 나와 남이 하나이기 때문에 마음 쓰는데 따라서 묘하게도 그렇게 조화가 벌어지는 것입니다.

대중 스님들이 공양供養할 때에 발우鉢盂를 펴고 제일 먼저 맑은 물을 받아 그 물로 발우를 가셔내는데 그 물을 '천수물[千手水]'이라고 합니다. 발우를 가셔낸 다음 한쪽 그릇에다 그 물을 두고는, 차례로 음식을 받아 공양을 합니다. 그리고 공양을 마친 다음 숭늉으로 발우에 묻은 음식 찌꺼기마저도 깨끗이 씻어 마시고는, 처음의 그 천수물로 다시 발우를 헹구어 씻은 다음, 그 물을 다시 천수물통에 걷습니다. 다시 걷은 그 천수물에는 고춧가루 하나라도 떠 있으면 안 됩니다.

대중이 공양하는 큰 방의 중심인 어간御間의 천정天井에는 '만다라' 도식圖式처럼 둥글게 신묘장구대다라니를 써 붙여 두었는데, 그 발우 씻은 천수물을 그 아래에다 놓으면 신묘장구대다라니의 그림자가 그 맑은 물속에 비치게 됩니다. 그리고 대중이 다함께 합장하고 물을 아끼는 절수게節水偈를 외웁니다.

- 아차세발수 我此洗鉢水
  여천감로미 如天甘露味
  시여아귀중 施與餓鬼衆
  개령득포만 皆令得飽滿
  내가 지금 씻어낸 발우의 물은
  하늘의 감로 맛과 다름없어서
  아귀의 무리들에게 베풀어주니
  모두가 넉넉히 배불리소서!
  옴 마휴라세 사바하(세 번)

저 배고픈 아귀들은 수행하는 스님네의 발우를 씻은 물에 신묘장구대다라니의 미묘한 그림자가 비친 그 물을 마시기만 하여도 그 배고픈 고통을 면하게 된다고 합니다. 그런데 발우 씻은 그 물에 작은 찌꺼기 하나만 걸려도 아귀들은 한량없는 고통을 당합니다. 그래서 스님들은 음식찌꺼기 하나 남기지 않고 시주의 물건을 아끼면서 나아가 아귀들에게 그 천수대다라니의 원력이 비친 깨끗이 씻은 그 물을 아귀들에게 베풀게 되는 것입니다. 그래서 그 물을 '천수물[千手水]'이라고 합니다.

사람들은 누구나 전생에 지은대로 현세現世의 복을 누리게 되는 것입니다. 공양하면서 씻은 물조차도 아끼어 아귀들에게 베푸는 절수節水의 게송偈頌처럼 우리는 물 한 방울마저도 깨끗하게 아껴써야 합니다. 지금 우리들은 인류 역사 가운데 모든 것을 가장 풍족하게 누리면서 세상의 자원을 낭비하며 환경을 마구 파괴하고 있습니다. 그 과보로 미래의 인류 후손들이 물이나 식량 등의 자원 부족으로 끔찍한 아귀의 과보를 받게 될지도 모릅니다.

세상의 이치를 밝히는 『주역周易』에 "적선積善하는 사람들은 그 집에 반드시 경사가 있게 되고, 불선不善을 저지르는 사람은 그 집에 재앙이 닥친다.[積善之家 必有餘慶 積不善之家 必有災殃]"고 하였습니다.
　음식을 함부로 낭비하는 사람은 반드시 배고픈 과보를 받게 되니, 쌀 한 톨이나 깨 한 알이라도 함부로 버리면 안 됩니다.
　지난 세월동안에 지은 복이 많은 사람은 금생에 많이 누리게 되지만 자기가 지은 복보다 많이 쓴 사람은 빚을 지게 되고, 박복薄福하더라도 금생에 많은 덕을 쌓은 분들은 반드시 다음에 그 복을 받게 됩니다.
　공양을 하면서도 시주들의 공양이 여기까지 온 그 공덕을 생각하고 저 배고픈 고통을 받는 아귀들을 생각하여 공양의 향기가 배여 있는 깨끗하게 씻은 그 물을 베풀어 아귀들의 고통을 덜어주려는 그 자비로운 마음이 바로 천수다라니千手多羅尼 행자行者의 길이기도 합니다.

분수 따라 즐기면서 스스로 만족하니
부질없는 영욕이야 끝인들 꾸겠는가?

육향 5
六向 五

아약향수라 我若向修羅

악심자조복 惡心自調伏

제가 만약 아수라를 향하게 되면

악한 마음 저절로 조복되소서.

아수라는 공덕을 지은 바가 있어 조금의 지혜가 있지만 그 작은 지혜를 믿고 다투기를 좋아하는 중생입니다. 다투기를 좋아하는 이유는 '나'를 내세우기 때문입니다.

　　서로 싸우는 곳을 아수라들이 다투는 것과 같다하여 '아수라장場'이라고 합니다. 그 조그마한 것을 믿고 으시대면서 잘난척하기 때문에 투쟁이 벌어집니다. 인류 역사의 그 하고 많은 다툼도 별것 아닌 그 자존심自尊心 때문에 일어나는 것입니다. 자기의 깃대를 높이 세우면 상대도 깃대를 높이 세우게 됩니다. '나'라는 상相을 세우기 때문에 남이 생기고 그리하여 서로 다툼이 생기는 것입니다.

이 세상은 정치적으로 경제적으로 끝없는 개인의 이익을 위하고 집단의 이익을 위해 무리를 지어서 권모술수와 갖은 계교로 다툼질하는 곳입니다. 서로가 비교比較하기 때문에 경쟁이 생기고 다툼이 일어나는 것입니다. 선의善意의 경쟁이란 것도 결국은 불선不善을 낳게 됩니다. 투쟁의 근본은 나[我]를 세우기 때문에 일어나는 것입니다. '내'가 없으면 상대가 없어지니 다툼이 사라집니다.

불교는 무아無我의 종교입니다. 우리가 지향指向하는 것은 상대가 없는 절대絶對의 불이不二입니다. 신묘장구대다라니는 '절대絶對의 다라니' '무아無我의 다라니' '무쟁無諍의 다라니'입니다.

이웃집에 냄새나니 개와 닭도 달려가고
내 집안이 가난하면 손님마저 드물다.

육향 6
六向 六

아약향축생   我若向畜生

자득대지혜   自得大智慧

제가 만약 축생도를 향하게 되면

큰 지혜가 저절로 얻어지소서.

축생은 짐승의 세계입니다. 약육강식弱肉强食의 세계에서 생리 욕구의 만족을 추구하는 어리석음 때문에 축생의 과보를 받게 되는 것입니다. 축생은 공중을 비행飛行하는 날짐승, 땅위를 걸어 다니는 길짐승, 물속에 사는 수족水族들을 통틀어 말합니다. 때로는 사람들도 어리석은 마음 때문에 짐승보다 못한 생각이나 행동을 할 수도 있습니다.

    축생의 세계는 육도六道 가운데서 인간들과 가까운 사이면서도 멀리하는 사이입니다. 개나 고양이와 같은 애완동물들이 있는가 하면 뱀이나 전갈처럼 혐오감을 느끼는 것과 용龍처럼 상상 속의 동물이나 멸종滅種한 동물들도 있습니다. 축생들은 제각기 다양한 업業에 의해 다양한 모습으로 살아갑니다. '동물의 왕국'이라는 기록記錄 영상映像을 보면 그 속에 나름대로의 질서가 있음을 보게 됩니다. 거기에는 가장 원초적이면서도 기본적인 생존의 법칙이 있습니다. 그러나 인간들의 세계에도 가끔 그보다 더한 생존의 어리석은 갈등이 있습니다.

　　우리는 스스로의 어리석은 마음을 돌아보며 끝없이 보리심을 발發하여야 합니다. 그리고 주위의 생명들에게 보리심을 내도록 축원하여야 합니다. 길을 가다가 개나 돼지, 소, 말, 양, 뱀 등의 길짐승이나 날짐승을 만나면 '신묘장구대다라니'를 외워 주거나 '발보리심發菩提心하라' 하고 축원하거나, 『대방광불화엄경大方廣佛華嚴經』이나 '광명진언光明眞言'이나 대승경전大乘經典의 사구게四句偈 등을 외워주면서 축생들에게 불법佛法의 인因을 심어주어야 합니다. 물론 우이독경牛耳讀經이기는 하지만 그 축생이 이 미묘한 진언을 들은 이 인연으로 오랜 겁劫이 지난 다음에는 반드시 성불하게 됩니다.

> 보살의 수행은 걸레가 되는 것
> 때 먼지를 내가 맡아 너를 맑고 깨끗하게.

이상으로 보살이 찾아 향하는 육향六向을 살펴 보았습니다.

　　산을 넘고 물을 건너 천애天涯를 외로이 떠돌면서 도道를 구하는 나그네가 해 저무는 산속의 갈림길에서 절을 찾다가 어느 길을 가야할지 몰라서 망설이다 짚고 가던 지팡이를 두 손에 모아 쥐었다가 놓으면서 그것이 쓰러지는 쪽으로 가리라 하고 생각하는데, 홀연히 저 멀리 한쪽에서 산사의 종소리가 들려오면 갈등하던 모든 번뇌를 놓으면서 그쪽을 향해 합장합니다.

- 문종성 번뇌단 聞鍾聲 煩惱斷
  지혜장 보리생 智慧長 菩提生
  이지옥 출삼계 離地獄 出三界
  원성불 도중생 願成佛 度衆生
  이 종소리 들으면 번뇌는 사라지고
  지혜가 솟아나 깨달음 생기소서.
  지옥이나 삼계의 고통을 벗어나
  부처를 이루어 중생을 건지소서.

절에서는 조석朝夕으로 예불禮佛하기 전에 종鍾과 북과 목어木魚와 운판雲版의 사물四物을 울립니다. 종을 울리는 것은 이 종소리를 듣고 하늘이나 사람들이 진리의 깨달음인 보리심菩提心을 내도록, 북을 울리는 것은 그 북소리를 듣고 축생들이 보리심을 발하도록, 목어를 울리는 것은 그 소리를 듣고 물속의 수류水類 중생들이 보리심을 발하도록, 구름 문양紋樣의 운판은 허공계의 중생들이 그 소리를 듣고 보리심을 발하도록 염원하면서 울리는 것입니다.

　　종을 울리면서 "이 소리를 들을 줄 아는 그것을 돌이켜 보면서 이 소리 들을 줄 아는 참 생명의 자리를 깨달으라."는 염원念願을 실어 보내는 것입니다. 이 종소리, 북소리, 목어, 운판 소리를 울리면서, 육도에서 헤매는 중생들이 이 소리를 관하면서[觀音] 자기의 본래면목인 참 생명을 깨달으라고 염원하는 것입니다.

절에서 목탁木鐸이나 요령搖鈴이나 금구金口나 사물四物을 울리는 것은 그 소리를 관하면서 그 소리 들을 줄 아는 그 자리를 돌이켜 살펴보면서 관음觀音 보살의 원통圓通 경계에 들어가도록 이끄는 미묘한 방편들입니다.

자비 광명 비춘 곳에 연꽃이 피어나고
혜안으로 살필 때에 지옥이 사라지네.
신묘장구대다라니 위신력을 더한다면
중생들이 찰나 사이 깨달음을 이루리라.
慈光照處蓮花出
慧眼觀時地獄空
又況大悲神呪力
衆生成佛刹那中

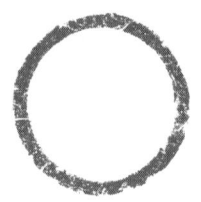

관세음보살명호
觀世音菩薩名號

나무관세음보살마하살	南無觀世音菩薩摩訶薩
나무대세지보살마하살	南無大勢至菩薩摩訶薩
나무천수보살마하살	南無千手菩薩摩訶薩
나무여의륜보살마하살	南無如意輪菩薩摩訶薩
나무대륜보살마하살	南無大輪菩薩摩訶薩
나무관자재보살마하살	南無觀自在菩薩摩訶薩
나무정취보살마하살	南無正趣菩薩摩訶薩
나무만월보살마하살	南無滿月菩薩摩訶薩
나무수월보살마하살	南無水月菩薩摩訶薩
나무군다리보살마하살	南無軍茶利菩薩摩訶薩
나무십일면보살마하살	南無十一面菩薩摩訶薩
나무제대보살마하살	南無諸大菩薩摩訶薩
「나무본사아미타불」(세 번)	南無本師阿彌陀佛

관세음보살은 중생을 제도하기 위하여 갖가지 모습을 나타내며, 그 나투는 모습에 따라 명호가 다릅니다. 우리 불자들도 그 역할에 따라 자식에게는 어머니가 되고, 부모님에게는 딸이 되고, 가정에서는 주부라 하고, 절에서는 보살이나 불자라 하고, 동창생은 친구라 하기도, 차를 몰고 가는 운전자가 되기도, 영화관의 관람자가 되기도, 백화점 고객이기도, 선거에는 출마자가 되기도 또는 유권자가 되기도, 기차 승객이 되기도, 축하하는 하객이 되기도, 조문객弔問客이 되기도 하는 등 수많은 모습을 연출하게 됩니다. 이와 같이 중생들의 소원에 응하는 관세음보살은 다양한 모습과 다양한 명호名號가 있습니다.

'큰 바위 얼굴'이라는 이야기가 있습니다.

어느 고을에 아주 성스러운 모습을 한 바위가 있었습니다. 사람들은 그 바위를 '큰 바위 얼굴'이라고 불렀고 때가 되면 그 바위를 닮은 사람이 나타나 그 고을을 아름답고 살기 좋은 낙원으로 만들어줄 것이라고 믿었습니다.

그 고을에서 태어난 '어네스트'라는 소년은 자기 어머니한테서 그 전설의 이야길 듣고는 어릴 때부터 하루도 빠짐없이 그 큰 바위 얼굴을 흠모하고 큰 바위를 닮은 사람이 오기를 기다리면서 살아갑니다. 세월이 흐르는 동안에 그 고을 출신의 돈 많은 부자가 그 큰 바위 얼굴의 인물이라고 나타나기도 하고, 어떤 유명한 정치인이 와서 자기가 큰 바위 얼굴이라고 하기도, 어떤 유명한 장군이 와서 자기가 큰 바위 얼굴이라 하기도 하지만 시간이 지나자 그 사람들은 큰바위 얼굴이 아닌 것으로 밝혀졌고 모두들 실망하게 되었습니다. 그래도 어네스트는

늙어 백발이 다 되어가도록 그 큰 바위 얼굴을 바라보며 그분을 맞이할 마음가짐을 하면서 그런 훌륭한 인물이 나타나기를 간절히 기도하면서 많은 사람들에 평온한 감화를 주며 살아갑니다. 어느 날 그 마을에 한 시인이 와서 '어네스트'를 만나 이야기 하다가 어네스트의 인품이 너무도 훌륭함을 알고 감동합니다. 그리고 그 시인이 큰 바위 얼굴을 보니까 어네스트의 얼굴이 그대로 닮아 있었습니다. 한 평생을 그 '큰 바위 얼굴'을 흠모하면서 기다리는 마음으로 그렇게 살다보니까 자기도 모르게 그렇게 닮아 있었다는 것입니다. 그런데 어네스트는 겸손하게 '나는 큰 바위 얼굴이 아니다.'고 하면서, 앞으로도 그런 분이 나타나기를 계속 기다리면서 살아 갈 거라고 하며 이야기는 끝납니다.

아마도 이 세상 모든 사람이 큰 바위 얼굴이 될 때까지 기다리며 살아가는 것이 보살의 길이 아닌가 합니다.

　　　우리가 거룩한 모습을 한 성상聖像을 마주하고 마음으로 언제나 그 모습을 잊지 않고 생각하며 살다보면 그 모습을 닮아가게 됩니다. 절에 모셔진 불상을 오랫동안 바라보고 기도하며 지키면서 살아가는 분들은 어느 사이 묘하게도 그 불상을 닮아가게 됩니다. 우리의 모습은 우리 생각의 그림자들이 조합된 것입니다.

관세음보살의 명호는 다음의 여러 이름 외에도 한없이 많은 다른 명호가 있습니다. 여러 가지 명호로 불리는 관세음보살의 다양한 상호相好는 모든 존재들의 참 생명을 깨달은 지혜가 우주적인 자비로 피어나는 여러 모습인 것입니다.

관세음보살명호 1
觀世音菩薩名號 一

나무관세음보살마하살

나무는 범어 나모Namo의 음역으로 '귀의하다' 또는 '귀명하다'의 뜻입니다.
　보살은 보디사트바Bodhi-satva의 음역인 보리살타菩提薩陀의 준말이며 각유정覺有情이라고 번역하며, 유정有情은 생각을 가진 중생을 말하니, '깨달은 중생' 또는 '중생을 깨우쳐주는 분'이라는 뜻입니다.
　마하살은 마하보디사트바의 준말이며, 마하摩訶: Maha는 대大라고 번역합니다. 즉 크다는 뜻입니다. '마하'의 의미는 크다, 많다, 넓다, 높다, 깊다, 수승殊勝하다, 평등平等하다는 등의 여러 뜻을 포함하고 있습니다. 보살마하살은 대보살이라는 뜻입니다.
　지혜와 자비의 상징인 관세음보살은 중생들이 겪고 있는 고통소리를 듣고서 갖가지 방편으로 제도하여 주시는 분으로, 관음보살의 여러 명호 가운데서 가장 대표적인 이름입니다. 관세음觀世音은 세상의 소리[世音]를 살핀다[觀]는 뜻입니다. 모든 소리를 들으면서 들을 줄 아는 그 성품을 돌이켜 보는 것이 관세음 또는 관음입니다.

관세음보살께 귀명한다는 것은 이 소리를 들을 줄 아는 성품인 참 생명에 귀의하는 것이며, 나도 그 소리 들을 줄 아는 참 생명을 깨달아 관세음보살님과 같은 지혜와 자비의 광명을 성취하면서 그러한 보살의 길을 실천하겠다는 서원誓願입니다.

나무관세음보살마하살!

누가 지금 이 소리를 듣고 있는가?

바닷가의 소라껍질 귀를 열어도
밀려오는 파도소리 누가 들으랴.

관세음보살명호 2
觀世音菩薩名號 二

나무대세지보살마하살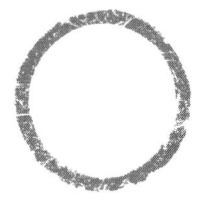

대세지보살은 큰 위신력威神力으로 우리들에게 두려움을 없애주고 지혜와 용기를 북돋아 주면서 자신감이 넘치도록 이끌어 줍니다. 관세음보살이 어머니라면 대세지보살은 아버지입니다.

　대세지보살은 관세음보살과 함께 극락세계에서 아미타불을 좌우에서 모시는 보살로 그려지고 있는데, 이 세분을 미타삼존彌陀三尊이라고 부릅니다. 아미타 부처님을 중심으로 왼쪽이 관세음보살이고 오른쪽이 대세지보살이며 좌우에서 보필輔弼한다고 하여 좌우보처左右補處의 양대兩大보살이라고 부릅니다.

　대세지大勢至 보살은 말 그대로 지혜광명을 널리 비추어 모든 고통을 여의고 새롭게 큰 힘을 얻게 하는 보살입니다. 엄청난 위세를 갖추고 지극히 큰 지혜와 용맹스러운 힘의 화신으로 모든 두려움을 없애고 새 희망을 북돋아 주는 보살입니다.

    떨어지는 빗방울 소리소리가
    하늘의 비밀을 누설하는구나.

관세음보살명호 3
觀世音菩薩名號 三

≡ 나무천수보살마하살　　南無千手菩薩摩訶薩 ≡

천수보살은 중생을 돕는 손이 천 개나 된다고 하여 천수관음千手觀音이라 하기도 합니다. 그 천 개의 손에는 모두 눈도 갖추어 있어서 천안비관음千眼臂觀音 또는 천수천안보살이라 하며, 대비심大悲心인 천 개의 손으로 중생의 소원을 빨리 들어주는 보살이기에 대비관음 등으로 부릅니다.

　　우리나라에도 신라 때부터 천수관음을 그린 탱화幢畵나 벽화壁畵를 모신 곳이 많이 있었습니다. 신라 경덕왕景德王 때에 한기리漢岐里라는 마을에 사는 희명希明이라는 여인은 눈이 먼 어린 딸을 안고 분황사芬皇寺의 천수관음 앞에 나아가 간절히 기도합니다. 천수관음 앞에서 간절히 기도하는 노래인 도천수관음가禱千手觀音歌가 『삼국유사三國遺事』에 실려 있습니다.

◉　　무릎 꿇고 두손 모아,

천수관음 앞에 빌어 사뢰옵니다.

천 개 손과 천 개 눈을 가지셨으니,

하나를 내어 하나를 덜어서,

둘이 없는 저이오니

그 하나를 주옵소서.

아! 저에게 주시면,

그 자비 크실 것이외다.

천 개의 손과 천 개의 눈을 가지신 관세음보살님께 그 천 개의 눈 가운데 하나만이라도 덜어내어 두 눈이 없는 자기 딸에게 주시는 자비를 베풀어달라는 소박하고도 간절한 염원이 실린 향가鄕歌입니다.

우리들이 가는 곳마다 우리의 손길을 기다리는 곳이 많이 있습니다.

인도의 국부國父로 추앙받는 '간디'의 젊은 시절 이야기입니다. 간디가 기차역에 도착하니 기차는 기적을 울리며 막 출발하고 있었습니다. 급히 기차에 오르던 그 순간에 간디의 신발 한 쪽이 벗겨져서 땅바닥에 떨어지고 말았는데, 기차는 이미 빨리 움직이고 있었기에 다시 내려 신발을 주울 수가 없었습니다. 그때 간디는 얼른 신고 있던 한 쪽 신을 벗어 떨어져 있는 신발 곁에다 힘껏 던졌습니다. 함께 가던 사람이 그의 이와 같은 돌발 행동에 놀라 왜 그러냐고 그 이유를 물으니, 간디는 빙그레 웃으며 말했습니다. "내게 남아 있는 한 쪽 신은 아무 쓸모가 없습니다. 조금 후에 어떤 가난한 사람이 땅바닥에 벗겨져 떨어져 있는 신발 한 쪽을 주웠다고 생각해보세요. 그것이 새 신발이기는 하지만 아무 쓸모가 없을 겁니다. 그러나 이제 그는 나머지 한 쪽마저 가지게 되지 않겠습니까?"
간디는 가난한 인도의 민중들을 가족처럼 사랑했기에 민중들도 그의 뜻을 따랐습니다. 언제나 민중을 사랑하는 그를 중심으로 단합된 그 힘이 영국의 식민통치로부터 인도를 구원하게 되었습니다. 그리하여 지금도 인도 사람들은 간디를 국부로 존경하며 성자로 추앙하고 있습니다. 평소에도 늘 어렵고 가난한 사람들을 생각하는 마음이 있었기에 한 쪽 신이 벗겨 떨어져 나가는 그 짧은 순간에도 나머지 신발을 벗어던지는 그런 배려를 하게 되는 것입니다. 이 신 한 쪽의 작은 배려를 통해 참으로 아름다운 그 분의 삶의 모습을 헤아릴 수가 있습니다. 간디의 신을 신은 사람은 자신도 모르게 또 다른 간디가 되었을 겁니다.

인도에서 평생 동안 불쌍한 사람들을 위해 봉사하던 테레사 수녀님처럼 힘들고 고통받는 곳을 찾아 따뜻한 손길로 어루만져주는 분도 바로 천수보살의 화신化身이라 할 수 있을 겁니다.

> 따뜻한 바람 불며 봄비가 내리니
> 산과 들의 가지마다 새 잎이 돋아나네.

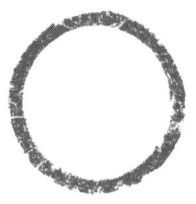

관세음보살명호 4
觀世音菩薩名號 四

── 나무여의륜보살마하살 　南無如意輪菩薩摩訶薩 ──

여의如意는 뜻대로 이루어지는 것입니다. 바라는 대로 모든 것을 둥글둥글 원만하게 성취하는 것이 여의륜如意輪입니다. 만사萬事를 형통亨通시키는 여의륜보살은 여의보주삼매如意寶珠三昧에 머물면서 모든 것을 뜻대로 이루어 주는 보배 구슬을 들고 마음대로 법륜法輪을 굴리면서 세간世間이나 출세간의 중생들의 고통을 해결해 주시는 보살입니다. 여의보주如意寶珠는 마니주摩尼珠라고도 하는데 모든 것을 마음먹은 대로 이루어 주는 구슬입니다. 여의륜보살은 여섯 개의 손을 가졌는데 그것은 육도六道 중생을 제도한다는 뜻이라 합니다.

이 여의보주를 사람마다 누구나 가지고 있는데 우리는 그것을 알지도 못하고 제대로 사용할 줄도 모르고 살아갑니다. 경계 따라 온갖 것을 두루 비추면서 그 바탕에 자국조차 찾을 수 없는 우리의 근본 마음이 바로 여의주如意珠이며, 모든 것을 뜻대로 하는 내 자신의 주인공主人公의 작용이 바로 뜻대로 굴러가는 여의륜如意輪입니다.

여의륜보살님께 귀의한다는 것은 내 자신의 주인공을 깨달아 원만하게 걸림 없이 마음대로 살아가려는 염원이기도 합니다.

여의륜如意輪이여! 뜻대로 하옵소서.

연잎 위의 이슬방울 바람 따라 흔들리며
옥쟁반의 구슬처럼 이리 궁글 저리 궁글!

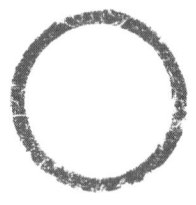

관세음보살명호 5
觀世音菩薩名號 五

나무대륜보살마하살　南無大輪菩薩摩訶薩

대륜大輪보살은 큰 바퀴의 보살입니다. '마하반야바라밀'인 큰 진리의 바퀴로 중생을 건지는 보살입니다. 작은 바퀴가 아니라 대승의 바퀴입니다. 그 바퀴의 크기는 허공계보다도 더 큰 것입니다.

　모든 만법이 공空한 것을 꿰뚫어보는 '차크라'의 눈으로 허공 같은 마음을 가진 분이 대륜보살입니다. 이 '차크라'를 음역하여 '삭가라朔迦羅'라 하고 정안正眼, 정문안頂門眼, 금강안金剛眼이라고 번역합니다, 진리를 깨달은 눈입니다. 그래서 진리를 깨달은 눈인 정안正眼을 두 눈이 아닌 제삼의 눈[三眼]이라고 하며 일척안一隻眼이라고도 합니다. 관세음보살은 팔만사천의 삭가라안을 가졌다고 합니다. 이 삭가라안朔迦羅眼은 크기가 허공과 같습니다. 그래서 "온누리가 그대로 깨달은 사람의 한 눈동자이다.[盡大地是沙門一隻眼]"라고 하였습니다. 그렇게 진리를 밝게 깨달은 눈으로 허공을 품을 수 있는 보살이 대륜보살입니다. 대륜보살은 사악邪惡함을 물리치는 금강저金剛杵를 쥔 모습으로, 또는 힘찬 호랑이의 모습을 한 신장인 인신장寅神將 등으로 나타내기도 합니다.

대륜보살마하살에게 귀명하는 것은 그러한 진리를 깨달은 밝은 눈을 뜨고 모두를 살피겠다는 서원입니다.

> 물소리는 그대로 관음觀音의 귀요,
> 산 빛은 문수文殊의 눈동자라네.

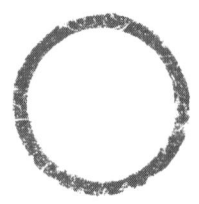

관세음보살명호 6
觀世音菩薩名號 六

나무관자재보살마하살 _{南無觀自在菩薩摩訶薩}

관자재보살은 반야바라밀을 성취하여 자유자재한 능력으로 중생을 제도하는 보살입니다. 관자재보살은 시간과 공간을 뛰어넘어 자유자재한 경지를 이룬 분으로 수명의 자재와 마음의 자재와 업業에 끄달리지 않는 자재와 태어남의 자재와 이해의 자재와 신통력의 자재와 원願의 자재와 재물의 자재와 지혜의 자재 등을 성취한 보살입니다.

관자재보살은 모든 현상의 그 참모습이 본래 공空한 줄을 깨달아 모든 전도顚倒된 몽상夢想을 여의고 아무 걸림 없는 대자재를 성취하였으니, 관자재보살에게 귀의함은 그와 같은 대자재를 칭송하면서 나 자신도 그렇게 성취하겠다는 발원입니다.

올 때에 흰 구름과 더불어 왔고
갈 때는 밝은 달을 따라서 가네.

관세음보살명호 7
觀世音菩薩名號 七

═ 나무정취보살마하살   南無正趣菩薩摩訶薩 ═

정취正趣보살은 바를 정正 나아갈 취趣이니, 중생이 바른길로 수행하도록 인도하는 보살입니다. 외도外道의 길로 가지 않고 올곧게 진리의 길을 걸으며 근본 마음자리를 가장 빠르게 깨닫도록 이끌어주는 보살입니다. 목표를 향해서 다른 길을 가지 않고 곧바로 묵묵히 앞으로만 간다고 해서 무이행無異行보살이라고도 합니다.

『화엄경華嚴經』에 선재동자善財童子가 진리의 가르침을 구하면서 남쪽으로 가다가 보타산寶陀山에서 만난 스물일곱 번째 선지식善知識은 관세음보살이며, 스물여덟 번째가 정취보살입니다. 정취보살은 보타산 동방東方의 가까운 곳에 살고 있었는데 선재동자가 보타산으로 온 줄을 알고 선재를 위해서 보타산으로 바로 찾아와서 진리에 바로 들어가는 방법을 가르쳐주고 갑니다.

정취보살은 보타낙가산의 관세음보살과 아주 가까운 이웃으로 등장하는데, 『삼국유사』에도 그 이야기가 나옵니다.

통효 범일通曉 梵日(810~889) 대사는 구산선문九山禪門의 하나인 사굴산闍崛山의 개산조開山祖입니다. 범일 스님은 지금의 강릉인 명주溟州에서 출생했고 그의 할아버지는 명주의 도독都督이었으며, 출가 후에 강릉의 굴산사를 중심으로 교화했는데, 이 지방에서는 오늘날까지도 범일 스님을 전설적 인물로 추앙하고 있습니다. 범일 스님은 낙산사에 불전을 짓고 정취보살을 봉안한 바 있는데, 그때는 그가 굴산사에서 주석하고 있던 헌안왕 2년(858)의 일로 그에 관한 설화는 『삼국유사』에 다음과 같이 전합니다.

범일 스님이 태화太和 년간年間(827~835)에 당나라에 들어갔다. 명주明州에 있는 개국사開國寺에 이르니 왼쪽 귀가 없는 한 스님이 말석末席에 앉아 있다가 스님에게 말했다. "저도 신라 사람입니다. 집은 명주계溟州界 익령현翼嶺縣; 지금의 강원도 양양 덕기방德耆坊에 있습니다. 스님께서 다음에 본국으로 돌아가시거든 반드시 제 집을 지어주십시오." 그런 인연이 있은 후에 범일 스님은 여러 곳을 두루 다니다가 염관 제안鹽官 濟安 스님으로부터 법을 전해 받고 회창會昌 7년(847)에 고국으로 돌아왔다. 스님은 먼저 굴산사를 세우고 선불교를 전했는데, 10여 년이 지난 858년 2월 15일 밤 꿈에 그 스님이 나타나 "전에 이미 언약한 바가 있는데 어찌 찾아오지 않습니까?"라고 하는 것이다. 스님은 놀라 깨어 수십 명을 데리고 익령지방으로 가서 그 사는 데를 수소문하다가, 낙산 아랫마을에 산다는 어느 여인을 만났다. 그 여인에게는 덕기 德耆라는 한 아들이 있었으며 나이 겨우 여덟 살이었다. 덕기라는 그 아이는 늘 마을 남쪽 돌다리 가에 나가 놀았는데, 하루는 그 어머니에게 "나와 함께 노는 아이 중에 금빛 나는 아이가 있습니다."고 말했다. 그의 어머니가 스님에게 이 사실을 말하니 스님은 놀랍고 기쁘기도 하여 그녀의 아들 덕기를 데리고 그가 놀던 다리 밑에 가서 찾으니, 물속에 돌부처 하나가 있었다. 꺼내어 보니 왼쪽 귀가 떨어져 있는 것이 예전 중국에서 만났던 그 스님과 같았는데, 곧 정취보살의 상이었다. 이에 스님이 절 지을 곳을 점쳐 보니 낙산의 위에가 좋으므로, 거기에다 불전 3칸을 짓고 그 상을 모셨다. 범일 스님이 정취보살을 낙산사에 다시 봉안한 뒤로부터 100여 년 후에 산불이 나서 낙산사를 태울 때에 오직 관음보살상과 정취보살상이 봉안되어 있던 두 불전만은 화재를 면할 수 있었다.

이 설화의 경우에도 관세음보살과 정취보살은 가까운 사이임을 알 수 있습니다. 정취보살에게 귀의하는 것은 진리의 길을 향해 바르게 나아가겠다는 서원입니다.

꾸불꾸불 시냇물은 어디로 향하는가?
물줄기를 낮추면서 바다로 끌어가네.

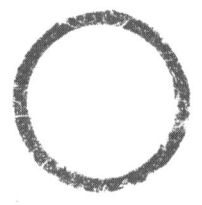

관세음보살명호 8
觀世音菩薩名號 八

≡   나무만월보살마하살   南無滿月菩薩摩訶薩   ≡

만월은 이지러진 부분이 없는 원만한 보름달입니다. 캄캄한 그믐이라 하더라도 달이 없는 것이 아니며 초승달이나 그믐달도 그늘이 있을 뿐 달은 그대로입니다. 그러나 그늘진 어두움이 모두 사라진 만월이 되어야 밝음의 공덕이 원만해지는 것입니다. 모든 것이 원만히 성취된 부처님의 모습을 만월에 비유한 것입니다. 불빛이 귀하던 옛날에는 거의 모든 축제가 만월의 밤에 있었습니다. 지금도 인도, 태국 등 남방의 더운 지방에서는 불교의 4대 명절이 모두 만월의 밤에 있습니다.

만월보살은 지혜와 공덕이 원만하고 모든 상호를 원만하게 갖추어 만월처럼 온 허공과 산하대지를 골고루 두루 비추며 무명의 기나긴 밤에 어두움 속을 헤매는 일체중생의 앞길을 밝게 인도하는 큰 보살입니다. 만월보살에게 귀의하는 것은 지혜와 공덕을 원만히 갖추어 무명 속에 헤매는 중생들을 밝게 인도하겠다는 서원입니다.

> 부처님 얼굴은 깨끗한 보름달
> 이 세상 모든 것을 두루 고루 비추시네.

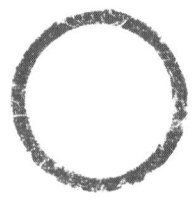

관세음보살명호 9
觀世音菩薩名號 九

■ 나무수월보살마하살 南無水月菩薩摩訶薩 ■

수월水月보살은 밝은 달이 비치는 바다 가운데서 한 잎의 연꽃 위에 앉아 계시는 보살입니다. 수월은 물에 비친 달입니다. 모든 수월은 저 하늘의 달과 둘이 아닙니다. 모든 강물마다 비치는 달은 바로 하늘에 밝게 빛나고 있는 달그림자입니다. 천강千江의 물에 비친 달과 저 허공의 밝은 달이 둘이 아니듯이, 모든 중생들의 참 생명은 부처님의 참 생명과 둘이 아니고 꿈같고 그림자 같은 산하대지가 모두 진리의 바탕인 청정법신淸淨法身 비로자나毘盧遮那의 드러난 모습입니다.

한글을 만들고 지은 월인천강지곡月印千江之曲은 강물마다 비친 달이 저 하늘의 밝은 달그림자이듯이 모든 사물마다 두루하는 부처님의 공덕을 기리는 진리의 찬불가讚佛歌입니다.

수월보살은 중생을 위해 자비를 나투는 부처님의 지혜와 공덕을 수월에 빗대어 기리는 이상적인 보살입니다. 이 수월보살의 모습을 그린 고려 때의 수월보살도水月菩薩圖는 수월보살의 원력을 기리며 그 신심을 그림으로 승화시켜낸 가장 아름다운 예술품으로 예찬되고 있습니다.

근세의 선지식이신 수월水月 스님은 바로 천수대비주千手大悲呪인 신묘장구대다라니를 수월처럼 수지하여 천수삼매千手三昧를 이루어 깨달음을 이루고 한 번 들으면 잊지 않는 불망념지不忘念智를 증득하였다고 합니다.

수월보살에게 귀의하는 것은 물에 비친 달과 하늘의 달이 둘이 아니듯이 부처님의 참 생명과 나의 참 생명이 둘이 아닌 것을 깨달아 지혜와 공덕을 원만히 이루어 강물마다 달그림자 나타나듯이 일체중생들을 교화하겠다는 서원입니다.

손에 손을 잡고돌며 강강수월래江江水月來!
강물마다 달님이 나타나시네.

관세음보살명호 10
觀世音菩薩名號 十

나무군다리보살마하살 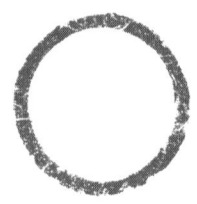 南無軍茶利菩薩摩訶薩

군다리는 '감로의 약병'이라는 뜻입니다. 감로의 맑은 향기는 모든 악취를 소멸시키고 중생의 번뇌를 녹여버립니다. 가뭄 속에 단비를 내리어 만물을 소생시키듯이 중생들에게 지혜와 자비의 공덕을 베풀어 주는 보살이 군다리보살입니다.

감로의 약병은 승로반承露盤에 받은 단 이슬로 약을 만들어 그 약을 먹으면 늙지도 않고 죽지도 않는다는 신비의 영약을 담은 병입니다. 그와 같은 미묘한 감로의 법문으로 중생의 번뇌를 씻어주고 고통을 없애주며 아픈 마음을 낫게 해주는 보살이 군다리보살마하살입니다. 군다리보살에게 귀의하는 것은 그와 같은 행자가 되기를 서원하는 것입니다.

댓잎에 맺힌 이슬 맑은 소리 떨어지고

연꽃을 스친 바람 향기 실어 보내네.

관세음보살명호 11
觀世音菩薩名號 十一

나무십일면보살마하살 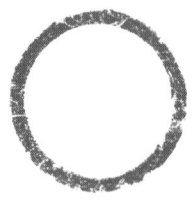 南無十一面菩薩摩訶薩

십일면보살은 열한 개의 얼굴을 가진 보살입니다. 맨 위에 있는 부처님 모습은 참 생명인 본래의 부처이면서 과거에 이미 성불하신 분이었기에 그 과위果位를 나타낸 것이며, 전후좌우의 10면은 보살 수행계위인 10지地를 상징하는 것이라고 합니다.

　십일면보살이 짓고 있는 자애로운 표정이나 화난 표정, 웃는 표정, 위엄 있는 표정 등의 다양한 모습은 보살이 중생들을 제도하기 위해 어르고 달래는 여러 모습들의 상징인 것입니다. 온갖 시비를 다 투는 아수라를 제도하기 위해서 다양한 표정을 나타낸다고도 합니다.

　십일면보살처럼 깨달음을 이루고서 상황에 따라 다양한 모습으로 중생을 이끌어 주겠다는 서원이 십일면보살께 귀의하는 것입니다.

청산은 만고에 변함이 없건만
춘하추동 노을빛은 몇 번이나 바뀌는가.

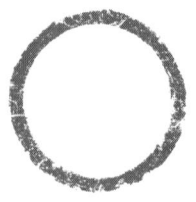

관세음보살명호 12
觀世音菩薩名號 十二

나무제대보살마하살　　南無諸大菩薩摩訶薩

관세음보살이 중생을 제도하기 위해서 나타내는 모습은 그 수를 헤아릴 수가 없습니다. 그렇게 수많은 관음보살의 화신으로 나타난 여러 보살들과, 지혜의 상징인 문수보살, 행원行願의 상징인 보현보살, 일체중생을 성불시킨 다음 마지막으로 성불하겠다는 지장보살 등등 과거, 현재, 미래의 여러 보살님들께 귀의하는 것이 제대보살님들께 귀의하는 것입니다.

　미래에 나도 반드시 깨달음을 이루어 대보살의 길을 가야할 것이니 제대보살 가운데는 나도 포함시키는 것입니다. 제대보살님께 귀의하는 것은 그 속의 하나인 나의 참 생명에 귀의하는 것이기도 합니다.

　나무제대보살마하살!

창공이 언제나 비어있으니
맑은 바람 흰 구름이 많기도 하네.

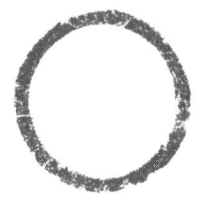

본사아미타불
本師阿彌陀佛

━ **나무본사아미타불**　　南無本師阿彌陀佛 ━

밤하늘에 바라보는 광대무변한 은하계의 별들은 그 숫자를 헤아릴 수가 없습니다. 저 은하계 너머에는 별들의 숫자만큼이나 많은 은하계들이 펼쳐져 있고 또 그 너머에 끝없이 우리의 생각이 미칠 수 없을 만큼의 미진수微塵數 세계가 펼쳐져 있다고 합니다. 이렇게 광대무변한 우주는 태고 적에 시간도 공간도 물질도 아닌 하나의 인자因子가 어마어마하게 큰 폭발을 하면서 이루어졌다고 합니다. 그 인자가 무엇인지는 과학적으로 아무리 추측하려고 해도 아직 정확하게 밝히지는 못했습니다. 그것은 아직까지 우리의 추측으로는 미칠 수 없는 것입니다. 그렇지만 이 헤아릴 수 없이 광대무변한 우주는 그 인자의 다른 모습임이 틀림없습니다. 마치 불꽃축제의 밤하늘에 한없이 거듭거듭 폭발하면서 아름답게 수놓으며 펼쳐지는 그 수많은 불꽃은 하나의 화약이

폭발하여 나타내는 화약의 수많은 다른 모습인 것과 같습니다. 하나의 인자가 조건에 따라 다른 모습으로 변하게 되는 그것이 연기의 법칙이기 때문입니다.

생겨난 것은 언젠가 없어지게 됩니다. 대폭발인 빅뱅Big bang으로 펼쳐진 이 우주는 언젠가는 대소멸大消滅인 빅립Big lip에 의해 사라지고 말 것이라고 합니다. 그러나 시간도 공간도 물질도 모든 것을 다 초월하였기에 불가사의不可思議한 그 인자는 영원할 것입니다. 시간도 공간도 초월한 불생불멸不生不滅인 우주법계의 영원한 참 생명을 '아미타Amita'라고 합니다.

아미타는 무량수無量壽, 무량광無量光, 무량도無量道 등으로 번역하는데, 영원한 생명, 영원한 빛, 영원한 길, 영원한 진리라는 뜻입니다. 아미타불阿彌陀佛은 그 영원한 참 생명의 인격화人格化이며 그 영원한 진리를 깨달아 성취한 분을 말하며, 아미타불이 누리는 세계를 극락세계極樂世界 또는 서방정토西方淨土라고 합니다.

영원한 진리인 참 생명을 깨달아 그 실천을 수행하는 보살들은 아미타불의 또 다른 모습입니다. 참 생명에서 피어난 아름다운 불꽃들인 것입니다. 아름다운 불꽃들인 관세음보살을 비롯한 제대보살은 영원한 참 생명인 아미타불이 그 근본根本이며 본사本師입니다.

중생은 어두움 속에 아직 피어나지 못한 파편破片들과 같습니다.

본사이신 아미타 부처님께 귀명歸命하는 것은 무량광無量光인 우리의 영원한 참 생명을 피워내기 위해서입니다.

나무아미타불!
지금 이렇게 염불하는 나는 누구인가?

두견화 붉게 피는 석양의 숲속에
소쩍새는 소쩍소쩍 제 이름을 부르네.

신묘장구대다라니
神妙章句大陀羅尼

나모 라다나다라야야 나막 알야바로기제세바라야
모지사다바야 마하사다바야 마하가로니가야 옴
살바바예수 다라나 가라야 다사명 나막 가리다바
이맘알야바로기제세바라 다바 니라간타 나막 하
리나야 마발타 이사미 살발타 사다남 수반 아예염
살바보다남 바바마라 미수다감 다냐타 옴 아로계
아로가 마지로가 지가란제 혜혜하례 마하모지사
다바 사마라사마라 하리나야 구로구로 갈마 사다
야사다야 도로도로 미연제 마하미연제 다라다라
다린나례 새바라 자라자라 마라 미마라 아마라 몰
제 예혜혜 로계세바라 라아 미사 미나사야 나베사
미사 미나사야 모하자라 미사 미나사야 호로호로
마라 호로 하례 바나마나바 사라사라 시리시리 소

로소로 못쟈못쟈 모다야모다야 매다리야 니라간
타 가마사 날사남 바라하리나야 마낙 사바하 싯다
야 사바하 마하 싯다야 사바하 싯다 유예 세바라
야 사바하 니라간타야 사바하 바라하목카 싱하목
카야 사바하 바나마 하따야 사바하 자가라 욕다야
사바하 상카섭나녜 모다나야 사바하 마하라구타
다라야 사바하 바마사간타 이사시체다 가릿나 이
나야 사바하 마가라잘마 이바사나야 사바하
나모 라다나다라야야 나막 알야바로기제세바라야
사바하(세 번)

신묘장구대다라니는 천수경의 꽃입니다.

 이 대다라니는 관세음보살이 과거 무량겁 전에 천광왕정주여래千光王靜住如來로부터 미래의 나쁜 세상에 일체중생을 위하여 큰 이익이 되게 하려고 전해 받은 것이라 했습니다.

 관세음보살은 이 신묘장구대다라니를 받아 지니기 위해서는 반드시 열 가지의 원[十願]과 여섯 갈래의 고통받는 중생들을 향해서[六向] 그 고통을 없애주겠다는 원을 세워야한다고 하였습니다.

 그 십원十願 육향六向과 여러 명호名號들은 바로 관세음보살의 서원誓願이며 관세음보살의 회향回向이기도 하며 신묘장구대다라니의 핵심 내용이기도 한 것입니다.

 관세음보살은 대다라니의 형상形相을 설명하면서 대자비심大慈悲心이며, 평등심平等心이며, 하염없는 무위심無爲心이며, 물들거나 집착이 없는 무염착심無染着心이며, 모든 것이 공함을 관하는 공관심空觀心이며, 모든 것을 겸손히 낮추는 비하심卑下心이며, 아무런 혼잡이나 산란함이 없는 무잡난심無雜亂心이며, 어떤 견해도 취하지 않는 무견취심無見取心이며, 위없는 깨달음을 내는 무상보리심無上菩提心이라고 하였습니다.

선남자善男子나 선여인善女人들이 이 신주를 외워 지니는 자는 넓고 큰 보리심을 내어 일체중생을 제도하기를 맹세하며, 몸으로 청정히 계율을 지키고 모든 중생에게 평등한 마음을 일으키며, 항상 이 주문을 외우면서 끊어지지 않게 해야 한다고 하였습니다.

그리고 이 다라니를 염송할 때는 깨끗한 방에 거처하면서 청정하게 목욕을 하고 깨끗한 의복을 입어야 하며 깃발을 걸고 등燈을 밝히고 향과 꽃과 온갖 음식으로 공양을 올리며, 마음을 한 곳으로 거두어 다른 반연을 생각하지 말고 여법如法하게 하여야 한다고 하였습니다.

이 다라니를 외울 적에는 처음에 다섯 번을 외우며 오색五色실을 꼬아서 노끈을 만들고, 또 다라니를 스물한 번 외우면서 한 번 외울 때마다 한 매듭씩을 묶으면서 그 노끈을 스물한 번의 매듭으로 만들어 목에다 걸고 다니라고 하였습니다. 그 오색실은 대다라니의 신령스런 오색광명을 상징하는 것입니다.

이 다라니는 신령스런 힘이 있어서 삼천대천세계 안에 있는 모든 신神과 선인仙人들로 하여금 무상보리심無上菩提心을 아직 발하지 못한 자는 속히 발심發心이 되게 하고, 대승大乘의 믿음을 얻지 못한 자는 이 다라니의 위신력 때문에 그 대승종자大乘種子의 법아法芽를 증장增長시키며, 관세음보살님의 방편과 자비의 힘 때문에 그들로 하여금 필요한 바를 다 갖추게 되며, 삼천대천세계에 있는 깊고 어두운 곳의 삼악도 중생이 이 신묘장구대다라니를 들으면 모두가 괴로움을 여의게 된다고 하였습니다.

만약 모든 중생이 현세에서 원을 구하는 자는 21일 동안 깨끗이 계율을 지키면서 이 다라니를 외우면 반드시 소원을 성취하고, 나고 죽으면서 지어온 일체 악업도 모두 다 사라지게 되며, 삼천대천세계 가운데 일체의 모든 부처님과 보살과 범천과 제석帝釋과 사천왕四天王과 신선神仙과 용왕龍王이 다함께 이를 증명하게 된다고 하였습니다.

이 다라니를 외워 지니는 사람이 강이나 냇물이나 큰 바다에서 목욕을 하면, 그 물속에 사는 중생들은 그 사람의 목욕한 물이 몸을 적시기만 해도 일체 악업과 큰 죄가 모두 소멸되어 곧바로 다른 곳의 정토淨土에 연꽃으로 화생化生하여 태생胎生의 몸이나 습생濕生, 난생卵生의 몸을 받지 않게 되는 위신력이 있다고 하였습니다. 그러니 이 대다라니를 받아가지고 독송하는 자는 더 말할 것이 없습니다.

어떤 사람이 이 신묘장구대다라니를 외우면서 길을 가고 있을 때, 마침 큰 바람이 불어와서 그 사람의 몸이나 머리털이나 옷을 스쳐지나가게 되면 그 바람에 닿게 되는 모든 종류의 중생들은 그 바람이 스친 인연만으로도 일체 무거운 죄와 나쁜 업이 모두 없어져서 다시는 삼악도의 과보를 받지 않고 항상 부처님 곁에 태어나게 된다고 하였습니다.

이처럼 신묘장구대다라니를 받아 지니는 그 지혜와 복덕의 과보는 말할 수 없이 불가사의한 것이어서 이 대다라니를 염송하며 수행하시는 분들이 많습니다.

이 대다라니는 참으로 깊고도 오묘한 뜻과 불가사의한 위신력이 있어서 범어梵語로 된 이것을 번역하기는 참으로 어려운 것입니다. 아무리 번역을 잘 하였다고 하여도 그 본래 근본의 뜻을 온전히 다 옮기기는 불가능한 것입니다. 그리하여 이 대다라니는 번역을 하지 않고 범음 그대로 염송念誦하는 것입니다. 그러나 중국에서 염송念誦하는 발음과 티베트에서 염송하는 발음 등이 조금씩 차이가 나는 것을 보면, 범어로 된 다라니가 서역西域을 지나고 중국을 거쳐 한국으로 전해오며 전송傳誦되는 과정에서 그 원음原音이 온전히 전해지지 않고 조금씩 다르게 변해온 것도 사실입니다.

이 대다라니는 여기의 토양에 이미 정착이 되어 다시 범어의 원음으로 되돌리기도 쉽지 않은 것이며, 그동안 시간이 많이 흘러 예전의 그 언어감각이나 문화 환경도 달라졌기에 번역은 더 어려워졌다고 할 수 있을 것입니다. 예전 신라의 향가鄕歌를 요즘 말로 옮기어도 제 맛이 나지 않을 것인데 그것을 다시 외국어로 옮기는 것과 같다고나 할까요. 마치 좋은 제품이 다른 시스템으로 전환되는 과정에서 어떤 부품이 제대로 호환互換이 되지 않으면 작동이 되지도 않고 그 좋은 제품을 망가뜨리게 되는 것과 흡사할 것입니다. 특히나 명품인 진언眞言이 그 사상이나 문화적 토양이 다른 곳에서 제대로 번역되기는 극히 어려운 것입니다. 그렇지만 어렴풋이나마 그 뜻이 무엇인지 짐작하며 알고 싶기도 합니다. 범어를 전문적으로 연구한 입장이 아니지만 대강이나마 그 뜻을 더듬어 보기로 하겠습니다.

이런 시도試圖가 물론 좋은 옥玉에 무늬를 그리려다가 오히려 그 가치를 잃게 되는 조문상덕彫文喪德의 어리석음을 저지르는 것이기도 합니다.

다른 독송집讀誦集에 있는 것과 끊어 읽기나 발음에서 차이가 나는 부분이 있을 수 있으며, 여기에서는 의미를 중심으로 끊어 읽기를 시도하였습니다.

나모 라다나다라야야.
나모; 귀의歸依하다, 귀명歸命하다.
라다나=라트나; 보물寶物, 보배寶貝.
다라야=트라야; 셋, 삼三.
야; ~께.

세 가지의 보물이란 불佛·법法·승僧을 말합니다.

세상에서 가장 큰 공덕은 덧없고 허망한 것들을 떨치고서 영원한 진리에 귀의하는 것입니다.

부처님[佛]은 그 영원한 진리를 깨달으신 분을 말합니다. 법法은 부처님께서 깨달은 진리를 중생들에게 가르쳐 보인 것이니, 그 가르침이란 것은 바로 깨달음의 내용, 즉 진리입니다. 그리고 승僧이란 그 가르침을 의지하여 여법如法하게 수행하여 성과聖果를 얻은 분들을 말하며, 넓게는 부처님의 가르침 따라 여법하게 수행하는 출가수행자 또는 출가, 재가를 불문하고 불법을 수행하는 분들을 말합니다.

누구나 여법하게 수행하여 진리를 깨달으면 부처를 이루게 되는 것이며, 부처님이나 조사 스님들의 가르침을 의지하여 깨닫는 진리는 밖에 있는 것이 아니라 바로 자신에게 본래부터 갖추어진 것을 깨닫는 것이니, 불·법·승 삼보三寶는 셋이 아니라 하나입니다.

진리는 누구에게나 본래 갖추어져 있기는 하지만 그 진리를 등지고 허망한 것을 좇으며 살아가는 것을 중생이라 하고, 그 진리의 성취자와 깨달음을 향해 나아가는 수행자를 세상에서 보물처럼 가장 귀하게 여기므로 삼보三寶라고 하는 것입니다. 그리하여 진리를 향하여 보리심을 내는 이들은 가장 먼저 삼보에 귀의하는 삼귀의三歸依의 예禮를 하게 됩니다.

[삼보께 귀명하옵니다.]

나막 알야바로기제세바라야 모지사다바야 마하사다바야 마하가로니가야.

나막; 나모/나무[南無]-귀의歸依, 귀명하다.
알야 = 아리아Arya; 성聖, 거룩하다는 뜻입니다.
아바로키제세바라; 관자재觀自在 또는 관세음觀世音이라 번역함.
모지사다바; '보디사트바'이며 '보리살타'로 음역하고 다시 줄여 보살이라 함.

야; ~께. 존경의 의미.

마하사다바야; '마하사트바야'이며 '마하살타' 또는 '마하살'로 음역하며 큰 보살을 의미하며 마하사트바야는 마하살님께라는 뜻입니다.

마하; 대大.

가로니가; 비悲, 자비慈悲.

야; -께.

'모지사다바'는 범어梵語인 '보디사트바'의 와음訛音이니, '보리살타' 또는 줄여서 '보살'이라고도 하며 각유정覺有情이라 번역합니다. '깨달은 중생' 또는 '중생을 깨닫게 하는 이'라는 뜻입니다. 깨달음을 향해 수행하는 사람을 모두 보살이라 하며, 깨달음을 성취하여 중생들을 깨닫도록 이끌어 주시는 분을 '보디사트바 마하사트바' 또는 '보살마하살'이라 하는데, '대大보살'이라는 뜻입니다.

　　'아바로키제스바라Avalokitesvara'는 관세음觀世音, 관자재觀自在, 관음觀音, 광세음光世音, 관세자재觀世自在, 시무외施無畏 등으로 번역합니다. 이 보살은 과거세에 이미 부처를 이루고서도 자비심으로 중생들을 제도하시려고 다시 보살로 화현化現하시는 분이며, 본래 부처인 우리들이 어떻게 지혜와 자비를 갖추어 부처의 길로 갈 수 있는지를 인도해 주시는 이상적理想的인 성자聖者입니다.

[거룩하온 관자재보살마하살 대자비존大慈悲尊께 귀명하옵니다.]

옴 살바바예 수 다라나 가라야 다사명 나막 가리다바 이맘알약바로기제세바라 다바 니라간타.

옴; 우주의 기본 핵심 모체가 되는 소리, 아!

살바; 일체一切.

바예수; 고통, 고난, 두려움, 포외怖畏.

다라나; 구제救濟, 구원救援.

가라야; 하시다, 행위하다.

다사명; 그런 까닭에, 즉왈卽曰, 그래서 ~라 한다.

나막; 귀의.

까리다바; 위대하신, 어지신, 자비하신.

이맘; 이것, ~이신.

알약바로기제세바라; 성聖 관자재.

다바; 위엄 있는

니라간타; 목이 푸른 분[靑頸]. 목이 푸른 시바Siva신神처럼 위신력을 가진 관자재보살을 말함.

'니라간타'는 인도의 힌두 신화를 집대성한 『라마야나』 가운데 등장하는 '시바' 신의 이름으로 대승불교에서는 이를 차용하여 관세음보살의 대명사代名詞로도 쓰입니다.

  태초에 신들의 어머니인 '아디띠Aditi'는 '비르야'와 '수드바르미카'라는 인물을 만들고 그들에게 생명을 주었는데, 얼마 후 그들이 불사不死의 물을 요구하므로 '우유의 바다[乳海]'를 휘젓게 하였습니다. 그들은 '바수끼' 용왕龍王에게 우유의 바다를 휘저을 밧줄이 되어 줄 것을 청하고 '만다라' 산山에게는 막대가 되어 줄 것을 청하여 우유의 바다를 휘젓기 시작했습니다. 천 년 동안을 휘저었더니 우유의 반죽에서 독한 연기가 피어나기 시작했는데 그 독물이 온 세상에 퍼져 인간과 모든 존재들의 생명을 위협했습니다. 그러자 여러 신들은 '비쉬누' 신神에게 모든 생명들을 보호할 수 있도록 호소하였고, 비쉬누 신은 모든 신들 가운데서도 으뜸의 대천大天인 '시바' 신神에게 간청하게 됩니다. 시바 신은 이 생명들이 다 죽게 된 것을 불쌍히 여겨 초연히 선정禪定에 들어서 그 독물들을 다 마셔버렸습니다. 시바 신은 '요가Yoga'의 힘으로 그 독을 삼키지 않고 목에 머금고 있었는데 그 독이 목에 퍼져 푸른색으로 변하였으며, 그래서 푸른 목[청경青頸]을 가진 성자聖者라고 불리게 되었다 합니다. 이 큰 하늘의 신인 시바 신은 영원한 생명의 바다에 퍼지는 독을 마시어 뭇 생명들을 구한 자비의 상징이 되었으며, 이리하여 '목이 푸른 니라간타'는 대자비의 상징인 관세음보살의 다른 이름으로 쓰이게 되었던 것입니다.

　　이처럼 인도에서 생성된 불교는 이상적인 성자聖者의 상징을 그곳의 힌두문화 속에서 가차假借하게 된 것이 많습니다. 그러나 힌두의 신들 이름이 많이 나온다 해서 힌두의 종교라고 말할 수는 없습니다. 아마 불교가 처음 중국이나 한국에서 생겼다면 기존의 옥황상제나 하느님, 칠성님, 산신님, 삼신랑 등의 이름을 빌려 그 권능을 빗대었을 것입니다.

[아! 일체의 고통[두려움]에서 구원해주시는 분이시여!
　　자비하고 거룩하신 위엄 있는 청경青頸의 관자재보살께 귀명하옵니다.]

나막 하리나야 마발타 이사미 살발타 사다남 수반 아예염 살바보다남

神妙章句大陀羅尼

바바마라 미수다감

나막; 나마, 나무/ 귀명歸命, 귀의歸依하다.

하리나야; 마음, 근본 마음자리[心髓], 참 생명.

마발타; 회귀回歸하다, 귀경歸敬하다. 돌이켜 살펴보다, 반조返照하다.

이사미; 자신. 나를, 나에게.

살발타=살바르타; 살바=일체, 르타=이익, 살발타는 일체 이익.

사다남; 완성, 성취.

수반; 행운, 길상吉祥.

아예염; 지고至高, 불가승不可勝, 수승殊勝한.

살바보다남; 살바=일체. 보다남=생명, 일체 유정有情, 중생들, 정령들

바바마라; 삶, 삶의 길, 삶의 방식, 존재.

미수다감; 청정淸淨, 정화淨化시키다.

관음보살은 소리를 들으면서 소리를 들을 줄 아는 그 성품을 돌이켜 보는 반문문성返聞聞性의 수행을 하여 깨달음을 성취한 보살입니다.

  자기의 마음을 돌이켜 비추면서 자신을 살피어 거기에서 일체 이익을 얻고 스스로가 지고지순至高至純의 경지를 이루었으며, 또한 뭇 중생들의 삶을 정화시키어 부처의 삶으로 살아갈 수 있도록 이끌어 제도하는 것입니다.

  중생들의 삶을 정화시키고 제도한다는 것은 밖으로 이끄는 것이 아니라, 중생들이 스스로 반조返照하여 참 생명의 근원으로 돌아가서 스스로의 질곡桎梏을 벗어나 대자유인大自由人이 되도록 이끌어 주는 것입니다.

자유自由라는 말은 스스로 자自와 말미암을 유由이니 모든 것이 자신으로 말미암아 있게 된다는 것이다. 모든 이유理由는 바로 '나'라는 것 때문에 생긴 것이니 모두가 내 탓이란 말입니다. 그 이유를 알고 거기에 아무 걸림 없이 사는 것이 대자유입니다. 부처님 탓이나 보살의 탓도 아니고 하느님이나 다른 신神이나 조상 탓이 아니라 모든 것은 내 자신으로부터 일어난 것이며 내 자신이 책임져야 할 것입니다. 그 모든 것이 알고 보면 자기 자신에게 탓이 있고 책임이 있으니 자재自在라 합니다.

관자재觀自在는 그 자재自在를 살피는 것을 말하니, 주관이 바깥 대상을 관하는 것이 아니라 관觀하는 자기 자신을 관하는 것이며, 그렇게 수행하며 살아가는 수행자를 관자재보살觀自在菩薩이라 부르는 것입니다.

내 자신을 이렇게 존재하게 하는 그 원인인 자유自由의 자리, 곧 그 근본자리인 참 생명으로 돌아가는 것이 바로 귀명歸命이며 귀의歸依입니다. 우리가 관자재보살께 귀명하는 근본 이유도 바로 그것입니다. 이 귀절이 우리가 이 신묘장구대다라니를 지송持誦하여야 하는 그 핵심核心을 잘 드러내어 놓은 구절이라 하겠습니다.

[근본 마음자리인 참 생명[心髓]에 귀명하며, 자신을 돌이켜 비추면서 수행하여 일체 이익을 성취하고 길상吉祥의 지고至高한 경지로 일체중생들의 삶을 청정케 하십니다]

다냐타 옴 아로계 아로가 마지 로가 지가란제 혜혜하례 마하모지사다바

다냐타; 이리하여~, 그래서~.

옴; 아!

아로계; 관조觀照하는, 광명, 관觀하시는 이여!

아로가; 출세간出世間, 세간을 초월한, 모든 것이 공空한.

마지; 마음, 지혜.

로가; 세속, 세간.

지가란제; 실어나르다, 해탈, 초월하다, 제도하다.

혜혜; 오시다, 나타내다, 나투다, 강림하다.

하례; 비쉬누 신, 주主. 위대한, 거룩한.

마하모지사다바; 마하보리살타, 마하살, 대보살.

자신의 수행을 성취하신 관자재보살이 그 자리에만 머물러 있지 않고 고통받고 있는 중생들을 제도하시려고 나투어 오시는 것을 기리는 말입니다.

    출세간의 지혜란 것은 모든 세간世間에 있는 존재들의 실상實相은 본래 공空한 것임을 깨달은 지혜를 말합니다. 보살은 우리들이 집착하고 있는 이 모든 것들이 진실로 있는 것이 아니라 인연 따라 생겼다가 인연 따라 사라지고야 마는 부질없는 것으로 그 실체가 공空함을 깨닫게 하려고 대자비심을 내어 여러 방편으로 우리들에게 다가오시게 되는 것입니다.

[이리하여, 아! 관조하시는 출세간의 지혜[모든 세간의 실상이 공空한 줄을 관조하시는 지혜]로 세간을 제도하시려고 짐짓 몸을 나투시는 거룩한 보살

마하살이시여!]

사마라사마라 하리나야 구로구로 갈마 사다야사다야 도로도로 미연제 마하미연제.

사마라사마라; 기억하다, 반복하여 생각하다, 반조하다.

하리나야; 근본 마음자리[心髓], 참 생명.

구로구로; 반복되는 말로 행위, 수행하다, 작위, 시행.

갈마=까르마Karma; 업業, 행업行業, 행위.

사다야 사다야; 앞서다, 앞으로 나아가다, 성취하다.

도로도로; 지켜나가다, 호지護持하다, 보림保任하다.

미연제; 승리, 조복하다調御하다.

마하미연제; 크게 조복받다, 대승리자.

우리에게 나투어 다가오는 관세음보살은 수행하실 때에 밖을 향해 부처를 찾거나 하느님을 찾거나 절대의 신神을 찾거나 다른 무엇을 구한 것이 아니라, 자기 자신의 마음자리인 참 생명을 돌이켜 비추고 살피면서 업業, 즉 '까르마'를 닦고 닦은 것입니다. 업을 닦는 것을 수업修業이라 하는데, 밖으로 정보情報를 구하고 지식을 배우면서 수행한 것이 아니라 자기의 내면을 향해 물러나지 않고 끝없이 정진精進하여 마침내 자기의 근원을 깨닫고 자신의 주인공主人公을 바로 알아서 간 곳마다 이 세상의 주主가 되어 수처작주隨處作主의 삶을 살아가게 되는 것입니다.

[근본 마음자리인 참 생명을 반조하며 행업行業을 닦고 닦아 불퇴전의

정진으로 승리를 지키시는 대승리자이시여!]

다라다라 다린나례 새바라

다라다라=도로도로; 호지護持, 보림保任하다. 보존하다.

다린=다라; 받아들이다, 포용하다.

나례; 대지大地의 왕王.

새바라=이슈바라; 신神, 자유자재自由自在함.

대지大地는 만물을 길러내기도 하고 또한 인력引力으로 만유萬有를 다 받아들입니다. 이 땅에서 살고 있는 만물은 모두가 대지에 그 삶의 뿌리를 두고 있습니다. 대지는 모든 것을 싣고 있으며 저 큰 바다까지도 묵묵히 싣고 있습니다. 그리고 대지는 모든 생명들의 에너지를 생성해주고 지하자원地下資源도 갈무리하고 있으니, 대지는 모든 것을 갈무리하고 있는 곳간이니 참으로 대지장大地藏보살이라 할 것입니다.

　　　대지는 모든 것을 길러내어도 길러낸 상相이 없고, 모든 것을 포용해도 또한 그 포용한 상이 없으며 걸림이 없는 무위無爲의 대자연大自然이요 대자재大自在입니다. 보살마하살의 자재함도 또한 그와 같은 것입니다.

[모두를 포용하는 대지大地의 자재自在함이시여!]

자라자라 마라 미마라 아마라 몰제 예혜혜 로계새바라

자라자라; 행동, 발동, 요동하는, 얽히다, 혼잡스런.

마라; 진구塵垢, 번뇌, 때.

미마라; 때를 벗어난.

아마라; 때가 없는, 깨끗한, 오염되지 않는, 청정.

몰제; 훌륭한 모습, 아름다운 모습.

예헤헤=예히예히; 강림하다, 오시다.

로계세바라; 로계=세간, 세바라=자재. 세간 속의 자재. 세자재世自在.

가없이 깨끗하고 맑은 텅 빈 허공虛空은 온갖 먹구름이 몰려오고 천둥 번개가 일고 폭풍우가 몰아쳐도 언제나 여여如如할 뿐입니다. 허공의 본체는 끝없는 옛적부터 멀고 먼 훗날까지 생겨나지도 않았고 없어지지도 않으며 변하거나, 옮기거나, 늘어나거나, 줄어들거나, 낡아지거나, 새로워지거나, 깨끗하거나, 더러워지지 않습니다. 이 가운데 온갖 것이 헛되이 생겼다가 헛되이 사라지지만 저 허공은 아무렇지 않듯이 우리들의 본래 법신法身도 그러한 것입니다. 그러나 헛되다 하여 없는 것이 아니라, 실체가 없이 공空한 것이기에 인연 따라서 온갖 장엄을 나타나게 할 수가 있으니 이것이 바로 진공묘유眞空妙有인 것입니다.

『채근담菜根譚』에 "성긴 대숲에 바람이 불어와도 바람이 지나고 나면 대숲은 바람을 남기지 않고 맑은 연못 위에 기러기 날아가면 그림자 비치지만 기러기 날아간 뒤에 연못에는 그림자 남기지 않는다. 그러므로 일이 생기면 비로소 마음을 내지만 일이 끝나면 마음을 텅 비운다."고 하였습니다. 숲이 비었기에 만뢰萬籟가 일어나고 거울이 비었기에 온갖 형상을 거짓 없이 그대로 다 비추게 되는 것입니다.

보살은 본래에 하염없는 마음, 즉 무위심無爲心 가운데서 대비심大悲心을 일으키시어 중생들의 근기에 맞추어 인연 따라 갖가지 미묘한 모습을 나타내어 우리에게 다가오는 것입니다.
[혼탁한 세간의 번뇌를 벗어나 물들지 않는 청정하고 미묘한 모습을 나투시는 세자재世自在이시여!]

라아 미사 미나사야 나베사 미사 미나사야 모하자라 미사 미나사야 호로호로 마라 호로 하례 바나마나바

라아; 탐심, 욕심.

미사; 독毒.

미나사야; 소멸하다, 멸망하다.

나베사; 진심嗔心, 성냄.

미사; 독.

미나사야; 소멸하다.

모하; 어리석음, 치심癡心.

자라; 소행, 그물, 어리석음에 의해 저지른 행동.

미사; 독毒.

미나사야; 소멸하다.

호로호로; 취해 가지다, 세척, 거두다. 자유자재.

마라; 번뇌, 진구塵垢 오탁汚濁.

호로; 제거除去하다.

하례; 신의 이름. 주主. 실어 나르다, 거룩한.

바나마나바=파드마나바; 파드마=연꽃, 나바=중심. 연꽃의 중심에 계시는~.

중생들이 삼악도의 고통을 느끼는 것은 스스로 탐내고 성내고 어리석은 마음을 내어 삼악도의 고통 속에 묶이고 갇히게 되는 자승자박自繩自縛의 업보業報를 불러들인 것입니다.

보살은 혜안慧眼으로 탐내고 성내고 어리석은 그 삼독三毒의 실체가 본래 공한 줄을 깨달아 삼악도를 소멸하고 자비의 광명을 두루 비추며 연꽃으로 피어나게 됩니다.

[탐심貪心의 독毒을 소멸하고, 진심嗔心의 독을 소멸하고, 치심癡心의 독을 소멸하시어 청정하여 오탁汚濁에 물들지 않는 거룩한 연화존蓮花尊이시여!]

사라사라 시리시리 소로소로 못쟈못쟈 모다야모다야.
사라사라; 진리의 감로甘露를 두루 적시는 형상.
시리시리; 광명光明을 두루 비추는 형상.
소로소로; 공덕을 두루 펼치는 형상.
못쟈못쟈; 깨어있는 생각, 보리菩提.
모다야모다야; 깨달음, 깨닫게 하다.

'사라사라'는 감로甘露가 온갖 초목을 두루 적시듯이 하는 것을 뜻하며, '시리시리'는 밝은 광명이 어두움을 두루 밝히는 것을 뜻하고, '소로소로'는 봄이 오면 따듯한 기운이 온 누리를 두루 포근하게 하여 뭇생명을 일깨워 내는 그런 공덕들을 표현한 의성어擬聲語들입니다.

'못쟈못쟈'는 찰나 찰나의 생각 생각에 늘 깨어있는 깨달음의 상태입니다.

'못다야못다야'는 보리심菩提心을 발發하도록, 보리도菩提道에 나아가도록 일깨워 주는 것입니다.

지혜와 자비의 화신 관자재보살님은 신통력을 두루 갖추시고 지혜의 방편을 두루 펼치시면서 온 누리에 나타나지 않는 곳이 없다고 하십니다.

보살은 인연 따라 물 흐르듯이 바람 부는 대로 물결치듯이 이리저리 어디를 가든지 어떤 경계에 부딪치든지 간 곳마다 참 생명이 약동하는 진리의 자리입니다.

보살의 삶은 소위 언제 어디에서나 진리인 입처개진立處皆眞의 무위진인無位眞人이며, 수처작주隨處作主의 삶입니다.

부처님의 법을 이은 선종禪宗의 제 22대 조사祖師인 인도의 마나라摩拏羅 존자尊者는 그의 가르침을 받은 제자에게 다음 게송을 주었습니다.

심수만경전 心隨萬境轉
전처실능유 轉處實能幽
수류인득성 隨流認得性
무희역무우 無喜亦無憂

마음이 온갖 경계 따라 다녀도
간 곳마다 실로 능히 그윽하나니,
흐름 따라 참 성품을 알게 된다면
기쁨도 근심도 없게 되리라.

[감로를 적시거나 광명을 비추시거나 온갖 공덕을 펴시며, 생각생각마

다 깨어있으시면서 중생들을 깨닫게 하십니다.]

매다리야 니라간타.

매다리야=마이트레야; 미륵彌勒, 자씨慈氏-자비스러운.

니라간타; 청경관음, 관자재보살의 다른 명호名號. [217쪽 참조]

매다리야는 '마이트레야'이니, '미륵彌勒'이라고도 하며, 그 뜻을 자씨慈氏라고 번역합니다. 미륵은 자비삼매慈悲三昧를 성취하신 분이며, 자비스런 분, 인정이 많고 넉넉하신 분이라는 뜻입니다.

　　석가모니 부처님으로부터 다음 세상에 부처로 오시어 한량없이 많은 중생을 제도하게 될 것이라고 수기授記를 받으신 보살이 미륵彌勒입니다. 그래서 여느 종교에서 스스로 '메시아'라고 자칭하던 이들이 많았듯이, 미래의 교화주敎化主로 오실 분으로 점지點指되어 있는 미륵불彌勒佛이라고 자칭하는 사이비似而非들이 역사에 많이 등장하기도 했습니다.

　　미래에 이 세상의 구원자는 바로 '자비慈悲' 그 자체입니다. 누가 우리를 구원해주는 것이 아니라 우리 스스로 지혜의 눈을 뜨고 자비를 실천할 때에 스스로를 구원하면서 남도 구원하게 되는 것입니다.

　　『화엄경』에 미륵보살이 말하기를 "선남자여! 보살은 대비大悲에서 오는 것이니 모든 중생을 조복調伏하기 위함이며, 보살은 대자大慈에서 오는 것이니 중생을 구호救護하기 위함이며, 청정한 계행戒行에서 오는 것이니 그 즐기는 바를 따라 생生을 받기 때문이며, 대원大願에서 오는 것이니 예전에 원력을 가졌기 때문이며, 동요動搖하지 않는 데서 오는 것이니 일체 부처님을 여의지 않기 때문이요, 지혜방편에서 오는 것이니 일체중생들을 수순하기 때문이요, 변화를 나타내는 곳에서 오는 것이니 그림자와 같은 형상으로 화현하기 때문이니라."
고 하였습니다.

미륵은 그와 같이 다음 세상에 오시는[下生] 것입니다.

◉

    불부도중생 佛不度衆生

    중생각자도 衆生各自度

    약불도중생 若佛度衆生

    중생하유랑 衆生何流浪

    부처가 중생을 제도하는 것이 아니라,

    중생이 제각기 스스로를 제도하여야 한다.

    만약 부처가 중생을 제도한다면

    중생들이 어찌 생사의 고해 속을 떠돌고 있겠는가?

누가 가만히 있는 나를 구원해 주는 이는 없습니다. 부처님이나 하느님이 와서 나를 구해 준다는 것은 이치가 맞지 않습니다. 부처님이나 하느님이나 어떤 신神들이 나를 이 생사의 고해苦海 속으로 떠밀어 넣었다면 응당 그분들의 책임이니 그분들이 와서 건져야 맞습니다. 부처님이나 하느님이나 어느 신이 그랬다면 그분들이 법적인 책임(?)도 져야겠지만, 이 환난과 고통은 자업자득自業自得, 내 스스로. 만들어 내가 받고 있는 것이니 어디에다 하소연 할 곳도 없습니다.

    어느 누가 시험에 들게 해서 이 모양이 된 것이 아닙니다. 모든 것은 스스로 지어왔으며 스스로 검증檢證되어 이렇게 된 것입니다. 다른 사람이나 신神이 심판을 한 것이 아니라 인과율因果律이라는 만유萬有에 두루 통하는 율법律法에 의해 저절로 심판되어 이렇게 된 것입니다.

누가 나를 해탈시켜 줄 수도 없습니다. 자승자박自繩自縛, 내 스스로를 내가 묶고 옭아맨 것이니 이렇게 겹겹이 쌓인 무겁고 두꺼운 업장을 어떻게 풀어나가야 할지 그 방법을 몰라 그저 기가 막히고 아득할 뿐입니다.

그런데 다행히도 한 가지 방법이 있습니다. 이 생사의 윤회에 유랑하는 신세를 벗어나려고 온갖 난행難行과 고행苦行을 겪으시고 절대의 대자유인 대해탈의 큰 깨달음을 얻으신 부처님께서 그 방법을 일러주셨습니다. 결자해지結者解之, 결박結縛한 자신이 스스로 풀어야 한다는 것입니다.

어떻게 스스로를 구제하는 길인지, 그 방법을 자세하게 일러주신 것이 부처님의 팔만사천 법문입니다. 부처님께서는 모든 중생들이 윤회의 고통을 벗어날 수 있는 깨달음의 종자種子인 불성佛性을 갖추어 있음을 살피시고, 또한 중생들이 오랜 세월동안 익혀온 업과 근기根機가 제각기 다르므로 각자의 그릇에 맞도록 다양한 방편으로 해탈의 길을 가르쳐 주셨습니다.

부처님께서 정각을 이루신 후에 49년 동안 쉬지 않으시고 고통받는 중생들을 위해서 진리로 나아가는 길, 대자유의 해탈을 얻는 길, 영원한 참 생명을 깨닫는 길을 간절하고 곡진曲盡하게 일러주신 그것이 바로 대자비인 것입니다.

우리들에게 스스로 불성이 있으니 스스로 깨달아 스스로 제도해야 한다지만 바른 가르침을 의지하지 않으면 안 됩니다. 달걀 속에는 닭이 될 수 있는 인자因子가 들어 있지만 어미닭이 따뜻한 온기가 식지 않도록 정성스럽게 품어주는 은혜가 없다면 병아리로 깨어날 수가 없습니다.

부처님이나 크신 보살님이나 조사祖師들이나 훌륭하신 선지식들이 대신 깨달아줄 수는 없지만, 그 자비하신 가르침이 없다면 어떻게 우리가 그 길을 제대로 갈 수가 있겠습니까? 그 자비하신 가르침의 은혜를 갚는 길은 오직 그 방편의 말씀들을 의지하여 정도正道를 가는 것뿐입니다. 그 가르침의 노정기路程記를 따라 길을 스스로 가야 합니다. 나의 병을 낫게 하려면 부처님과 보살님과 여러 선지식 스승들께서 처방處方하신 대로 내 자신이 직접 실행하여야 합니다.

대자대비의 화신化身인 관세음보살께서 설하신 이 천수경 속의 '신묘장구대다라니'의 가르침도 어떻게 해야 바른 길[正道]을 가는지를 가르쳐 보이셨습니다. 진리를 밖을 향해 찾지 말고 바로 자기 자신의 참 생명자리로 귀명歸命하여야 하며, 거기에서 온갖 이익을 얻고서 일체중생들의 삶을 정화시켜 나가도록 해야 한다고 하였습니다.

스스로 지혜의 눈을 뜨고 진리를 깨달아 이웃의 중생들에게 자비삼매慈悲三昧를 실천하게 될 때에 자씨慈氏인 미륵彌勒 부처가 이 땅에 하생下生하고, 자비의 화신化身인 '니라간타'가 현신現身하게 되는 것입니다.

[자비하신 청경靑頸의 관음보살이시여!]

이하는 무애자재하신 관세음보살이 모든 것을 조복하여 광대하고 원만한 무애의 대자비를 성취하신 것과 중생 제도를 위해서 온갖 화신化

身을 나타내시는 것에 대한 찬탄이 이어집니다.

가마사 날사남 바라하리나야 마낙 사바하

가마사; 애욕, 원망願望, 희구希求, 즐거움.

날사남; 조복하다, 살피다, 관찰하여, 바라보다.

바라하리나야; 환희, 기쁨.

마낙; 마음, 공경.

사바하; 원만, 성취.

모든 것은 덧없어 허망한 것인데도 우리는 그 허망의 신기루蜃氣樓를 좇으며 안간힘을 쓰다가 마침내 방황하다 지쳐서 쓰러지고 맙니다.

　　생자필멸生者必滅이니 생겨난 것은 언젠가는 변하여 사라지게 되고, 회자정리會者定離이니 만나면 반드시 헤어지게 됩니다. 애별리고愛別離苦, 사랑하는 사람과도 언젠가는 반드시 헤어져야 하는 괴로움과 구부득고求不得苦, 추구하더라도 얻지 못하는 괴로움, 설사 얻었다고 하더라도 허망한 그림자를 움켜잡고 있을 뿐이니 모든 것은 고통일 뿐입니다. 그래서 어떤 것도 영원한 것이 없습니다. 나에게 유리하게 되었다가[利] 불리하게 되고[衰], 나를 헐뜯기도[毁] 나를 기리기도[譽], 나를 앞에서 칭찬 하다가[稱] 나를 속이다가[譏], 괴롭다가[苦] 즐겁기도[樂] 하는 팔풍八風의 세파世波에 흔들리면서 살아갑니다.

　　보살은 참 생명을 깨달아 우리들의 부질없는 모든 욕망의 근원이 실체가 없으며 괴로움의 실체도 없음을 알아 욕망의 괴로움을 벗어나 지혜와 자비심의 환희가 충만하십니다.

[모든 욕망을 조복하여 (지혜와 자비의) 환희심歡喜心이 충만하십니다.]

싯다야 사바하

싯다야; 원만.

사바하; 성취.

[원만을 성취하시고]

마하 싯다야 사바하

마하; 크다, 광대廣大.

싯다야; 원만圓滿.

사바하; 성취

[광대원만을 성취하시고]

싯다 유예 세바라야 사바하

싯다; 원만, 성취.

유예= 요가; 무애無碍.

새바라야; 자재自在.

사바하; 성취.

[원만한 무애의 자재를 성취하시었습니다.]

사바하는 여러 가지의 뜻이 있습니다.

1. 찬탄; 성취하시었네. 이미 성취하신 것을 찬탄하는 것
2. 기원; 성취하게 하옵소서. 성취할 수 있도록 도와주시라는 청원.
3. 발원; 성취하오리다. 나도 또한 그와 같이 성취하겠다는 의지.

그리고 '사바하'를 보살의 내적內的인 성취에 대해 찬탄할 때는 '~ 성취하셨다.'고 찬탄으로 풀이하고, 보살이 중생교화를 위해 방편으로 어떤 모습을 성취하신 것은 '~모습을 나타내십니다[나투십니다].' 하고 풀이하는 것이 좋을 듯합니다.

이상의 '~사바하'는 천수경의 천수천안관자재보살이 갖춘 대비심의 '광대원만무애廣大圓滿無碍'한 형상에 대한 찬탄들입니다.

이하는 관자재보살의 '광대원만무애대비심'이 갖가지로 화현化現하는 것을 찬탄하는 것입니다. 여기에 등장하는 여러 모습들은 주로 '시바' 또는 '비쉬누'의 화신化身들이니, 이 신묘장구대다라니가 처음 형성된 인도의 토양 속에 축적된 경험이나 상상 등이 빚어내는 문화의 특성 때문입니다.

니라간타야 사바하
니라간타야; 청경관음. (217쪽 참조)
사바하; 성취.

[니라간타[청경관음]의 모습을 하신 분으로 나타내기도 하시고]

바라하목차 싱하목차야 사바하

바라하; 멧돼지, 보호와 축복을 위한 비쉬누 신神의 화신化身.

모카; 얼굴.

싱하; 사자獅子, 반인반사자半人半獅子, 마왕魔王을 무찌르기 위해 나투는 비쉬누 신의 화신.

목카야; 얼굴. 야=존칭

사바하; 성취.

고대 문명의 신전에는 반인반수半人半獸의 신상神像이 많습니다. 특히 인도에는 코끼리 모습의 '가네쉬' 신神, 원숭이 모양의 '하누만' 신神 등등 여러 동물들의 모습을 한 신들이 있으며, 중국이나 한국은 십이지신상十二支神像이나 사신도四神圖 등이 있습니다. 중생을 교화하거나 불법을 옹호하기 위한 방편으로 그런 갖가지 모습의 화신化身으로 표현하는 것입니다.

『서유기西遊記』에 나오는, 멀리 서천으로 불법을 구하러 가는 삼장법사三藏法師를 호위하는 원숭이의 화신化身인 손오공孫悟空이나 돼지 모습의 저팔계豬八戒도 그런 예가 되겠습니다.

[멧돼지의 모습이나 사자의 모습을 하신 분으로 나타나시기도 하시며]

바나마 하따야 사바하

바나마 하따야; 연꽃 가지신 분.

사바하; 원만 성취.

[연꽃을 가지신 모습을 하신 분으로 나타내기도 하시며]

자가라 욕타야 사바하

자가라; 차크라, 큰 둥근 바퀴, 법륜法輪.

욕타야; 생활하다, 종사하다.

사바하; 원만 성취.

[법륜法輪을 굴리시는 모습을 하신 분으로 나타내기도 하시며]

상카섭나네 모다나야 사바하

상카섭나네; 법라法螺, 나팔소리.

모다나야; 깨닫게 하시는~님.

사바하; 원만 성취.

[진리의 나팔소리로 모두를 일깨우는 모습을 하신 분으로 나타내기도 하시며]

마하라구타다라야 사바하

마하; 큰.

라구타; 곤봉, 주장자, 감로약병甘露藥甁.

다라야; 가지신~님.

사바하; 성취.

비쉬누의 화신인 군다리軍茶利보살은 감로약병을 들고 일체 병고病苦

를 낫게 해주는 모습, 또는 방망이를 들고 악귀를 조복 받는 모습입니다.
[큰 감로ᛌ露의 병瓶(혹은 주장자)을 가진 군다리보살의 모습을 하신 분으로 나타내기도 하시며]

바마사간타 이사시체다 가릿나 이나야 사바하
바마사간타; 왼쪽 어깨.
이사; 쪽, 모서리, 장소.
시체다; 굳게 지키다.
가릿나; 흑색.
이나야; 승리자이신~님. 흑색 승리자는 비쉬누의 화신
사바하; 성취.

[왼쪽을 지키는 흑색의 승리자(호법신장護法神將)의 모습을 하신 분으로 나타내기도 하시며]

마가라잘마 이바사나야 사바하
마가라잘마; 호랑이 가죽. 호랑이 모습. 대륜보살의 모습
이바사나야; 옷을 입다, 걸치신 님.
사바하; 성취.

[호랑이 모습(대륜보살)을 하신 분으로 나타내기도 하십니다.]

나모 라다나다라야야.
[삼보三寶님께 귀의하옵니다.]

나막 알야바로기제새바라야 사바하
관자재보살님께 귀명하는 것은 귀의의 찬탄이면서, 저도 또한 보살님의 참 생명과 하나 되어 관자재보살처럼 보살도를 실천하겠다는 서원입니다.

[거룩하신 관자재보살님께 귀명하옵니다.]

◉ 신묘장구대다라니 ◉

나모 라다나 다라야야
삼보三寶에 귀명 하옵고,

나막 알야바로기제새바라야 모지사다바야 마하사다바야 마하가로니가야
거룩하온 관자재보살마하살 대자비존大慈悲尊께 귀명하옵니다.

옴 살바바예수 다라나 가라야 다사명 나막 가리다바 이맘알야바로기제새바라 다바 니라간타.
아! 일체의 고통(두려움)에서 구원해주시는 분이시여!
자비하고 거룩하신 위엄 있는 청경青頸의 관자재보살께 귀명하옵니다.

神妙章句大陀羅尼

나막 하리나야 마발타 이사미 살발타 사다남 수반 아예염 살바보다남 바바마라 미수다감

근본 마음자리[心髓]인 참 생명에 귀명하며, 자신을 돌이켜 비추면서 수행하여 일체 이익을 성취하고 길상吉祥의 지고至高한 경지에서 수승하신 방편으로 일체중생들의 삶을 청정케 하십니다.

다냐타 옴 아로계 아로가 마지 로카 지가란제 헤헤하례 마하모지사다바

그래서, 아! 밝게 살피시는 출세간의 지혜(모든 세간의 참모습이 공空한 줄을 관조하시는 지혜)로 세간을 제도하시려고 (짐짓) 몸을 나투시는 거룩한 보살마하살이시여!

사마라사마라 하리나야 구로구로 갈마 사다야사다야 도로도로 미연제 마하미연제

근본 마음자리인 참 생명을 반조하면서 행업行業을 닦고 닦아 불퇴전의 정진으로 승리를 지키시는 대승리자이시여!

다라다라 다린나례 새바라

모두를 포용하는 대지大地의 자재自在함이시여!

자라자라 마라 미마라 아마라 몰제 예혜혜 로계새바라

혼탁한 세간 속에서도 번뇌를 벗어나 물들지 않고 청정하고 미묘하신 모습을 나투시는 세자재世自在이시여!

라아 미사 미나사야 나베사 미사 미나사야 모하자라 미사 미나사야 호로호로 마라 호로 하례 바나마나바

탐심貪心의 독毒을 소멸하고, 진심嗔心의 독을 소멸하고, 치심癡心의 독을 소멸하시어- 청정하여 오탁汚濁에 물들지 않는 거룩한 연화존蓮花尊이시여!

사라사라 시리시리 소로소로 못쟈못쟈 모다야모다야

감로를 적시거나 광명을 비추시거나 온갖 공덕을 펴시며, 생각마다 깨어있으시면서 중생들을 깨닫게 하십니다.

매다리야 니라간타

자비하신 (청경)관음보살님이시여!

가마사 날사남 바라 하리나야 마낙 사바하

모든 욕망을 조복하여 (지혜와 자비의) 환희심歡喜心이 충만하십니다.

싯다야 사바하

원만을 성취하셨고,

마하 싯다야 사바하

광대원만을 성취하셨고,

싯다 유예 세바라야 사바하

神妙章句大陀羅尼

광대원만무애자재를 성취하시었습니다.

니라간타야 사바하

청경[니라간타]의 모습을 나투시기도 하시고,

바라하목카 싱하목카야 사바하

멧돼지의 모습이나 사자의 모습을 나투시기도 하시며,

바나마 하따야 사바하

연꽃 가지신 모습을 나투시기도 하시며,

자가라 욕타야 사바하

법륜[여의륜]을 굴리시는 모습을 나투기도 하시며,

상카섭나네 모다나야 사바하

진리의 나팔소리로 일깨우는 모습을 나투기도 하시며,

마하라구타 다라야 사바하

감로를 적시며 일체병고를 낫게 하는 모습을 나투기도 하시며,

바마사간타 이사시쳬다 가릿나 이나야 사바하

본존을 지키시는 호법신장의 모습을 나투기도 하시며,

마가라잘마 이바사나야 사바하

호랑이 가죽 걸친 대륜보살 모습을 나투기도 하십니다.

나모 라다나다라야야

삼보三寶님께 귀명하옵고,

나막 알야바로기제새바라야 사바하.

거룩하신 관자재보살님께 귀명하옵니다.

진언행자는 다라니를 지송하면서 외우는 한 생각을 돌이켜 반조返照하여 생각하는 자와 생각되는 바가 서로[相]되지 않으면 둘이 아닌 무상無相의 법계를 이루게 됩니다. 상대相對가 없는 무상無相은 곧 둘이 아닌 불이不二의 경지이니, 다라니를 수지하되 수지하는 자[能]와 수지되는 바[所]가 다르지 않고, 관觀하는 자[主]와 보이는 대상[客]이 둘이 아니어서 관하는 자가 관하는 자신에게 있는 것[自在]을 관하니 이는 바로 관자재觀自在인 것입니다. 이렇게 다라니의 실상을 깨달아 실천하는 다라니행자行者는 주主·객客이나 능能·소所가 따로 나뉘지 않아서 어디에 머물러 있어도 머무는 바가 없는 무소주無所住이니 무엇을 응대應對하던지 머무는 바가 없이 대응하는 경지에서 행동하게 되는 것입니다.[應無所住而生其心] 이처럼 광대원만한 무애자재의 경지에서 간 곳마다 무실무허無實無虛의 진리 속에 살아가는 것이 무위진인無位眞人의 삶입니다.

사방찬
四方讚

일쇄동방결도량　一灑東方潔道場
이쇄남방득청량　二灑南方得淸凉
삼쇄서방구정토　三灑西方俱淨土
사쇄북방영안강　四灑北方永安康

동방이　깨끗하여　도량이 맑고
남쪽이　깨끗하여　청량해지고
서쪽이　깨끗하여　정토 이루고
북쪽이　깨끗하여　편안한 세상

사방四方은 내가 의지하여 사는 환경, 즉 삶의 터전인 세상을 말합니다. 중생들이 의지하여 사는 세상은 바로 자기 자신이 지은대로 받아 기대어 살게 되는 삶의 터전이므로 그것을 의보依報라고 합니다.

이 세상의 사방이라는 개념은 제각기 서 있는 곳에 따라 달라지게 마련입니다. 방향을 인식하는 주관이 이동하는 좌표座標에 따라 세간의 방향이 달라집니다. 그러나 아무리 방향이 달라져도 공간을 인식하는 그 사방의 중심에는 자기가 있습니다. 일체 모든 인식하는 생명이 있는 곳은 다 나름대로 세상의 중심입니다.

자기가 과거에 지은 업인業因으로 받게 되는 자신의 과보인 정보正報와 환경環境인 의보依報는 둘이 아니라 하나입니다.

『유마경維摩經』에 "한 마음이 청정하면 국토國土가 청정하다"고 하였습니다. 『원각경圓覺經』에는 "한 마음이 청정하면 한 몸이 청정하고, 한 몸이 청정하면 여러 몸이 청정하고, 이와 같이 온 누리에 있는 중생들의 원각圓覺이 청정하고 팔만사천의 다라니문多羅尼門이 청정하고 일체가 평등하여 청정하니 그것은 움직임이 없다."고 하였습니다.

신묘장구대다라니를 지송하는 것은 바로 자기 정화淨化입니다.

이 신묘한 진언의 지송은 스스로 업을 지으면서 맺은 고를 푸는 '고풀이' 수행이며, 온갖 삼독三毒의 번뇌를 씻어내는 '씻김'의 수행입니다.

'고풀이'라 해서 맺혀 있는 고가 따로 있는 것이 아니라 '고' 자체가 공한 줄을 깨닫는 것이 고풀이며, 삼독으로 지은 업의 바탕이 본래 공한 줄을 깨닫는 것이 바로 씻김[灌浴]입니다. 우리의 영혼靈魂을 정화시키는 의식이 바로 관욕의식灌浴儀式입니다.

다라니행자行者는 다라니 삼매 속에서 자신의 의식과 삶을 고요하고 밝고 청정하게 변화시키며, 더불어 삶의 터전이 되는 세상의 이웃들을 맑고 향기롭게, 안락하고 풍요롭게 장엄하여 나갑니다.

이 동서남북 네 방향을 찬탄하는 것은 신묘장구대다라니의 위신력이 온 우주에 퍼지면서 충만하도록 하는 것입니다.

쇄灑라는 것은 물[水]로써 깨끗이 씻어 곱고 아름답게 한다[麗]는 것입니다. 물을 뿌리는 것은 그늘지고 어두운 곳, 불행과 고통, 허물과 죄업, 탐·진·치 삼독과 무명의 번뇌 업장 등 부정적인 모든 것을 씻어 낸다는 뜻입니다.

우리가 목욕하면 때가 씻어지고 더러워진 옷을 깨끗한 물에 빨래하면 본래의 그 깨끗함으로 돌아가듯이, 우리는 깨끗한 그릇에 정화수井華水를 떠놓고 우리의 소원을 빌거나 또는 물을 뿌리는 이런 의식을 통하여 자신과 주위를 정화淨化시키어 나갑니다. 물이 없을 때는 깨끗한 재나 황토 또는 소금으로 하기도 합니다.

인도 사람들은 갠지스 강에서 목욕을 하면 자기가 지은 죄업이 모두 깨끗이 씻어진다 하여 그 강물을 성수聖水로 생각합니다. 우리들의 업장은 물로 씻는다고 씻어지는 것이 아니지만 그런 의식을 통해 스스로를 돌아보며 참회하고 정화하면서 새로운 삶을 살아가려는 계기를 만드는 것입니다. 이것이 바로 세례洗禮입니다. 이런 인도의 종교의식이 뒤에 기원紀元 전후로 서양에도 전해져서 다른 종교들도 이런 세례의식을 따라하게 됩니다.

- 일쇄동방결도량 一灑東方潔道場
  동방이 깨끗하여 도량이 맑다.

도량은 도장道場 즉 도道를 수행하는 장소場所를 말합니다. 절에서는 보통 '도장'이라 하지 않고 '도량'이라고 발음합니다.

『유마경』「보살품」에 이런 이야기가 나옵니다.

　　'바이샬리' 성城에 살고 있는 유마거사에게 광엄동자光嚴童子라는 수행자가 묻기를 '거사님은 어디에서 오십니까?' 하니, '나는 도량에서 옵니다.' 하였습니다. 동자도 마침 도량을 찾고 있던 중이라 '어디가 도량입니까?' 하니, 유마거사는 '곧은 마음이 곧 도량[直心是道場]이니 헛됨과 거짓이 없기 때문이요, 도를 구하는 마음이 도량이니 온갖 공덕을 증진하기 때문입니다.' 하였습니다.

도량은 어느 특정한 곳이 아니라, 도를 구하는 마음과 곧은 마음이 바로 도량이며, 곧은 마음이 바로 정토[直心是淨土]라고 하였습니다.

　　이 세상은 마음먹기에 따라 바뀌는 것입니다. 공간이란 개념도 곧 마음의 세계이니 마음 움직이는 것이 도량을 움직이는 것이며 마음이 바뀌면 도량이 바뀌는 것입니다. 그래서 삼매三昧를 부동도량不動道場이라 하는데, 곧 마음이 움직이지 않는다는 뜻입니다.

　　쇄락灑는 쇄연灑然하고 쇄락灑落함이니, 속된 기운을 벗어나 맑고 깨끗하여 상쾌한 경지를 말합니다. 다라니삼매 공덕의 감로수를 사방으로 적시어 혼탁한 번뇌 망상을 청결히 하고 무명無明을 씻어낸다는 것은 바로 번뇌 망상이 본래 공하고 무명업장도 본래 공한 줄을 깨닫는 것입니다.

　　동방東方은 오행五行으로 목木에 해당하며, 색깔은 푸른 색, 사계절 가운데의 봄, 하루에는 해가 뜨는 아침, 종자의 파종, 생명의 태어남, 오장五臟의 간肝, 오상五常의 인仁, 만월세계滿月世界 약사여래藥師如來 등으로 상징됩니다.

　　동방에 해가 떠오르면서 어둠이 걷히고 도량이 맑고 깨끗해지듯이 신묘장구대다라니의 삼매수三昧水는 무명에 가려져 있던 나의 참생명의 근원을 정나나淨裸裸 적쇄쇄赤灑灑하게 드러내고, 흐린 물을 맑히는 수청주水淸珠처럼 대다라니의 광명이 온누리를 청결히 하여 시방세계를 손바닥처럼 환히 비추어 알게 되는 것입니다.

● 　이쇄남방득청량 二灑南方得淸凉
　　남방이 깨끗하여 청량해지고

남방南方은 오행의 불火에 해당하며, 하루 가운데 한낮, 사계절 가운데 뜨거운 여름, 붉은 색, 성장기의 왕성한 시절, 뜨거운 열정, 오장 가운데 심장心臟, 오상의 예禮, 환희세계歡喜世界 보승불寶勝佛 등에 해당합니다.

　　우리가 바쁜 일상 가운데서도 신묘장구대다라니를 일념一念으로 지송하면, 훨훨 불타는 화로나 펄펄 끓는 가마 속에 찬물을 끼얹으면 타던 불이 꺼지고 끓던 물이 조용해지듯이, 한줄기 맑은 바람이나 시원한 소나기가 뜨거운 여름 한낮의 이글대는 무더위를 식혀주듯이 뜨거운 번뇌를 청량하게 하여 줍니다.

● 　삼쇄서방구정토 三灑西方俱淨土
　　서쪽이 깨끗하여 정토 이루고

서방西方은 오행의 금金, 백색白色, 계절의 가을, 하루의 노을 지는 저녁,

인생의 노년老年, 뿌린 것을 거두는 수확, 오장의 폐肺, 오상의 의義, 극락세계極樂世界 아미타불阿彌陀佛 등에 해당합니다.

동쪽에 밝게 떠오른 해와 달과 뭇별들은 모두 서방으로 돌아가고, 모든 열매와 잎들은 떨어져 대지로 돌아가게 마련입니다.

와도 온 바 없고 가도 간 바가 없는, 만법이 다 같이 한 곳으로 돌아간 청정한 본연本然의 그 자리를 정토淨土라고 합니다. 마치 온갖 곡식을 뿌리고 길러서 거두어들인 깨끗한 들판이나 안개나 온갖 꽃구름이 피어났다가 모두 사라진 맑고도 깨끗한 가을하늘과 같은 것입니다.

대다라니삼매 속에 영원한 참 생명[無量壽]과 하나가 되어 무량광無量光이 충만하면 저 멀리 서방으로 십만팔천억 국토를 지나가야 있다는 정토에 한 걸음을 움직이지 않고도 왕생往生하게 됩니다.

● **사쇄북방영안강** 四灑北方永安康
　　북쪽이 깨끗하여 편안한 세상

북방北方은 오행의 수水에 해당하며, 검은색, 계절 가운데는 가을에 추수한 것을 갈무리하는 겨울[秋收冬藏]입니다. 오장의 신장腎臟, 오상의 지智이며, 하루 가운데는 어두움 속에 안식과 평화가 깃든 밤이며, 모든 근심 걱정이 사라진 무우세계無憂世界이며 변함없는 부동존불不動尊佛의 세계입니다.

하늘에 모든 별들이 다 돌고 돌지만 그 천체天體 가운데에도 영원히 부동不動하며 축軸이 되는 별이 북극성北極星입니다. 팽이돌리기를 할 때나 바퀴를 굴릴 때에도 그 회전축回轉軸의 중심이 잘 잡혀야 편안하게 돌아가게 됩니다.

대다라니를 지송하여 삼매에 들면 바깥 경계에 이끌려 다니던 진로塵勞 망상妄想이 깨끗이 씻어지고 부동도량인 참 생명을 깨달아 영원히 평안하고 건강한 삶을 누리게 됩니다.

이 사방찬은 물을 사방으로 뿌리어 온 누리를 맑히듯이 이렇게 지혜와 자비의 공덕이 충만한 감로수甘露水인 이 신묘장구대다라니를 지성으로 염송하는 것은 그 크나큰 위신력으로 스스로를 정화하여 도량을 맑히고 세상을 맑히고 뭇 생명들의 뜨거운 번뇌를 시원히 맑히며 정토淨土를 구현하여 모두가 영원한 안락을 누리도록 축복하고 찬탄하는 크나큰 세례洗禮이기도 합니다.

맑은 바람 비 뿌리니 청산이 목욕하고
사향노루 지나가니 풀밭에서 향기난다.

도량찬
道場讚

도량청정무하예	道場淸淨無瑕穢
삼보천룡강차지	三寶天龍降此地
아금지송묘진언	我今持誦妙眞言
원사자비밀가호	願賜慈悲密加護

온 도량이 청정하여 더러움 없고
삼보님과 천룡팔부 강림하시네.
제가 이제 묘한 진언 지송하오니
대자비를 베푸시어 가호하소서.

사방찬四方讚이 나를 둘러싼 사방의 내 주변 환경과 세상을 정화시켜나가는 찬송讚頌이라면, 도량찬道場讚은 청정해진 도량을 찬탄하고 삼보의 지혜와 자비가 충만하기를 기원하는 노래입니다.

세상에 더러움이란 것은 상대적인 분별의 개념이며, 더러움이 따로 존재하는 것이 아닙니다. 그렇지만 우리가 염불하거나 경전을 읽거나 사경寫經을 하거나 참선參禪하거나 기도 예배 정진할 때에 마당을 쓸고 집안과 내 주변을 깨끗이 잘 정리하여 도량 안팎을 청결히 하고 주위를 조용하게 한 다음 향을 사루고 정진한다면 금상첨화錦上添花가 될 것입니다. 그러한 재계齋戒와 마음가짐의 준비가 바로 정진精進의 출발이기 때문입니다. 그러한 자세는 바로 현실적으로도 환경을 청정히 하고 자연의 생태계를 잘 보존하게 되는 연장선이 될 수도 있습니다.

그리고 나아가 우리는 그런 모양의 형식적인 것에 얽매이기만 하면 안됩니다. 외형적인 깨끗함과 더러움은 변해가는 상대적인 것이며, 바라보기에 따라 얼마든지 그 느낌이 달라질 수도 있는 분별이며 진실한 것이 아닙니다. 그러면 어떤 것이 진실한 청정도량일까요?

도량이 청정하여 더러움이 없다는 말은 이 다라니의 원통삼매圓通三昧 속에 참 생명이 온전히 드러나서 모든 분별심이 사라지고 모든 존재들의 실체가 텅 비었다는 뜻입니다.

그리고 텅 빈 청정한 그 자리는 바로 총지總持인 다라니의 세계이며, '만트라[蔓多羅]'의 에너지가 넘치고, 불·법·승 삼보三寶와 진리를 수호하는 천룡팔부天龍八部와 호법선신護法善神들이 충만해 있습니다.

도량의 청정이 그대로 삼보의 강림降臨입니다. 이처럼 다라니는 말이나 생각으로 도저히 미칠 수가 없는 진리의 말씀이기에 묘진언妙眞言이라 합니다. 원컨대 자비를 베푸시어 비밀히 가호하기를 바란다는 것은 삼보천룡의 은밀한 가호를 기원하는 것이며, 또한 내 자신이 다라니 행자가 되어 '광대원만무애대비심'을 실천하겠다는 서원이기도 합니다. 그러니 내가 지금 미묘한 진언을 지송하는 것은 바로 생활

속에서 언제 어디서나 참 생명의 삶 속에서 가만히 이 다라니의 자비를 끝없이 실천하기 위함입니다.

『법화경法華經』의 「방편품方便品」에 "이 법이 진리의 자리에 머물면서도 세간의 모습 가운데 언제나 머물고 있으니, 부처님께서는 이를 바로 아시고 방편方便을 열어 널리 말씀하시었다.[是法住法位 世間相常住 於道場知已 導師方便說]"고 하였습니다.

    우리가 이 신묘神妙한 진언眞言을 지송하는 것은 바로 세간의 이 모습 그대로가 진리인 참 생명의 도량임을 깨닫기 위함입니다.

    봄꿈 깊은 창밖에 새소리 조잘대고
    인적 없는 뜨락에 꽃비가 흩날린다.

참회게
懺悔偈

아석소조제악업	我昔所造諸惡業
개유무시탐진치	皆由無始貪嗔癡
종신구의지소생	從身口意之所生
일체아금개참회	一切我今皆懺悔

옛적부터 지어왔던 모든 악업은
시작 없는 탐진치로 말미암아서
몸과 말과 뜻으로   지어왔으니
제가 이제 모든 허물 참회합니다.

이제까지는 신묘장구대다라니에 대한 공덕과 발원과 회향 등에 대한 것이었습니다. 지금부터는 참회에 관한 것입니다.

참회를 하려면 불보살님을 영접하고, 경전이나 주문을 염송하고, 자기의 죄명을 말하고, 서원을 세우고, 증명을 받는 다섯 가지의 인연을 갖추어야 한다고 합니다. 그래서 참회게를 외우고, 증명으로 참제업장십이존불을 청하고, 십악을 참회하고, 참회를 찬탄하고 참회진언을 외웁니다.

　　참회에는 이참理懺과 사참事懺이 있습니다. 이참理懺은 진리의 실상을 깨달아 죄를 소멸하는 참회인데, 죄는 자성이 없는 공한 것임을 알고 참 생명인 진리의 실상을 깨닫는 것입니다. 이것은 본질적인 무생無生의 참회이며 돈오頓悟적인 참회입니다. 사참事懺은 예배하고 주문을 외우고 경을 읽으면서 어떤 형식을 빌려 참회하는 것을 말합니다. 이것은 작법作法참회이며 점수漸修적인 참회입니다. 그리고 몸으로 만행萬行을 하면서 바라밀을 실천하는 것도 사참입니다. 이러한 돈오적인 이참理懺과 점수漸修적이고 실천적인 사참事懺을 아울러 병행하면서 우리들의 죄업장을 참회하도록 하여야 합니다. 그래서 보조 국사普照國師께서도 "모름지기 자신의 죄업장이 산과 바다와 같은 줄을 알아야 하고, 이참과 사참으로 소멸하여 없앨 줄 알아야 한다.[須知自身罪障猶如山海 須知理懺事懺可以消除]"고 간절하게 말씀하셨습니다.

죄罪는 그릇된 잘못[非]을 저질러서 그물[罒:網]에 걸려드는 것입니다. 그 그물은 대자연의 섭리攝理인 하늘이 쳐놓은 천망天網이며 인과법因果法이며 죄는 인과응보因果應報에 의하여 그 대가를 치르게 됩니다.

　　죄는 보는 입장에 따라 선악의 개념이 달라지기도 합니다. 하나의 죄목罪目을 바라보는 정치적인 입장에서의 단죄斷罪나, 특정 종교상의 단죄, 문화 풍습에 의한 단죄, 자기 스스로 양심에 가책되어 느끼는 죄의식 등에 따라 경중輕重을 다르게 저울질하게 됩니다. 그리고 단죄

懺悔偈

에 의해 치르게 되는 벌에는 구금拘禁의 징역懲役인 감옥살이, 귀양살이나 벌금罰金이나 사회봉사 등이 있습니다. 그러나 그런 특정 입장에 의한 단죄나 사면赦免이 근본적인 해결이 될 수는 없습니다. 모든 것은 인과법에 의해 그 정확한 대가를 치르게 됩니다.

그렇게 그릇된 잘못을 저지른 원인을 알고 뉘우치는 것이 참회懺悔입니다. 모든 죄가 탐내고 성내고 어리석은 마음으로 말미암아서 생긴 것이니, 그것은 바로 '나'라는 생각과 '나' 만을 위하려는 이기심利己心 때문입니다.

'나'라는 이 이기심 때문에 옛적부터 지은 모든 악업惡業이 모두 탐내고 성내고 어리석은 삼독三毒으로 말미암아서 온갖 생각이나 말이나 행동으로 저질러진 것임을 깨닫고 깊이 뉘우치며 다시는 저지르지 않기를 맹서하는 것이 현실적인 점수漸修적 참회입니다. 그리하여 자기가 지은 죄의 대가는 근본적으로 남이 대속代贖해 줄 수 없는 것이기에 스스로 몇천 배의 절을 하거나 변상하여 주거나 몸으로 노역하는 등의 여러 가지 방법을 통하여 참회하게 됩니다.

자기가 저지른 악업을 깊이 뉘우치며 참회하는 일본日本의 선해禪海 스님에 대한 감동적인 이야기가 있습니다.

사무라이의 출신이었던 선해禪海는 어느 고관집의 가신家臣이었는데, 고관 부인의 유혹에 빠져 사랑을 나누게 되었고, 그 사실이 고관에게 발각되자 어쩔 수 없이 주인인 고관을 죽이고 그 부인과 함께 도망을 쳤습니다.

그러나 피해서 다니는 도망자의 삶은 불안하고 순탄하지 않은 것이었으며, 더구나 그 부인의 탐욕은 늘어만 갔기 때문에 그녀를 위해 그는 마침내 도둑질까지 해서 살아야 하는 신세로 변하였습니다.

그러다가 선해는 그 여인에 혐오감을 느끼고는 결국 홀로 후쿠오카 지역으로 가서 출가하여 탁발승托鉢僧이 되었고, 남은 생애 동안 과거의 잘못을 속죄贖罪할 수 있는 일을 물색하였습니다.

그러던 어느 날, 위험한 절벽에 간신히 난 길을 지나가던 사람이 떨어져 죽는 것을 목격하고서 그 산의 절벽을 뚫어 터널을 만들겠다는 원을 세우게 됩니다.

"어떤 난관이 있더라도 이 산의 절벽에 꼭 터널을 뚫어, 절벽의 길을 가다가 죽거나 다치는 사람이 없도록 하고, 수많은 사람들이 이 산의 절벽을 넘지 않고 편안하게 지나가도록 하리라."

선해 스님은 30년을 기약하고 끼니를 위해 잠시 음식을 얻으러 가는 시간을 빼고는 밤낮없이 굴을 파면서, 폭 6미터에 길이 690미터나 되는 터널을 점점 만들어 나갔습니다.

그런데 그 터널이 완성되기 2년을 앞둔 어느 날, 아버지의 원수를 갚기 위해서 오매불망寤寐不忘 이를 갈며 무술을 익히던 옛날 주인의 아들이 선해 스님 앞에 나타났습니다. 스님은 결투를 신청하는 그 아들에게 지극히 평온한 얼굴로 부탁을 했습니다.

"내 이 목숨을 기꺼이 그대에게 주겠다. 그러나 지금은 내가 이 터널공사를 마무리해야 하니 이 일을 마칠 때까지만 기다려 달라."

옛 주인의 아들은 승낙을 하였고, 선해 스님은 끊임없이 굴 파는 일을 계속하였습니다. 몇 달 동안 도망칠까 봐서 감시하며 하는 일 없이 나날을 지루하게 기다리다 지친 고관의 아들은 서서히 굴 파는 일을 돕기 시작하였습니다.

그렇게 1년 이상을 함께 굴을 파면서, 고관의 아들은 진실하게 참회하면서 30년이라는 긴 세월을 묵묵히 인고忍苦하며 모든 사람들을 위해서 터널을 파는 선해 스님의 원력을 깊이 존경하게 되었습니다.

마침내 사람들이 안전하게 다닐 수 있게 터널이 완성되었을 때, 선해 스님은 묵묵히 무릎을 꿇고 청하였습니다.

"당신은 이제 나의 목을 치시오. 나의 할 일은 끝났소."

그러나 고관의 아들은 이렇게 답하였습니다.

"제가 어떻게 감히 스님의 목을 칠 수 있겠습니까!"

그리고 눈물을 흘리며 스님을 부축해 일으켰습니다. 진실한 참회를 통해서 원수가 서로 용서하고 화해하는 아름다운 모습입니다.

참회는 우리 스스로를 정화淨化시키는 수행입니다.

우리는 탐욕과 분노와 어리석음의 삼독에 빠져 흘러가는 대로 유전流轉하는 삶을 살 수도 있고, 삼독을 끊고 참 생명의 본래 자리로 되돌아가려고 스스로 참회하는 삶을 살 수도 있습니다.

참회는 무겁게 채우려고 밖을 향해 구하면서 치구馳驅하던 우리의 삶을 가볍게 덜어내고 돌아보면서 본래의 자리로 돌아올 수 있도록 하는 반환의 수행입니다. 이 모든 고통이 내 스스로 지은 업 때문이니 그 과보를 겸허히 받아들이면서 매일 매일 참회하게 되면 그 악업들이 빨리 소멸됩니다.

참회는 과거의 악업으로 태산처럼 쌓인 죄를 하심下心으로 녹여서 낮추고 낮추어 덜어내는 것입니다. 모든 것을 덜어낸 그 자리에는 복이 흘러들게 되고, 복이 지극해지면 마음이 신령스러워집니다. 우리의 마음이 항상 신령하면 참 생명이 되살아나는 삶을 살게 됩니다.

　　참회는 자기 스스로를 옭아매던 매듭을 풀어내어 내 자신의 참 생명을 방생하는 방법입니다.

　　모래밭은 새가 다닌 발자국 어지럽고
　　바다에는 배가 지난 흔적도 없구나.

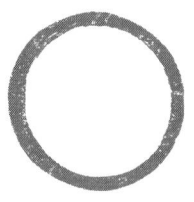

참제업장십이존불
懺除業障十二尊佛

나무참제업장보승장불 　　南無懺除業障寶勝藏佛

보광왕화렴조불 　　寶光王火炎照佛

일체향화자재력왕불 　　一切香火自在力王佛

백억항하사결정불 　　百億恒河沙決定佛

진위덕불 　　振威德佛

금강견강소복괴산불 　　金剛堅强消伏壞散佛

보광월전묘음존왕불 　　普光月殿妙音尊王佛

환희장마니보적불 　　歡喜藏摩尼寶積佛

무진향승왕불 　　無盡香勝王佛

사자월불 　　獅子月佛

환희장엄주왕불 　　歡喜莊嚴珠王佛

제보당마니승광불 　　帝寶幢摩尼勝光佛

참제懺除는 시방 세계의 부처님 전에 지극한 마음으로 참회懺悔하여 무거운 업장을 제거除去하는 것입니다.

이 열두 분은 우리들의 참회를 증명하시면서 업장을 참제하여 주시는 부처님입니다.

작은 조약돌도 그냥 물에 띄우면 가라앉고 말지만, 큰 바위도 배에 실으면 가라앉지 않고 물을 건너갈 수도 있듯이, 불보살님께 귀의하여 그 원력과 법력을 의지하면 무명업장이 무거운 우리 중생들도 피안으로 건너갈 수가 있습니다.

열두 부처님은 업장 두터운 중생들을 위하여 특별히 참회를 증명하며 업장을 없애주겠다고 서원하신 분들이니, 우리들의 지극한 참회를 증명하시고 업장을 녹여주시도록 명호를 부르면서 귀명歸命하는 것입니다.

열두 분의 명호를 살펴보면 모두 상징적인 의미가 있습니다. 그 명호들은 모든 상대적인 장애를 초월한 지고지순至高至純한 우리의 바탕인 참 생명이 뿜어내는 빛과 참 생명이 울리는 소리와 참 생명이 풍기는 향기와 크나큰 힘과 공덕에 대한 표현들입니다.

부처님은 비록 무상의 지혜를 구족하고 계시지만 인연이 없는 중생은 교화할 수가 없으며 중생들이 지은 정업定業을 대신해 줄 수 없다고 합니다. 그것은 자신의 숙업宿業을 정화하지 않는 중생이나 선善을 추구하려는 의지가 없는 중생은 교화하여 인도할 인연이 없다는 것입니다.

부처님이 우리들의 업장을 대신해 줄 수는 없지만 우리들이 그 가르침을 따라서 기능적인 역할을 상징하는 부처님 명호를 부르며 숙세의 업장을 참회하고 자정自淨하여 모든 장애를 초월한 스스로의 참 생명을 깨달으면 일체 업장이 소멸되는 것입니다.

참 생명의 기능적 상징인 부처님의 명호를 살펴봅시다.

● 나무참제업장보승장불 南無懺除業障寶勝藏佛

보승장寶勝藏 부처님은 수승한 보배의 곳간을 갖춘 분이십니다.
　　　남에게 많은 신세를 지고 빚을 진 것이 많고 허물이 많은 중생들의 참회를 받아들여 업장을 소멸시키는 부처님입니다. 우리가 빚을 많이 진 사람은 죽어서 그 빚을 갚느라고 축생의 과보를 받게 된다고 하는데 그러한 업장을 소멸시켜 줍니다. 그리고 가난한 업장에 짓눌린 중생들이 본래 부요富饒한 참 생명을 누리도록 하는 부처님입니다.

● 보광왕화렴조불 寶光王火炎照佛

보광왕화렴조불은 보배의 광명이 불꽃처럼 빛나는 부처님입니다. 참 생명의 용광로에서 뿜어 나오는 밝은 지혜의 불꽃으로 삼보의 상주물常住物을 손상한 죄와 겉치장이나 꾸미고 사치로 낭비한 허물의 업장을 소멸시켜 줍니다.
　　　밝은 참 생명의 불꽃에는 허망한 거품이나 허영虛榮의 그림자가 없습니다.

● 일체향화자재력왕불 一切香火自在力王佛

모든 향과 꽃으로 자재하신 힘을 갖추신 부처님입니다. 온갖 악취惡臭

를 풍기는 죄업을 맑고 향기롭게 정화하면서 크고 작은 모든 허물을 자재롭게 깨끗이 소멸시키며, 특히 재계齋戒를 파한 죄를 없애 줍니다.

우리의 참 생명은 자재한 힘을 가진 왕처럼 일체의 악취를 소멸시키는 가장 향기로운 연기를 피워내는 불인 향화香火입니다.

● **백억항하사결정불** 百億恒河沙決定佛

'항하'는 범어 강가Ganga이며, 인도의 히말라야에서 근원하여 동쪽으로 흘러 뱅골만灣으로 들어가는 갠지스Ganges 강을 말합니다. 항하사란 그 갠지스 강의 모래알 숫자처럼 많다는 것을 비유한 것입니다.

백억의 항하사와 같이 수많은 결정된 부처님은 우리가 밟고 다니는 풀 한 포기 모래 한 알 물 한 방울이 만유의 참 생명의 분신이며, 부처님 아닌 것이 없다는 것입니다. 우리들이 걸음 옮길 때마다 뭇 생명들을 밟게 되며, 물 마시고 공기를 들이키는 것이 미세한 다른 생명들을 해치는 죄업일 수 있습니다. 우리들이 생명을 유지하며 살아야하기에 어쩔 수 없이 다른 생명을 의지할 수밖에 없습니다. 그러니 그 모든 생명이 바로 나와 한 바탕인 참 생명임을 깨달아 마시는 물 한 방울이나 들이키는 맑은 공기에도 감사한 마음을 가져야 합니다.

어느 학자는 인간에게 해로운 균들을 모두 박멸하겠다는 각오로 연구를 하다가 그것이 불가능한 것임을 깨닫고는 독성의 균을 부드럽게 달래어 공생할 수 있는 쪽으로 연구 방향을 바꾸었다고 합니다. 자연정복이니 세균박멸이니 하는 것은 우리 인간들 중심의 이기적인 오만입니다. 모든 생명들이 서로 공생의 조화를 이루어야 합니다.

백억항하사결정불은 우리들이 저지른 온갖 생명을 해친 죄를 소멸시키고, 모든 존재들이 나의 또 다른 참 생명의 분신임을 깨닫도록 바른 길로 인도하여 주십니다.

● 　진위덕불 振威德佛

진위덕불은 위의威儀와 공덕을 떨쳐 제도하는 부처님입니다. 내 자신의 말이나 행동이 위의威儀를 갖추었는지, 도덕道德에 어울리는 품격인지를 돌아보면서 이 부처님을 일념으로 부르면 우리들이 품위가 없이 저지른 악구惡口, 악담惡談이나 사음邪淫의 죄업을 소멸시켜 줍니다.

● 　금강견강소복괴산불 金剛堅强消伏壞散佛

금강석보다 더 견고하고 강하며 예리한 지혜로 모든 죄업을 항복하여 소멸시키고 부수어 흩어버리는 부처님으로 무간無間지옥의 죄업마저도 소멸시켜 줍니다. 금강金剛보다 더 견고하고 강한 것은 이 세상이 다 무너져 사라져도 불생불멸인 영원한 참 생명입니다. 그러한 참 생명을 깨닫는 것이 모든 죄업의 근본을 소멸하는 것입니다.

● 　보광월전묘음존왕불 普光月殿妙音尊王佛

맑고 밝은 보배처럼 빛나는 보름달 같은 모습을 갖추시고 미묘한 음성으로 중생을 제도하시는 부처님입니다. 이 부처님의 이름을 한 번만 불러도

대장경大藏經의 설법을 모두 독송하거나 들은 공덕을 이룬다고 합니다.

보광월전寶光月殿과 같은 지고至高한 전당殿堂인 참 생명의 바탕을 깨닫는 이는 해탈을 얻게 되고, 묘음존왕妙音尊王 같은 지순至純한 참 생명의 미묘한 화음和音을 제대로 잘 듣는 이는 삼악도의 고통을 면하게 되는 것입니다.

◉ 환희장마니보적불 歡喜藏摩尼寶積佛

기쁨의 곳간 속에 많은 마니보주를 쌓아놓고 온갖 중생의 소원대로 기쁘게 해주는 부처님입니다. 어디를 가나 기쁨조가 되어 환희심이 넘치는 세상을 만들며 화를 내고 성질을 부린 죄업을 소멸시켜 줍니다.

참 생명의 대 진리를 깨달으면 선열禪悅과 법희法喜가 넘치는 것입니다.

◉ 무진향승왕불 無盡香勝王佛

끝없는 거룩한 진리의 향기로 중생을 제도하시는 부처님입니다.

숙명지宿命智를 얻어서 나고 죽음의 고통이 얼마나 큰 줄을 깨닫게 하고 그 고통을 소멸시켜 줍니다.

◉ 사자월불 獅子月佛

백수百獸의 왕인 사자처럼 뭇별들의 왕인 달처럼 위엄과 용맹스런 모습과 원만한 모습으로 축생畜生의 업보를 받게 되는 죄업을 소멸시켜 주는 부처님입니다.

● 　　환희장엄주왕불 歡喜莊嚴珠王佛

온누리를 두루 비추는 빛나는 밝은 큰 구슬의 왕처럼 이 세상을 온통 기쁜 마음으로 장엄하시는 부처님입니다. 살생하거나 도둑질한 죄업과 무량겁無量劫의 생사를 받게 되는 죄업을 소멸시켜 줍니다.

　　백천만겁 동안의 케케묵은 어두움도 밝은 등을 켜면 일시에 소멸되듯이 모든 생사 고통을 소멸시키는 참 생명의 환희로 장엄하신 부처님입니다.

● 　　제보당마니승광불 帝寶幢摩尼勝光佛

제석천帝釋天에 있는 마니보배로 된 깃발처럼 수승한 진리로 중생을 제도하는 부처님입니다. 중생들이 상대방을 괴롭히면서 탐내고 애착하며 저지른 중죄를 소멸하여 줍니다.

　　제석천의 마니보배의 깃발보다도 더 수승하게 빛나는 우리의 참 생명을 깨닫는 것이 제보당마니승광불에게 귀명하는 것입니다.

이상과 같이 우리의 모든 죄업을 소멸하려고 열두 분의 부처님을 증명으로 모시고 참회하였습니다.

　　열두 부처님은 만유萬有의 참 생명이며 진리의 바탕인 법신불法身佛의 열두 개의 다른 수승한 모습입니다. 그런 참 생명이 비추는 수승한 귀감龜鑑이 되는 열두 개의 다른 거울을 비춰보면서 나의 혼탁하고 어두운 죄업을 참회하고 정화시켜 참 생명을 깨달아 거울같이 온누리를 밝게 비추면서 살겠다는 것이 증명證明으로 모시는 뜻입니다.

부처님은 온 누리에 두루 가득 하시고
삼세의 부처님들 그 바탕이 하나라네.
자비원력 구름은 끝없이 덮어주며
깨달음의 바다는 헤아리기 어려워라.
佛身普遍十方中
三世如來一體同
廣大願雲恒不盡
汪洋覺海妙難思.

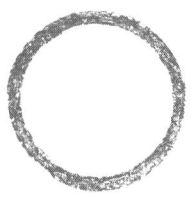

십악참회
十惡懺悔

살생중죄금일참회 　殺生重罪今日懺悔
투도중죄금일참회 　偸盜重罪今日懺悔
사음중죄금일참회 　邪淫重罪今日懺悔
망어중죄금일참회 　妄語重罪今日懺悔
기어중죄금일참회 　綺語重罪今日懺悔
양설중죄금일참회 　兩舌重罪今日懺悔
악구중죄금일참회 　惡口重罪今日懺悔
탐애중죄금일참회 　貪愛重罪今日懺悔
진에중죄금일참회 　嗔恚重罪今日懺悔
치암중죄금일참회 　癡暗重罪今日懺悔

목숨해친 무거운 죄 참회합니다.
도둑질한 무거운 죄 참회합니다.
사음질한 무거운 죄 참회합니다.

거짓말한 무거운 죄 참회합니다.
꾸며말한 무거운 죄 참회합니다.
이간질한 무거운 죄 참회합니다.
모진말한 무거운 죄 참회합니다.
탐애하던 무거운 죄 참회합니다.
화를내던 무거운 죄 참회합니다.
어리석은 무거운 죄 참회합니다.

우리가 살아가면서 짓게 되는 죄는 그 수를 이루 헤아릴 수 없이 많습니다. 그 가운데서 몸과 말과 뜻으로 자주 범하게 되는 것을 크게 열 가지로 나눈 것이 십악十惡입니다. 그것은 몸으로 짓게 되는 세 가지인 살생殺生, 투도偸盜, 사음邪淫과 입으로 짓게 되는 네 가지인 망어妄語, 기어綺語, 양설兩舌, 악구惡口와 뜻으로 짓게 되는 탐애貪愛, 진에瞋恚, 치암癡暗입니다. 이 열 가지의 십악참회는 바로 자기가 지은 열 가지의 죄를 명시적으로 낱낱이 드러내어 참회하는 것[發露懺悔]이며, 그것은 아울러 팔만사천의 악업을 모두 참회하여 선업으로 돌이키는 것입니다.

● **살생중죄금일참회** 殺生重罪今日懺悔
목숨해친 무거운 죄 오늘 참회합니다.

살생殺生은 살아있는 나와 남의 목숨을 죽이거나 해치는 것입니다.
　이 세상은 참 생명이 연기緣起에 의해 펼쳐진 것이며, 모든 존재들은 상호의존相互依存의 관계입니다. 온 산하대지 그 가운데의 벌레 하나 풀잎 하나 꽃 한 송이가 우주의 근본 바탕인 절대絶對의 참 생명으로부터 피어나지 않은 것이 없습니다. 한바탕에서 피어난 나와 남의 관계, 주관主觀과 대상對象의 관계, 정보正報와 의보依報의 관계, 나와 자연환경의 관계 등이 서로서로 의존하는 관계입니다. 남이 없이는 나라는 것이 없고 나 없이는 남이 없습니다. 남이 없이는 내가 없으니 나를 사랑하려면 남을 사랑해야 하며, 정보正報인 나를 사랑하려면 의보依報인 내 주변인 환경環境을 사랑해야 합니다. 상대에 대한 배려는 바로 자신에 대한 배려입니다. 이 세상의 생명들은 모두 그 생명에너지를 먹이사슬의 관계인 바깥의 다른 생명으로부터 취하게 되어 있습니다.

　사람이나 일부 짐승들이 육식을 합니다. 그리고 그 먹잇감들이 되는 초식 동물은 넓은 초지의 식물을 먹는데, 그 식물들은 땅 속에 뿌리박고 공기와 물을 흡수하고 햇빛을 받아 동화작용同化作用을 하여야 그 생명을 유지하게 됩니다. 식물이나 동물이 배출한 것이나 그것들이 죽어서 썩은 것은 다시 물질의 기본이 되는 지地·수水·화火·풍風의 사대四大 요소로 돌아가면서 순환관계가 유지되는 것입니다.

　우리가 육식을 하는 것은 말할 것도 없거니와 채식을 하는 것도 다른 생명을 취하기는 마찬가지입니다. 내가 의지하여 사는 이 세상의 물 한 방울이나 공기 한 숨이나 따뜻한 햇살 한마디도 모두가 참 생명[佛性] 아닌 것이 없습니다. 모든 것은 참 생명의 다른 모습이며, 이렇게 나를 있게 해주는 맛있는 그릇 속의 음식과 맑은 공기와 물과 따뜻한 햇살이 얼마나 고마운 줄 알아야 합니다. 이 세상은 은혜와 축복이면서도 나의 목숨을 이어가기 위해서 다른 생명을 취하면서 빚을 지고 살아야 하는 그런 관계인 것입니다. 이것은 업의 고리입니다. 그러나 자기 생명 유지를 위해서 필요한 최소의 먹이 이외에 더 욕심을 내어 다른 생명을 해치는 것은 죄악입니다. 그것은 더불어 살아야 하는 생명들의 질서를 깨뜨리는 것이기 때문에 그 결과로 반드시 스스로 목숨이 단명短命하거나 병고病苦에 시달리는 고통을 받게 되고 언젠가는 그와 같은 해침을 당하게 되어 있습니다. 왜냐하면 이 세상의 참 생명은 한 바탕이며 너와 내가 둘이 아니며 저들은 또 다른 나의 모습이기 때문입니다.

  자기의 욕심으로 남의 생명을 해치는 것은 먼저 자기 자신의 자비심의 종자를 끊는 것입니다. 살생은 바로 자신의 가장 아름다운 마음인 자비심을 짓뭉개는 일이며, 또 다른 나를 죽이는 일종의 자살自殺입니다. 살생의 무거운 죄를 참회하는 것은 너와 내가 둘이 아닌 동체대비同體大悲의 마음으로 남의 생명을 존중하면서 참 생명의 질서를 회복시키는 서원이기도 합니다.

●   투도중죄금일참회 偸盜重罪今日懺悔
  도둑질한 무거운 죄 금일 참회합니다.

이 세상은 인과因果에 의해 제각기 지은대로 그 과보를 받고 있는 것입니다. 그런데도 그 인과를 믿지 않고 욕심을 내어 남의 재산이나 물건이나 명예나 아름다움이나 지적知的인 정보情報를 훔치거나 표절합니다. 스스로 노력하여 지혜를 닦거나 복덕을 쌓지 않고 이렇게 남의 것을 훔치기만 하는 행위는 계속하여 빈천貧賤의 과보를 받게 되는 악순환을 가져옵니다. 남의 것을 훔치는 것은 남이 시간과 노력을 투자하여 이룩해 놓은 인생을 훔치는 것입니다.

　　투도의 중죄를 참회하는 것은 지난 허물을 뉘우치면서 인과법을 믿고 분수를 알고 만족할 줄 알면서, 현재의 자기 위치에서 최선을 다하여 지혜와 복덕을 닦아 널리 보시하면서 나의 삶을 나누어 줄 수 있도록 서원하는 것입니다.

- 　　**사음중죄금일참회** 邪淫重罪今日懺悔
　　사음邪淫질한 무거운 죄 오늘 참회합니다.

음행淫行은 넘쳐나는 이성에 대한 욕망을 주체 못하고 흘러넘치는 대로 행동하는 것입니다. 사음邪淫은 정도正道를 벗어난 음행이며 온갖 성적인 탈선을 부추기는 선정적爛情的인 행위도 포함됩니다.
　　사음은 스스로를 절제하지 못하여 비도덕적인 행위를 하게 되는 것이니, 청정의 종자를 끊게 되어 그 과보로 단정하지 못하고 누추陋醜한 과보를 받게 됩니다.
　　사음의 허물을 뉘우치는 것은 자기 자신을 절제하는 도덕적인 삶과 자신의 청정한 본래 모습을 지키겠다는 서원입니다.

- 　　**망어중죄금일참회** 妄語重罪今日懺悔
　　거짓말한 무거운 죄 오늘 참회합니다.

거짓말은 진실을 버리고 거짓으로 꾸며대는 말입니다.
　　자기의 이익을 위해서 온갖 거짓을 말하거나 또는 사실을 제대로 모르고 착각하여 거짓말을 하기도 합니다. 모르는 것을 착각하여 안다고 말하는 것은 스스로 지혜가 없기 때문이며, 본인이 거짓말을 하는 줄도 모르고 말하는 그것은 더 답답한 일입니다. 거짓말 가운데서 가장 큰 죄는 진리를 모르고서 진리를 아는 체하는 죄가 가장 크다고 합니다.

거짓말은 진실眞實을 향해 가는 가장 큰 걸림돌입니다.

망어의 큰 허물을 참회하는 것은 세상의 허망한 현상을 좇으면서 저지른 온갖 잘못된 말을 뉘우치면서 올바른 진실을 추구하겠다는 다짐입니다.

- 기어중죄금일참회 綺語重罪今日懺悔
  꾸며 말한 무거운 죄 오늘 참회합니다.

기어綺語는 비단처럼 꾸며 아첨하거나 유혹하는 말입니다. 남의 정신을 흐리게 하고 판단을 그르치게 유인하여 자기 이익을 도모하려는 불순不純한 말입니다. 비단처럼 꾸며대는 말은 진실이 아닌 거짓말과 다를 바 없습니다. 기어綺語의 허물을 참회하는 것은 담박淡泊하고 순수純粹한 자기로 되돌아가려는 것입니다.

- 양설중죄금일참회 兩舌重罪今日懺悔
  이간離間시킨 무거운 죄 오늘 참회합니다.

양설兩舌은 이 사람에게 하는 말과 저 사람에게 하는 말이 달라서 서로에게 이간離間질을 시키고 화합을 깨뜨리는 말입니다.

양설兩舌은 입안에 혀가 둘이 있어서 한 입에 두 말을 하게 된다

는 뜻입니다. 자신의 입지를 위해 상대를 이용하는 마음으로 이쪽저쪽
에 서로 다르게 양설을 하게 됩니다. 그리고 같은 말을 하더라도 서로
이해하는 것이 달라서 오해로 인해서 이간이 되는 경우도 있으니 오
해의 소지가 있는 말은 신중히 하여야 합니다. 또 내 자신이 남의 말을
들을 때도 이런 말 저런 말에 쏠리지 않는 중도의 지혜가 필요합니다.

모두를 이익되게 하는 말이나 모두를 칭찬하는 말과 진리의 법
을 설하는 말 이외에는 삼가는 것이 좋습니다.

양설兩舌의 허물을 뉘우치는 것은 말할 때에 이쪽이나 저쪽을
의식하지 않고 흑백黑白의 논리에 빠지지 않으면서도 조백早白이 분명
한 중도中道를 가겠다는 것입니다.

- 악구중죄금일참회 惡口重罪今日懺悔
  모진 말한 무거운 죄 오늘 참회합니다.

악구惡口는 남을 헐뜯거나 저주하는 욕辱이나 악담惡談을 말합니다. 입
안의 혀가 도끼로 변하여 남을 해치는 것이 악구입니다. 남에게 하는
악담은 공중을 향해 쏜 화살이나 뱉은 침이 자기에게 떨어지듯이 자기
에게 돌아오게 되어 있습니다.

탐貪·진嗔·치癡 삼독 때문에 나오는 악담은 그대로 독이 되어
남을 해치기도 하지만 독을 뿜는 자신이 먼저 독기毒氣로 충만해지게
되는 것입니다. 그리고 악구는 반드시 그 메아리가 내게로 돌아옵니다.

악구의 허물을 뉘우치는 것은 삼독三毒의 불길을 삭히어 온화하
면서 부드럽고 선善한 나의 근본으로 돌아가는 방법입니다.

● **탐애중죄금일참회** 貪愛重罪今日懺悔
　탐애하던 무거운 죄 오늘 참회합니다.

탐애貪愛는 탐욕을 내고 애착하는 것입니다. 탐애는 이기심利己心입니다. '나'라는 이 생각 때문에 탐욕이 일어나고 애착이 생기는 것입니다.

　탐애는 목마른 이가 정신없이 물을 찾듯이 하므로 갈애渴愛라고도 합니다.

　탐애는 크게 재물을 욕심내는 재욕財慾과 이성에 대한 애욕인 성욕性慾과 음식을 탐내는 식욕食慾과 잘난 체하며 남이 알아주기를 바라는 명예욕名譽慾과 편안히 쉬려고 하는 수면욕睡眠慾으로 나누는데, 이를 오욕五慾이라고 합니다.

　이 오욕의 즐거움을 누리려고 탐애하기 때문에 온갖 죄업이 생겨나는 것입니다. 탐욕이 생겨나면 생겨날수록 오히려 만족은 더 줄어들게 되는 것입니다.

　이제껏 분에 넘치게 탐내고 애착하던 것을 참회하는 것은 나와 남이 더불어 잘 살 수 있도록 자리이타自利利他의 길을 가려는 것입니다.

● **진에중죄금일참회** 瞋恚重罪今日懺悔
　화를 내던 무거운 죄 오늘 참회합니다.

진에瞋恚는 성내고 화내며 분노하는 마음입니다.

　분노하는 마음은 자기가 바라는 대로 되지 않거나 참을성이 부족하여 일어납니다. 화는 불과 같은 것입니다. 화를 내면 상대가 불안해지거나 아니면 상대도 맞불을 놓듯이 같이 화를 내어 다투다가 서로를 그을리거나 심하면 서로 타 죽고 맙니다.

오랫동안 쌓아온 공덕도 한 번 성내면 다 사라지고 맙니다. 화는 불기운이 뻗어 오르는 것이라서 화를 내면 얼굴이 벌겋게 달아오르다가 새까맣게 타들어 갑니다. 화를 한 번 낼 때마다 지옥이 하나씩 생긴다고 합니다. 분노는 초열焦熱지옥이나 화탕火湯지옥의 업을 짓게 됩니다.

진에의 중죄를 참회하는 것은 내 마음의 불길을 끄고 안정시켜서 평화를 유지하기 위해서입니다.

● 치암중죄금일참회 癡暗重罪今日懺悔
어리석던 무거운 죄 오늘 참회합니다.

치암癡暗은 어리석은 무명無明입니다.

이 시작도 없는 어리석은 무명은 생사의 근본입니다. 어리석음은 죄가 아니라고 생각하지만 이 어리석음은 모든 재앙의 근본입니다.

'우리들이 지어온 모든 죄업은 무시 이래無始以來로부터 탐·진·치 삼독으로 말미암은 것이라[我昔所造諸惡業 皆由無始貪嗔癡]'고 하였습니다. 탐·진·치 삼독이 몸과 입과 마음의 이 세 가지에 의해 저질러진 것이 바로 삼업三業입니다.

수행의 기본이 되는 삼학三學은 바로 탐진치 삼독을 다스리는 것입니다. 계戒는 탐심을, 정定은 진심을, 혜慧는 치심을 다스리는 적극적인 참회이며 이 삼학은 그 삼독의 뿌리를 뽑아내기 위한 수행입니다.

이상의 참회는 열 가지의 큰 죄목을 낱낱이 드러내어 참회하는 사참事懺이었습니다.

참회를 할 때는 오랜 세월동안 지어온 자기 혼자만의 죄업장을 참회하는 것이 아니라, 일체 중생들이 한량없이 오랜 세월동안 지어온 죄업장을 내가 모두 대신 참회한다는 그런 큰 원력이 있어야 합니다.

그래서 참회할 때에는 다음과 같은 발원을 하게 됩니다.

- 원멸사생육도법계유정　願滅四生六道法界有情
　다겁생래죄업장　　　　多劫生來罪業障
　아금참회계수례　　　　我今懺悔稽首禮
　원제죄장실소제　　　　願諸罪障悉消除
　세세상행보살도　　　　世世常行菩薩道

원하옵나니, 사생四生(胎生 卵生 濕生 化生)의 육도六道중생들이 다겁생 동안 지어온 온갖 죄업의 장애를 소멸하오리다. 제가 이제 모두 참회하며 머리 조아려 절하옵나니, 모든 죄업의 장애를 다 소멸하여 없애며 세세생생 언제나 보살의 길을 실천하기를 원하옵니다.

헛꽃은 본래부터 실체가 없었으니
꿈속의 나비춤도 무슨 감정이 있었으랴!

돈참
頓懺

백겁적집죄	百劫積集罪
일념돈탕제	一念頓蕩除
여화분고초	如火焚枯草
멸진무유여	滅盡無有餘

오랜 세월　모여 쌓인　많은 죄업들
한 생각에　단박 모두　없어지나니
마른풀이　불길 속에　타버리듯이
죄의 자취　사라져서　남김이 없네.

우리는 앞에서 사참事懺에 대해 알아봤습니다. 여기서부터는 단박에 죄의 실체가 근본이 없음을 깨닫게 하는 돈참頓懺이며 이참理懺입니다.

어느 사람이 꿈속에서 목이 마르고 배가 고파서 남의 집 부엌에 들어가 몰래 음식을 훔쳐 먹고 있는데 주인 여자에게 들키고 말았습니다. 그 여자를 보고는 딴 마음이 생겨 그만 겁탈을 하려고 하는데 고함을 지르는 바람에 그 여자의 남편이 달려와 싸움이 벌어져 엎치락뒤치락하다가 칼로 그 남편을 죽이고 도망을 쳤습니다. 뒤에서 경찰이 쫓아오는데 넘어지고 다치면서 온갖 고통을 겪으며 이리저리 피하다가 낭떠러지를 만났습니다. 마침 낭떠러지 끝에 칡넝쿨이 있기에 급한 마음에 그 넝쿨을 붙들고 내려가서 피하고 있었는데, 내려다보니 천길 절벽이었고 올려다보니 붙잡고 있는 몇 가닥의 칡넝쿨은 무게를 이기지 못하고 하나 둘 끊어지고 있었습니다. 심장이 멎을 것 같은 두려움에 떨고 있는데 그만 칡넝쿨이 끊어지면서 낭떠러지 아래로 떨어지다가 깨어보니 꿈이었습니다. 꿈속에서 저질렀던 온갖 죄악이나 쫓겨 다니며 겪은 고통이 깨어보니 실체가 없습니다.

우리가 펼치는 한 마당 인생살이는 꿈과 같다고 비유합니다. 어두운 꿈속에서 저지르는 온갖 죄들이 깨어나면 모두 다 사라져버리듯이 우리가 간절히 진정하게 참회하는 것은 이 꿈을 깨는 것입니다. 그래서 『금강경金剛經』에 "모든 유위법은 꿈같고 허깨비 같고 물거품 같고 그림자 같다.[一切有爲法 如夢幻泡影]"고 하였으며, 이와 같이 깨달으면 "지난 세상에서 살아오며 지은 죄업이 곧바로 소멸한다.[先世罪業 卽爲消滅]"고 하였습니다.

우리들이 살아가면서 지은 업業은 뿌리 없는 마른 풀더미와 같습니다. 이 세상에 살면서 아옹다옹 골몰하며 온갖 시是와 비非, 선善과 악惡, 복福과 죄罪 등의 분별分別로 업을 짓던 그 모든 현상들이 덧없고 부질없는 줄을 알아 뉘우치고 보리심菩提心을 발하여 한 생각[一念]에 돌이켜 깨닫게 되면, 불씨 하나에 수미산처럼 쌓인 마른풀이 순식간에 타버리듯 모든 업은 남김없이 사라지고 맙니다. 여기서 남김없이 사라진다는 것은 그 죄의 실체가 없다는 것을 말합니다.

　　죄를 저지르면 반드시 그 과보가 있는 것이며, 그 과보가 없어지는 것이 아닙니다. 죄를 저질러 그 과보로 고통을 받더라도 그 고통의 실체가 없는 줄을 깨달은 사람은 그 고통에 얽매이지 않고 그것을 꿈이나 그림자처럼 받아들이게 됩니다.

　　크게 깨달은 사람은 인과를 받지 않는 것이 아니라, 그 인과율因果律을 더 잘 알게 되고 그 인因이나 과果가 본래 실체가 없는 줄을 알기에 그 가운데 오히려 자유롭게 그 흐름을 잘 따르게 됩니다.

오랜 묵은 어두움을 없애려면 등불을 켜야 하듯이, 우리들이 오랜 세월동안 쌓고 쌓은 한량없이 많은 죄업이 실체가 없는 줄을 알려면, 우리들은 스스로를 밝히어야 합니다. 부처님께서도 마지막 가르침에 "자기의 등을 밝히고, 진리의 등을 밝히라.[自燈明 法燈明]"고 하셨습니다. 나의 등불을 밝히려면 나에게 잠들어 있는 불씨를 살려내어야 합니다. 나에게 있는 그 불씨는 바로 불성佛性인 나의 참 생명입니다. 그 참 생명을 깨달은 밝은 지혜와 따뜻한 자비로 다른 이들의 죄업도 탕진蕩盡할 수 있도록 하는 것이 보살행입니다.

　　참 생명의 밝은 등불은 영원히 꺼지지 않습니다. 한용운 스님의 〈알 수 없어요〉라는 시詩에 "타고 남은 재가 다시 등불이 됩니다." 라는 구절이 있듯이 참 생명은 '영구永久에너지'입니다.

　　진리의 등불을 밝히는 것은 바로 자기의 등불을 밝히는 것입니다. 자기의 등불이 바로 진리의 등불입니다. 나의 등불은 남이 켜줄 수 없으며 부처님께서 켜놓은 진리의 등불에 나의 심지를 스스로 붙여야 합니다. 간절하고도 진정한 참회는 자기의 등불을 밝히는 것입니다.

> 모든 법은 뿌리 없고 생겨남이 없으니
> 그것만 밝힐 뿐 다른 것을 묻지 말라.

이참
理懺

　　　　죄무자성종심기　　罪無自性從心起
　　　　심약멸시죄역망　　心若滅時罪亦亡
　　　　죄망심멸양구공　　罪亡心滅兩俱空
　　　　시즉명위진참회　　是卽名爲眞懺悔

　　죄업이란 자성 없이 마음 따라 일어나니
　　이 마음이 사라질 때 죄업 역시 사라지네.
　　죄와 마음 없어져서 둘이 모두 공해지면
　　이야말로 참다운 참회라고 말하리라.

어두움은 아무런 실체가 없어 등불을 켜면 사라지듯이, 우리 마음의 광명을 밝히면 죄라는 것은 그 실체가 없는 어두움의 소산所産이기 때문에 사라지고 마는 것입니다.
　우리는 살아가며 우리 스스로 죄의식에 사로잡혀 괴로움의 깊은 늪으로 더 빠져드는 경우가 있습니다. 그럴 때 어떻게 참회를 하여야 할지 망설입니다.

　　어떤 종교에서는 인간을 원죄原罪를 짊어진 존재로 매김하여 오직 신神만이 그 죄를 심판할 수 있다고 합니다. 그러나 불교에서는 '모든 존재는 본래 부처'라는 입장에서 이 모든 업은 인과법因果法에 의해 '스스로 지어 스스로 받는다.[自作自受]'는 것입니다. 자기가 죄를 지어 스스로 받는 것이며, 그 잘못을 스스로 뉘우치는 것도 자기입니다. 다른 누가 심판하는 것이 아니라 인과법의 거울 앞에 스스로 비추어 심판받는 것입니다. 저승의 염라대왕 앞에 있는 업경대業鏡臺 앞에 서면 환히 펼쳐진다는 나의 일대기一代記인 그 다큐멘터리는 염라대왕이 찍은 것이 아니라 나의 의식意識에 스스로 녹화錄畵된 것이 나타난 것입니다. 그리고 지은대로 받게 되는 인과법이라는 기막힌 시스템에 의해서 모든 심판은 전자동全自動으로 처리됩니다. 이 세상의 법은 인위법人爲法이기 때문에 보는 각도에 따라 죄와 벌의 기준이 달라지고 돈이나 권력의 힘이나 어떻게 변호辯護하느냐에 따라 형량이 달라지기도 하며 심지어는 판결이 뒤집어지기도 합니다. 그러나 인과의 율법律法은 대자연의 섭리인 자연법自然法이기 때문에 한치의 오차誤差도 없는 완벽한 법입니다.

　　법질서를 지키는 것은 불편이 아니라 제대로 알고 지키면 참으로 편안한 것이며 자유로운 것이라고 합니다. 이 인과의 법질서는 누구도 벗어날 수가 없으니 이 법칙을 제대로 깨달아 알면 삶이 편안해지는 것입니다.

　　옛날 어느 수행자는 '수행을 잘한 큰 도인道人도 인과에 떨어집니까?'

하고 묻는 말에 '인과에 떨어지지 않는다.[不落因果]'고 대답하여 오백생五百生 동안 여우의 몸을 받았다가, 백장百丈 선사께 그 말에 무슨 허물이 있는지를 물어서 "인과에 어둡지 않느니라[不昧因果]." 하는 대답에 크게 깨달아 여우의 몸을 벗었다고 합니다.

수행을 잘하면 인과법에 떨어지지 않는 것이 아니라 그 인과의 이치를 잘 파악하게 됩니다. 이 세상의 모든 현상은 인과율因果律에 의해 진행되고 있으니 이 인과법을 환하게 꿰뚫고 있으면 모든 것이 자유自由이며 자재自在임을 알게 됩니다. 나아가 이 인과율로 진행되고 있는 이 현상의 실체를 깨닫는 것이 아주 중요한 것입니다. 이 모든 현상들의 실체가 도대체 무엇인지 그것을 먼저 알아야만 진정한 대자유大自由 대자재大自在를 얻게 되는 것입니다.

『유마경』에 이런 이야기가 있습니다.

　　출가한 두 비구比丘가 파계破戒를 하고는 계율을 잘 지키는 '우바리' 존자尊者를 찾아가서 참회하면서 그 죄를 면하게 해달라고 간청하니, 우바리 존자는 그렇게 큰 죄는 참회가 될 수 없다고 하였습니다.

　　그 때 유마거사가 나타나서 "우바리 존자여! 이 두 비구의 죄를 더 무겁게 옥죄면 안 됩니다. 이들의 뉘우침과 근심을 해소시켜 마음이 흔들리지 않도록 하여야 합니다. 저 죄의 본성은 안에 있는 것도 밖에 있는 것도 중간에 있는 것도 아닙니다. 마음이 오염되면 중생이 더럽혀지고 마음이 청정하면 중생도 청정합니다. 이 마음은 안도 없고 바깥도 없고 중간도 없습니다. 마음이 그러하듯이 죄도 그와 같고 모든 존재도 그와 같으며, 모든 것의 본래 그 자리는 달라지지 않습니다. 만일 그대가 마음의 본래 자리를 깨닫는다면 그 마음은 오염되어 있겠습니까?" 하니, 우바리 존자가 "아닙니다." 하고 답했습니다.

유마거사는 다시 "모든 중생의 본래 마음은 오염되어 있지 않습니다. 우바리여! 망상은 오염된 것이며 망상이 없으면 곧 청정입니다. 그릇된 생각은 오염이지만 그릇된 생각이 없으면 곧 청정입니다. '나'라는 실체가 있다고 생각하는 것은 오염이며 실체가 없다고 생각하면 청정입니다. 모든 것은 생겨나서 사라지며 허깨비나 번갯불 같아서 한순간도 머물러 있는 것이 없습니다. 모든 것은 아지랑이나 물에 비친 달이나 거울 속의 영상처럼 실체가 없이 망상으로부터 생긴 것입니다. 이 도리를 아는 사람이 제대로 계율을 지키는 사람이라 말할 수 있습니다." 하니, 이 말을 들은 우바리와 두 비구는 그 자리에서 크게 깨달았습니다.

중국 선종禪宗의 제 3대第三代 조사祖師가 된 승찬僧璨 대사는 출가하기 전에 아주 몹쓸 풍병風病을 앓아 늘 고름이 흐르고 머리털이 다 빠지는 고통을 받고 있었습니다. 그러던 어느 날 전생에 지은 죄업이 무거워서 이런 과보를 받게 되었다고 깊이 뉘우치며, 큰 선지식으로 알려진 이조二祖 혜가慧可 대사를 찾아갔습니다. 이조 혜가 대사에게 승찬이 말하기를 "제자는 풍병에 걸렸으니 큰스님께서 저의 죄업을 참제懺除하여 주옵소서." 하니, 혜가 스님이 "그래, 그 죄를 가져오너라! 너의 죄업을 참제해 주겠다." 하므로, 순간 아무 말도 못하다가 돌이켜 깨닫고는, "죄를 찾아도 찾을 수 없습니다." 하였습니다. 이조가 "그대의 죄를 이미 다 참제하였다. 앞으로 불佛·법法·승僧 삼보三寶에 의지하여 머무르도록 하여라." 하였습니다. 승찬이 "제가 지금 큰 스님을 뵈오니 승보僧寶는 알겠으나 불보佛寶와 법보法寶는 모르겠습니다." 하니, 이조가 "이 마음이 부처요, 이 마음이 법이니라. 불보와 법보가 둘이 아니며 승보도 그러하니라." 하였습니다. 그러자 승찬은 "저는 오늘 비로소 죄의 성품이 안이나 밖이나 중간도 있지 않고, 마음이 그러하듯이 불법佛法이 둘이 아닌 줄을 알았습니다." 하며, 죄의 성품이 본래 공한 줄을 확연히 깨달았습니다.

어두움이 실체가 없는 것처럼 죄라는 것은 자성自性이 없고 마음 따라 일어나는 것입니다. 온갖 사건을 일으키면서 시달리는 꿈을 꾸다가 꿈을 깨고 나면 꿈속의 온갖 것들이 실체가 있는 것이 아니라 나의 잠재된 의식이 표상表象으로 떠오른 환영幻影이며 다 마음이 만들어낸 장난임을 깨닫게 됩니다. 온갖 생각을 일으키는 그 마음을 돌이켜보아 그 자리가 본래 공空한 참 생명을 깨달으면 죄업이라는 것도 허망한 것일 뿐입니다. 내가 공하고 내가 없으니[無我] 누가 죄를 짓고 누가 죄를 받습니까? 본래 무아無我인 참 생명을 확연히 깨달으면 이것이 진정한 참회입니다.

꿈속에 서슬거리 이리저리 헤매다가
깨어 보니 창가에 달빛만 고요하네.

참회진언
懺悔眞言

━━   옴 살바 못자모지사다야 사바하   ━━

옴 살바 못자모지사다야 사바하

옴; 우주의 본체인 소리. 아!
살바; 일체.
못자= 붓다; 불(佛). 부처.
모지사다야= 보리살타야; 보리살타님께. 보살님께.
사바하; 원만, 성취.
〈아! 일체 불보살님이시여, 원만하옵니다.〉

이 참회진언은 우리의 죄업을 참회하고 일체의 불보살님께 귀의하여 머무르는 것입니다.

    부처님은 일체의 참 생명인 마음을 깨치신 분입니다. 보살은 진리를 향해가는 수행자입니다.

이 참회진언은 삼조 승찬 대사가 이조 혜가 대사께 나아가 죄를 없애주기를 청하였을 때 "죄의 근본이 공함을 돌이켜 깨닫고 불佛·법法·승僧 삼보에 귀의하여 머무르도록 하라."고 하시고, "이 마음이 부처이며 이 마음이 법法이며 이 마음이 승僧이다."고 말씀하신 그대로입니다.

일체 불보살은 과거, 현재, 미래의 모든 부처님과 진리를 향해 나아가는 모든 수행자를 총망라합니다.

진정한 참회는 우리의 근본자성을 깨달아 죄도 마음도 본래 공空한 이치를 요달하여 불보살님처럼 깨어있는 삶을 살아가는 것입니다.

과거의 부처님이나 현재의 부처님뿐만이 아니라 미래의 부처님에게도 귀의하고 머무르라는 것은 미래 부처인 중생까지도 포함되는 것이며, 그 중생의 죄업장에 귀의하라는 것이 아니라, 부처님이나 중생이 본래 하나인 절대의 참 생명의 자리에 귀의하고 참 생명의 자리에 머물면서 모든 중생들의 삶들을 함께 정화시켜나가는 것입니다.

'사바하'는 불보살님의 원만하게 성취하심에 대한 '~하셨습니다.' 하는 과거형의 찬탄이면서 나도 기필코 '그와 같이 ~하오리다.' 또는 '그처럼 되겠습니다.' 하는 미래형의 발원發願입니다.

옴! 살바 못자 모지사다야 사바하!
〈아! 일체 불보살님이시여, 원만하옵니다.〉

그릇은 비워야 담을 수 있고
거울은 밝아야 비출 수 있네.

준제공덕
准提功德

준제공덕취	准提功德聚
적정심상송	寂靜心常誦
일체제대난	一切諸大難
무능침시인	無能侵是人
천상급인간	天上及人間
수복여불등	受福如佛等
우차여의주	遇此如意珠
정획무등등	定獲無等等

준제주는 온갖 공덕 무더기이니
고요한 마음으로 항상 외우면
이 세상의 여러 가지 일체 재난이
어찌해도 이 사람을 침해 못하네.
하늘이나 사람이나 모든 중생이

부처님과 다름없는 복을 받으니
마음대로 성취하는 여의주처럼
견줄 수가 없는 것을 얻게 되리라.

앞장은 참회의식이었으며, 지금부터는 준제의 공덕을 찬탄하고 준제보살을 칭념하고 정법계진언과 호신진언과 관세음보살본심미묘육자대명왕진언과 준제진언을 염송하는 것과 함께 발원하는 순서로 되어 있습니다.

이 천수경은 천수천안관자재보살의 광대원만무애대비심대다라니에 대한 계청啓請과 귀의歸依, 찬탄讚嘆, 서원誓願 등이 주요한 내용이지만 참회진언과 준제진언에 대한 찬탄과 귀의, 발원도 함께 포함되어 있습니다.

준제보살은 준제관음准提觀音; Cundi-Avalokitesvara으로 성관음聖觀音, 천수관음千手觀音, 마두관음馬頭觀音, 십일면관음十一面觀音, 여의륜관음如意輪觀音과 함께 육관음六觀音 가운데 하나로서, 연화대蓮花臺 위에 하얀 옷을 입고 앉아 있는 모습으로, 세 개의 눈에 열여덟 개의 팔을 가지고 머리에 아미타불의 변화신變化身을 모시고 있는 관음보살의 화신化身입니다.

준제관음을 천인장부관음天人丈夫觀音이라고도 합니다. 준제는 '청정淸淨'이란 뜻이며, 이 청정이 바로 한량없는 부처님의 어머니라고 합니다.

이 준제진언은 출가자나 재가자나 처자권속이 있는 사람이나 심지어

파계破戒를 한 사람이라도 다 지송할 수 있는 진언이며, 깨끗하거나 더러움을 가리지 않고 말세의 악업중생들까지도 누구나 지송할 수 있는 진언이며, 모든 강물을 받아들이는 바다처럼 모든 다라니의 공덕을 다 머금고 있는 진언입니다.

위의 이 게송은 서기 150~250년경에 인도에 살았던, 제 2의 부처님으로 추앙받는 용수龍樹보살이 준제진언을 찬탄한 것이라 합니다. 이 게송은 준제진언의 공덕을 찬탄하면서 어떻게 우리가 수행해야 그러한 공덕을 성취하며 깨달음을 얻게 되는지 말하고 있습니다.

준제진언뿐만 아니라 여기에 함께 지송하는 '정법계진언'이나 '호신진언'이나 '관세음보살육자대명왕진언'이나 모두가 똑같은, 한량없는 준제의 공덕 덩어리[准提功德聚]들입니다. 그리고 염불하거나 경전을 보거나 화두를 들고 참선을 하는 공덕도 근본은 준제진언의 공덕과 같은 것입니다.

준제진언은 적정寂靜의 마음 상태에서 지송하여야 합니다. 그 적정의 마음은 우리가 준제진언을 언제나 일심으로 지송하면 나타나는 마음 상태이기도 합니다.

우리는 한량없는 옛적부터 지금까지 그 많은 세월동안에 끊임없이 번뇌 망상을 일으키며 온갖 업業을 지으며 살아 왔습니다. 그리하여 스스로 일체의 여러 어려움을 만들고 그 가운데서 살아가고 있으며, 주변의 모든 고난들도 알고 보면 모두가 스스로 만들어 왔으니 끊임없이 밀려오는 번뇌 망상과 그 고난들을 단박에 다 없앨 수가 없습니다. 그 모든 대난大難을 억지로 없애려고 하다보면 오히려 불로써

불을 끄려고 하거나 밀려오는 파도를 물을 퍼부어 막으려 하거나 연탄으로 숯을 씻으려는 것처럼 또 다른 번뇌 망상을 일으키고 다시 업을 짓게 될 뿐입니다.

먼저 우리는 지금 이 번뇌 망상 속에서 이렇게 한심하게 갈팡질팡 살아가는 것이 나의 삶의 모습이며, 그러한 나의 인생 그것은 바로 내 자신의 책임임을 깊이 깨달아야 합니다.

이렇게 출렁대는 번뇌 망상에 휘둘리지 않으려면 마음을 오롯이 한 곳으로 모아야 합니다. 번뇌 망상이 떠오르거나 말거나 거기에는 관심을 두지 말고 오직 이 준제진언만을 일념으로 외우고 외우면서 반조返照하여 준제삼매准提三昧를 이루면 그 죽 끓듯이 일어나던 번뇌 망상들은 허깨비처럼 실체가 없는 것이라 저절로 사라지고 모든 것이 적정寂靜해 집니다.

적정은 곧 시비분별이나 번뇌 망상을 다 쉬어버린 상태입니다. 그런 상태가 되면 일체의 모든 대난大難들이 이런 사람을 침범하지 못합니다. 침범하지 못한다고 하는 것은 본래 실체가 없다는 말입니다.

준제는 청정입니다. 청정한 무변 허공은 광풍狂風이 아무리 불어오고 먹구름이 밀려들어도 언제나 고요하고 맑고도 깨끗하며, 찬란하고 밝은 해와 달과 별이 빛나면서 하늘과 땅의 모든 것을 다 포용하고 운행합니다. 그와 같이 준제진언의 본체인 청정한 참 생명은 천상이나 인간세상이나 온 누리를 머금고 그 가운데 만물을 길러내어 뭇 생명들이 온갖 덕화를 누리게 됩니다.

파도가 출렁대는 큰 바다의 깊고 깊은 그 속에서 용龍; Naga; 那伽은 여의주를 입에 물고 고요히 삼매에 들고 있는데 이를 나가대정那伽大定이라고 합니다. 이 용은 여의주를 가지고 풍운風雲의 조화造化를 부리니 그 출렁이던 파도도 알고 보면 이 여의주의 조화일 뿐입니다.

　이 여의주 구슬은 아무리 혼탁한 물이라도 그 속에 넣으면 모두가 맑아지니 이를 수청주水淸珠라고도 하며, 캄캄한 어두움 속에 이 구슬을 놓으면 모든 어두움이 사라지므로 야광주夜光珠라고도 합니다. 준제진언의 본체인 우리의 참 생명은 이런 여의주와 같습니다. 그래서 『법화경法華經』에 말씀하기를 "사람마다 값을 매길 수 없는 보배가 옷 안에 매어져 있다." 하시고, 영가 선사永嘉禪師는 "마니주를 사람들이 모르다가 여래장如來藏 속에서 친히 얻게 된다."고 하였습니다.

우리가 일념으로 준제진언을 지송하며 반조하여 나와 준제진언이 둘이 아닌 준제삼매를 이루면 천상에서나 인간에서 부처님과 같은 복을 누리게 되고, 이러한 여의주를 만나게 되면 결정코 무엇과도 견줄 수 없는 무등등無等等의 깨달음을 얻게 됩니다. 여불등如佛等, 혹은 여불등與佛等이 무등등입니다.

　무등등은 등등等等함이 없는 것을 말하는데 그것은 견주거나 비교할 수 없다 또는 동등同等할 수 없다는 뜻입니다. 그리고 나아가 무등등은 무등無等의 등等입니다. 무등無等은 분별分別이며, 등등은 동등同等이나 평등平等을 뜻합니다. 분별이면서도 평등하고, 평등함 가운데 차별함이 바로 무등등입니다.

　전체가 하나인 가운데 낱낱이 별개이며 그 낱낱이 따로따로가 아닌 하나이니, 하나 속의 전체요 전체 속의 하나인 것이 바로 무등등이며 여의주이며 준제진언의 모양이며 준세진언의 한량없는 공덕[准提功德聚]이며 이것이 천상에서나 인간에서 부처님처럼 누리는 복입니다.

준제진언은 이처럼 불가사의한 위신력이 있는 진언입니다. '준제공덕취'는 청정한 공덕의 무더기이며, 청정의 공덕은 믿음에서 이루어집니다. 그래서 『화엄경』에서는 "믿음이 도道의 근원이 되고 공덕의 어머니가 된다.[信爲道源功德母]"고 했습니다. 그러니 공덕 무더기는 믿음이 쌓이고 쌓인 결정체입니다. 그 믿음이 바로 '나무칠구지불모대준제보살'이며, 준제진언입니다.

이 청정한 공덕의 덩어리는 모으고 쌓아서 이루어지는 것이 아니라, 고요하게 비우고 비워버린 적정寂靜한 마음에서 염송念誦하여 나아가 염송한다는 마음마저도 비워야 이루어집니다.

옛사람이 말하기를 "지난해의 가난은 가난이 아니라 올해의 가난이 참으로 가난이다. 지난해의 가난은 송곳을 꽂을 만한 땅도 없이 가난했는데, 올해는 그 송곳마저도 없구나." 하였습니다.

오직 고요한 마음으로 이 준제진언만 일념으로 지송하다보면, 모든 망상 잡념은 저절로 고요해지고, 고요해지니 맑아지고, 맑아지니 밝아지고, 밝아지니 두루 통하게 됩니다.

생각이 고요하면 세상이 넓어지고
마음이 한가하면 세월이 길어지네.

대준제보살
大准提菩薩

― 나무칠구지불모대준제보살 南無七俱胝佛母大准提菩薩 ―
― 수많은 부처님의 어머니이신 대준제보살께 귀명하옵니다. ―

'구지'는 억億이라는 숫자입니다. 칠구지는 칠억七億이며 그만큼 많다는 뜻입니다.

불모佛母는 부처의 어머니입니다. 『열반경涅槃經』에서는 불성佛性이 불모라 하고 『반야경般若經』에서는 반야지般若智가 불모라 하는데, 『준제다라니경』에서는 '청정淸淨'을 불모라고 하니, 그것은 우리의 청정한 마음자리가 깨달음의 모태母胎이며 참 생명임을 강조한 것입니다.

『화엄경華嚴經』「입법계품入法界品」에서는 반야지의 화신인 문수보살을 '무량無量한 백천억百千億 나유타那由他:한량없는 숫자 부처님의 어머니'이며 또한 '무량백천억 나유타 보살의 스승'이라고 합니다. 이 천수경에서는 자비의 화신인 관세음보살이 일체중생들의 이상적인 어머니 상으로 그려지고 있으며, 또한 청정의 화신인 준제보살이 칠억의 부처님의 어머니라고 말합니다.

　　불성佛性의 바탕인 청정清淨은 바로 이성적인 반야지般若智이면서도 또한 감성적인 자비慈悲입니다.

　　준제는 그대로 천백억화신불千百億化身佛의 바탕으로 청정법신清淨法身인 비로자나毘盧遮那의 대명사이기도 합니다.

　　대준제보살은 자기의 청정한 참 생명을 깨달아 수많은 이웃 중생들의 삶도 청정하게 살아갈 수 있도록 이끌어주는 큰 보살입니다.

　　우리 모두에게 갖추어진 청정법신이 부처의 근원이며 어머니라면 그것은 바로 우리들 자신이 부처의 어머님이 될 소질素質을 갖춘 것입니다. 그러한 소질을 갖춘 우리는 과거 생生에 한량없는 부모를 의지해서 태어나고 또한 한량없는 부모가 되기도 했을 것입니다.

　　우리가 미혹하여 윤회를 하면서 수많은 부모를 의지하여 태어나고 또한 수많은 중생들의 부모였다면, 본질에서는 그 수많은 부모나 아들딸들이 모두 미혹한 부처였으니 우리 모두가 미혹한 부처의 자식이기도 어머니이기도 한 것입니다.

　　모든 존재들이 근본 하나인 청정한 참 생명에서 연기緣起하여 분화分化된 것이니, 나의 참 생명을 깨달으면 바로 나의 참 생명은 모든 부처님의 어머니입니다. 그리고 모든 존재들의 참 생명에서 바라보면 나는 그 모든 존재들의 참 생명이 연기하며 분화된 것이니 그 모든 존재들은 나의 어머니이며 나는 그 청정한 참생명의 존재들이 연기하여 태어난 아들이며 그 분신分身입니다. 이처럼 모든 존재들은 서로를 모두 아우르면서도 어지럽게 혼잡 되지 않고 연기하여 분화하면서 각자 자기의 업을 따라 별개로 존재하게 됩니다.

　　모든 존재들의 본질과 삶의 실상이 공空한 줄을 깨달아 미망迷妄을 벗어나 다함께 청정한 본래의 참 생명으로 돌아가는 것이 '나무칠구지불모대준제보살'입니다.

　　마음을 텅 비우고 염주 알을 돌리면
　　허공이 끈이 되어 삼라만상 모두 꿰네.

정법계진언
淨法界眞言

옴 남

옴 남
아! 고요한 지혜의 광명이여!

정법계진언은 법계法界를 청정히 하는 진언입니다.
　법계는 육도六道라 칭하는 지옥, 아귀, 축생, 아수라, 인간세계와 천상天上과 불계佛界까지도 모두 포함됩니다. 이 법계를 맑히는 진언이 '옴 남'입니다.
　'옴'은 아-우-음A-U-M의 연성이 옴OM으로 표현된 것입니다. 아A는 과거, 우U는 현재, 음M은 미래, 즉 과거, 현재, 미래의 무시무종한 우주적 기본이 되는 소리를 상징한다고 합니다. '옴'은 불생불멸不生不滅의 기본축이 되는 소리이며 광명입니다.

'남'은 람ram이니 정지停止, 안락安樂, 적정寂靜의 상태이며, 지地·수水·화火·풍風·공空의 5대大 중에 화대火大의 종자, 즉 불씨를 뜻한다고 합니다. 불은 모든 것을 태워버립니다. 세상이 생겨 존재하다가 그것이 사라지게 되는 괴겁壞劫에는 불길이 일어나서 삼천대천세계를 순식간에 모두 불태워 재마저도 남기지 않고 깨끗이 사라지게 되는데 그것을 겁화통연劫火洞然이라고 합니다.

그리고 불은 스스로의 에너지를 소진消盡하면서 모든 것을 밝히는 지혜를 상징하기도 합니다. 그래서 화염火焰의 모양이나 여명처럼 밝은 '오로라'는 지혜의 상징으로 불보살상像의 광배光背로 표현됩니다.

기나긴 밤의 무명을 걷어내며 새벽의 여명黎明이 서서히 밝아오다가 그 여명의 근원인 밝은 태양이 떠오르면 천지는 온통 청정해집니다. 정법계진언은 바로 모든 무명업장을 녹이고 우리들의 청정한 참 생명의 밝은 지혜를 드러내는 진언입니다.

다음은 정법계진언에 대한 찬송讚頌입니다.

　　나자색선백 羅字色鮮白
　　공점이엄지 空點以嚴之
　　여피계명주 如彼髻明珠
　　치지어정상 置之於頂上
　　진언동법계 眞言同法界
　　무량중죄제 無量重罪除
　　일체촉예처 一切觸穢處

당가차자문 當加此字門

범어인 '나𑖡'자는 깨끗이 밝고
텅 빈 점(O)을 찍으며 장엄하면서
상투에 매어있는 명주明珠와 같이
정수리 위에다 놓아두었네.
진언은 그대로 법계와 같아
한량없는 모든 죄를 없애주나니
더러움이 느껴지면 어느 곳에나
마땅히 이 글자를 더할지어다.
〈나무 사만다 못다남 남〉
[일체 부처님의 지혜광명에 귀의합니다.]

위에서 보는 것처럼 범어 나(𑖡)글자의 머리 위에 태양처럼 명주明珠를 상징하는 빈 점[空點:ㅇ]을 찍으면 그것이 남(𑖡𑖽)자가 됩니다.
　나(𑖡)자는 진염塵染이란 뜻이니, 티끌에 물들여 더러운 것이라는 말이며 우리의 번뇌 망상을 일으키어 물들게 하는 육진六塵의 바깥 경계를 말합니다.
　그리고 그 진염의 𑖡 범어자 위에다 빈 점[空點]을 찍으면 청정을 뜻하는 남(𑖡𑖽)자가 됩니다. 그 빈 점[空點:ㅇ]은 바로 실체 없는 참 생명을 상징하는 것이니, 우리가 실체 없는 청정한 참 생명을 깨달아 이 육진六塵의 세상을 바라보면 그대로 청정법계가 됩니다.
　정법계진언은 바로 부처님의 지혜광명인 참 생명에 귀명하는 것입니다. 정법계진언인 '옴 남'을 일념으로 수지하는 것은 바로 우리들이 갖추어 있는 검기로는 칠흑 같고 밝기로는 해보다도 더 밝은 참 생명의 대광명장大光明藏을 여는 진언이며 법계를 청정히 하는 진언입니다.

'옴 남'

달빛 속에 떨어지는 계수 꽃잎 주워다가
싯귀 사이 넣어두고 그 향기를 읊조리네.

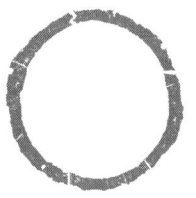

호신진언
護身眞言

옴 치림

옴 치림!
아! 길상의 종자여!

호신진언은 말 그대로 자신을 보호하는 진언입니다.
　이 진언은 능히 오역죄 십악죄 등 일체 죄업을 소멸시킬 수 있으며 온갖 고뇌의 장애되는 바와 악몽을 없앨 수 있으며, 사악한 혼魂들이나 귀신들이 저지르는 불상사들을 길상吉祥으로 바꾸고 일체 소원하는 것을 원만하게 한다고 하였습니다.
　'옴'은 과거, 현재, 미래를 아우르는 우주의 기본이 되는 소리이며, 울림이며, 광명입니다. 소리 아닌 소리로 영겁이 다하여도 울릴 소리이며 광명입니다. '치림cilim'은 비우다, 깊다, 충만하다, 또는 '스리임'

이라고도 하니 즉 묘길상妙吉祥의 종자種子라는 뜻입니다.

우리에게 가장 큰 근심은 '내 자신自身이 있다'는 것이며, 이 몸이 있기 때문에 모든 고통이 생겨나는 것입니다.

보호해야 할 내 자신이 무엇인지? 무엇을 내 자신이라 할 것인지? 시시각각 변해가는 지地·수水·화火·풍風의 사대四大인 물질로 이루어진 몸뚱이를 내 자신이라 할 것인지? 희노애락을 느끼면서 찰나찰나 바뀌는 이 생각들을 내 자신이라 할 것인지?

호신진언을 수지하는 행자는 불안한 세계 속에서 보호해야 할 내 자신이 무엇인지를 끊임없이 반조하며, '옴 치림'을 외우면서, 불안한 세계도 보호해야 할 자신도 모두가 진언삼매眞言三昧 속에 하나 되면 본래 불안한 바깥의 환경인 세계나 그것을 느끼는 내 자신도 모두가 공한 줄을 알게 되고, 삶의 고통과 불안은 본래 실체가 없는 줄을 깨달아 스스로 만든 그 질곡桎梏의 틀에서 벗어나게 될 것입니다.

그 불안의 어두움이 걷힌 자리에는 평화로움과 행복과 모든 안락함이 깃들게 되니, 모든 것이 텅 빈 그 자리인 '치림[스리임]'은 모든 불안이 사라지고 몸과 마음이 편안하게 됩니다.

우리가 내 자신을 보호한다는 것은 신장神將이나 누가 와서 나를 지키게 하는 것이 아니며, 안팎의 모든 불안이 실체가 없는 줄을 깨달으면 그것이 모든 길상吉祥을 성취하여 보호하는 것입니다.

> 잠시라도 고요히 앉아서 수행하면
> 수많은 칠 보탑의 공덕보다 나으니
> 보탑은 언젠가 먼지 되어 사라져도
> 깨끗한 한 생각은 정각正覺을 이루네.

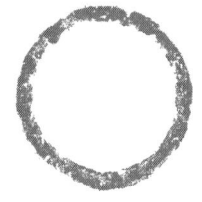

관세음보살본심미묘육자대명왕진언
觀世音菩薩本心微妙六字大明王眞言

옴 마니 반메 훔

옴 마니 반메 훔
아! 마니 구슬처럼 연꽃처럼,
청정하고 향기로운 우리의 참 생명이여!

육자대명왕진언인 '옴 마니 반메 훔' 이 여섯 글자는 관세음보살의 미묘한 본심本心인 참 생명으로 이 진언을 수지하면 한량없는 공덕을 갖추게 된다고 하였습니다. 그래서 티베트불교나 밀교종단에서는 이 진언의 수행을 아주 중요하게 생각합니다.

이 진언은 미묘한 뜻을 함축하고 있으면서도 길지 않고 짧아서 대중화되기도 쉬워 널리 지송되고 있습니다. 이 진언을 지송하면 머무는 곳마다 수많은 불보살과 천룡팔부의 신들이 모여들게 되고, 이 진언은 무량한 삼매와 법문을 두루 갖추었으며, 이 진언을 지송하는 사람의 7대 종족들까지도 모두 해탈을 얻게 된다고 하였습니다. 그리고 심지어 이 진언을 지송하는 사람의 뱃속에 있는 일체 벌레들까지도 언젠가는 보살의 지위를 얻게 된다고 합니다.

이 여섯 글자의 위신력은 실로 불가사의하여 모든 중생들이 이 진언에 의해 육도六道의 윤회를 벗어나 해탈하게 되고 육바라밀의 공덕을 원만히 성취하게 됩니다.

여섯 글자 진언 가운데 '옴' 한 자를 부르면 천상계에 떠도는 것을 면하게 되고, '마' 한자를 부르면 아수라의 세계에 윤회함을 면하게 되고, '니' 한자를 부르면 인간계에 윤회함을 면하게 되고, '반' 한자를 부르면 축생계에 윤회함을 면하게 되고, '메' 한자를 부르면 아귀세계를 윤회하는 것을 면하게 되고, '훔' 한자를 외우면 지옥세계에 떨어지는 고통을 면하게 된다고 하니 이 진언을 한번 외우는 거기에 육도의 고통이 사라지게 됩니다.

티베트 사람들은 〈옴 마니 반메 훔〉을 외우면서 염주 알을 돌리기도 하지만, 손에 들고 다닐 수 있는 작은 물레인 마니륜摩尼輪; Mani-wheel을 만들어 거기에다 이 진언을 새기어 놓고, 오나가나 이 마니륜을 들고 돌리면서 이 진언을 외웁니다. 그들은 이 진언을 지송하는 그 신앙심에 의해서 그 티베트의 열악한 환경 속에서도 꿋꿋이 버티며 살아간다고 해도 지나친 말이 아닐 겁니다.

티베트 사원에 가면 탑 주변으로 빙 둘러 놓은 마니륜을 돌리면서 '옴 마니 반메 훔'을 외우며 탑돌이를 하는 장면을 어디에서나 쉽게 볼 수 있습니다.

오색의 천에다 진언을 써서 깃발로 걸어두면 바람에 펄럭이는데, 그것은 지나가는 바람이 이 천에 쓰인 진언을 읽으며 세상에 전하는 것이라고 생각합니다. 또는 바람개비에 써서 바람이 불면 저절로 돌아가게 하거나, 흐르는 물에 저절로 돌아가는 물레바퀴인 수륜水輪을 만들어 거기에다 진언을 써놓고 밤낮으로 끊임없이 그 마니 수륜이 돌아가게 하여 관세음보살의 미묘하신 본심의 대명왕진언〈옴 마니 반메 훔〉의 법륜이 언제나 굴러가기를 기원합니다.

이 진언을 다른 곳에 옮겨 쓰는 공덕도 한량없다 하여 나무나 돌에 새기어 오색으로 문채를 넣어 길가에 새우거나 동네 어귀에다 쌓아 두는데 그것을 마니-담장Mani-wall이라고 합니다.

이런 것을 보면 얼마나 그들이 이 진언에 대한 신앙이 대단한지를 짐작할 수 있습니다.

옴

인도인들은 우주의 모든 진리가 담겨 있는 근원적인 소리를 '옴OM'이라고 표현하고 있으며, 그 안에 모든 의미가 모두 들어있다[摠持]고 생각합니다.

마니

마니Mani, 보배구슬, 마니보주摩尼寶珠 즉 여의주如意珠를 뜻합니다. 맑고 깨끗하여 투명한 둥근 마니주는 이리 궁글 저리 궁글 방향도 없이 걸림 없이 굴러가며, 붉은 것이 있으면 붉게, 푸른 것은 푸르게, 노란 것은 노랗게 온갖 것을 다 비추어 나타내지만, 그것들이 가고나면 자취

조차 남기지 않습니다. 마니주의 빛깔은 인연 따라 반응하여 변하지만 본래 그 빛이 공空하기에 그 어디에도 머무는 바 없습니다.

여의주如意珠인 이 마니는 모든 어두움이 사라지는 구슬입니다. 이 마니 구슬을 물속에 두면 아무리 혼탁한 물이라도 청정해지는 공덕이 있으므로 수청주水淸珠라고도 합니다. 그것은 그 어디에도 걸림 없는 무가애無罣碍의 지혜를 뜻하며, 바로 우리들의 근본 마음자리를 그렇게 비유한 것입니다.

반메

'파드메Padme'이며, 파드마Padma 곧 연꽃을 말합니다. 연꽃은 진흙 속에 뿌리내리고 있지만 그 더러움에 물들지 않고 언제나 깨끗한 모습으로 그 맑은 향기를 풍기고 있습니다. 어디에나 퍼져가는 그 맑은 향기는 자비의 상징이며, 오탁汚濁의 세간에 물들지 않는 불구부정不垢不淨인, 누구나가 가지고 있는 근본 마음자리를 비유한 것이기도 합니다.

훔

훔Hum, 업業의 원인이 사라진 이구청정離垢淸淨의 뜻이니, 곧 더러움이 없는 청정한 진리이며, 번뇌 망상이 사라진 우리의 마음자리인 참 생명을 상징합니다.

눈 속에 잠든 새는 꿈길마저 하얗고
복사꽃에 맺힌 이슬 분홍빛 아롱지네.

준제진언
准提眞言

나무 사다남 삼먁삼못다 구치남 다냐타
옴 자례주례 준제 사바하 부림

나무 사다남 삼먁삼못다 구치남 다냐타 옴 자례 주례 준제 사바하 부림

나무; 귀의, 귀명하다.

사다남; 사다=7. 남=복수.

삼먁삼못다; 정등정각正等正覺. 부처님.

구치남; 구치=억億, 또는 천만억千萬億. 남=복수.

다냐타; 그래서~, 즉설주왈卽說呪曰~. 곧 설하기를~.

옴; 아!

자례주례=자라자라; cala-cala/움직이는, 요동하는.

자례; 동회존同回尊, 유행존流行尊. 여기저기 나타나시는 분.

주례; 정계존頂髻尊, 제일 높으신 분.

준제; 묘의妙意, 청정존淸淨尊.

사바하; 원만, 성취.

부림; 정륜왕頂輪王의 종자種子. 정륜왕은 머리에 법륜을 달고 있는 강력한 보살. 부림은 자유자재한 능력을 가지신 비쉬누 신神의 별칭인 대륜보살의 일자주一字呪입니다. 또는 말법중일자심주末法中一字心呪라고 하는데, 이는 문수보살의 마음을 가리키는 것으로 말세에 능히 여래의 일체법을 보호하는 강력한 힘을 가졌다고 합니다. 그리고 '풍부하다' 또는 '많다'는 뜻을 가졌으며 '끝없이 반복하다'는 의미도 있습니다.

이 준제진언은 그 어느 진언보다 강한 힘이 있으며 모든 재앙을 소멸하여 신속하게 부처님의 깨달음을 얻게 하는 위력이 있다고 합니다. 그만큼 강한 위력을 가진 진언이기 때문에 지송하는 도중에 마장魔障도 많이 나타나므로 아주 정신을 바짝 차려야 합니다.

이 진언을 지송하면 빨리 성취된다는 거기에 매달려 조급한 마음으로 서두르다가 자칫 잘못하게 되면 큰 부작용이 따르게 됩니다. 들뜬 마음으로 조급하게 이 준제진언을 외우다가 오히려 자신을 망가뜨린 예가 많습니다. 예리한 칼날은 조금만 잘못 다루어도 크게 다치게 되는 것과 같습니다. 그러나 올바른 믿음으로 마음을 텅 비우고 어떤 경계에도 흔들림 없이 일념으로 지송하면 그 공덕은 이루 말할 수 없이 크다고 하였습니다.

부처님께 귀명한다는 것은 무명의 부질없는 목숨을 바치고 참생명에 귀의한다는 것입니다. 우리가 바치는 목숨은 나고 죽음이 있는 부질없는 목숨이며 그것은 곧 중생의 원인인 무명無明입니다. 우리가 무명으로 이루어진 생사生死가 있는 부질없는 목숨을 바치는 것은, 이런 목숨에 집착하다보니 온갖 고통이 따르게 되므로 이런 부질없는 목숨은 바쳐버리고 부처님의 불생불멸不生不滅인 참 목숨을 얻기 위해서입니다. 이 무명을 다 바치면 부처님의 지혜가 밝아오고, 번뇌 망상으로 오염된 업장을 다 바치면 청정한 진리가 나타나게 되며, 나고 죽음의 생사生死를 다 바치게 되면 불생불멸의 삶이 열리게 됩니다.

'준제'는 청정淸淨입니다. 이 청정이 모든 부처님의 어머니입니다.

천백억 화신化身으로 나타나는 모든 부처의 어머니는 청정법신淸淨法身인 비로자나毘盧遮那입니다. 이 법신은 바로 무량수無量壽 무량광無量光이니 곧 영원한 생명, 무량한 빛인 모든 존재들의 참 생명입니다. 이 참 생명은 나고 죽음을 초월한 불생불멸不生不滅의 생명生命이며, 늘지도 줄지도 않는 부증불감不增不減의 광명光明이며, 더러움도 깨끗함도 초월한 불구부정不垢不淨의 청정淸淨입니다.

우리가 7억이나 되는 한량없는 부처님께 우리의 진로 망상으로 오염된 생사生死의 무명업장을 제대로 다 바친다면, 그 많은 부처님께 바쳐야 할 우리의 무명업장이 바닥나고 생사마저도 동이 나버리니 얼마나 쾌활快闊하고 쾌활하겠습니까? 무명업장의 부질없는 생명을 바친다는 것은 바로 무명의 실상이 공함을 확연히 깨닫는 것입니다. 그러하면 불생불멸의 청정한 참 생명의 지혜광명이 온 누리에 무한히 펼쳐지는 삶을 살아가게 될 것입니다. 이처럼 강한 위신력을 가진 진언이 준제진언입니다.

이 청정한 참 생명을 깨달아 언제 어디에서나 참 생명의 삶을 살아가도록 그 지름길을 가리킨 것이 준제진언입니다.
나무 사다남 삼먁삼못다 구치남 다냐타
옴 자례주례 준제 사바하 부림!
　　한량없이 많은 7억 부처님께 귀명하오니,
　　아! 부딪치는 곳곳마다 하나의 참 생명이 끝없이 펼치는 청정한 온 누리여!

　　높은 하늘 맑아서 일월日月과 성신星辰이요
　　깊은 연못 물 맑으니 삼라만상 선명하네.

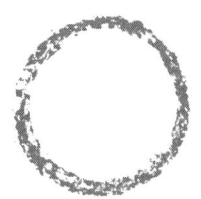

준제발원
准提發願

아금지송대준제	我今持誦大准提
즉발보리광대원	卽發菩提廣大願
원아정혜속원명	願我定慧速圓明
원아공덕개성취	願我功德皆成就
원아승복변장엄	願我勝福遍莊嚴
원공중생성불도	願共衆生成佛道

내가 이제 준제주를 지송하면서
보리심을 발하오며 원하옵나니
선정 지혜 어서 빨리 뚜렷이 밝혀
모든 공덕 남김없이 성취하오며
수승한 복 두루두루 장엄하옵고
중생들이 모두 함께 성불하소서.

이것은 우리가 준제진언을 외우면서 발원發願하는 것입니다.

발원은 보리심菩提心을 내기[發] 위한 원願이며, 준제진언을 지송하는 것도 다음의 광대한 네 가지의 서원인 보리심을 내기 위한 것입니다.

첫째는 원아정혜속원명願我定慧速圓明입니다.

선정禪定과 지혜智慧를 어서 빨리 원만하게 밝히오리다.

깨달음을 얻는 데는 선정과 지혜가 필수적입니다.

고려시대 보조 스님은 수행에는 선정과 지혜를 같이 닦아야 한다는 정혜쌍수定慧雙修를 주장하며, 성성惺惺함과 적적寂寂함을 함께 유지하여[惺寂等持] 정혜定慧가 원만히 밝아야 한다고 강조하였습니다.

적적寂寂한 선정이 없으면 올바른 지혜가 생기지 않고, 성성惺惺하게 깨어 있는 지혜가 없으면 올바른 선정이 아닙니다. 새의 두 날개처럼 성성하고도 적적하며 적적하고도 성성하게 선정과 지혜를 함께 닦아야 하는 것입니다. 그것은 마치 호수가 잔잔하고 맑아야만 밝고도 둥근 달이 나타나는 것과 같습니다. 물결이 고요하여 잔잔하더라도 물이 흐리멍텅하면 바르지 못한 무기정無記定이 되어 정定은 있어도 성성한 지혜가 생기지 않고, 물이 맑아도 파도가 거칠면 맑은 비늘조각처럼 망상만 번쩍대면서 온전한 밝고도 둥근 지혜의 달그림자가 나타나지 않는 것과 같습니다. 그러므로 선정과 지혜를 함께 갖추어야만 원만하고 밝은 보리심이 드러나고 깨달음을 이룰 수 있는 것입니다.

둘째는 원아공덕개성취願我功德皆成就입니다.

모든 공덕을 성취하겠다는 발원입니다.

모든 공덕을 성취하려는 것은 나의 공덕을 성취하고 그 공덕을 나누어 다른 이웃 중생들의 공덕을 함께 성취시켜주기 위해서입니다. 공을 닦지 않고 덕을 쌓지 않으면 남이 내게 다가오지 않고 남에게 베풀 것도 없게 됩니다.

공덕을 모두 성취하려면 그 기초가 튼튼해야 합니다. 조금이라도 틈이 나서 새어나가는 것이 있게 되면 공덕을 다 성취할 수가 없습니다. 새어나가지 않는 무루無漏의 공덕을 이루려면 그 기초는 바로 준제准提인 청정입니다.

중국의 양무제梁武帝는 불심천자佛心天子로 알려진 독실한 불교신자였습니다. 전국의 도처에 절을 짓고 불상을 조성하여 모시고 탑을 쌓으며 경전을 널리 펴고 스님들을 모셔다 공양 올리며 수많은 불사를 하였습니다. 심지어는 곤룡포 위에다 스님들의 가사를 걸치고 설법하기를 좋아하였으며 그럴 때는 하늘에서 꽃비가 내렸다고 합니다.

마침 인도에서 달마 대사達磨大師가 중국으로 오시니 양무제는 궁중으로 공손히 모셔와서 물었다.

"짐朕이 이러이러한 많은 불사를 하였는데 그 공덕이 얼마나 됩니까?"

"아무 공덕이 없습니다."

"왜 그러합니까?"

" 그것은 인간이나 신들이 짓는 작은 복이며 몸이 가면 그림자가 따르듯이 따라오는 작은 응보應報의 공덕이 될 뿐이요, 진정하고 수승한 공덕은 아닙니다."

"그러면 어떤 것이 참 공덕입니까?"

"맑은 지혜는 묘하게 밝아서 뚜렷이 비치어 있으며, 세상에서 하는 그런 방법으로써는 구할 수가 없습니다."

"그러면 어떤 것이 세상에서 제일가는 거룩한 진리입니까?"

"넓고도 텅 비어 거룩한 것도 없습니다."

양무제는 마침내 물었습니다.

"지금 내 앞에 마주 대하여 말하고 있는 것은 누구요?"

"모릅니다."

달마 스님은 이렇게 말하고 양자강을 건너 숭산嵩山의 소림사少林寺로 가버렸습니다.

보리심을 내어 청정한 참 생명을 깨닫고 바른 수행으로 닦고 쌓게 되는 공덕 아닌 공덕, 공덕 없는 공덕의 탑은 절대로 무너지지 않습니다.

셋째는 원아승복변장엄願我勝福遍莊嚴입니다.

수승한 복으로 두루 장엄하겠다는 발원입니다. 수승한 복은 온 누리를 따뜻하게 하여 만물을 소생시키는 봄기운처럼 이 세상 모두를 안락하게 해줍니다.

군사를 통솔하는 장군도 용맹스런 용장勇將 보다는 지혜로운 지장智將이 낫고, 지장보다는 후덕한 덕장德將이 나으며, 덕장보다는 복이 많은 복장福將이 낫다고 합니다. 우리가 발보리심發菩提心하여 용맹스럽게 정진하는 것은 지혜를 얻기 위함이며 그 지혜로 공덕을 성취하고 그 공덕으로 나타나는 수승한 복으로 모든 이를 안락하게 하기 위함입니다.

수승한 복으로 온 세상을 두루 빠짐없이 보변普遍하게 꾸미는 것이 승복변장엄勝福遍莊嚴입니다.

보변普遍: 보편으로도 읽음은 온 세상에 고루 퍼지고 두루 미치어 널리 통하는 것이며, 이를 보통普通이라고도 합니다. 부처님 법은 특별特別한 것이 아닌 보편普遍이며 보통普通인 법입니다. 보통은 예외例外가 없는 일반一般인 것입니다. 일반一般이란 것은 이분법二分法이 아니라 모든 것을 조각 나누지 않고 다 한 가지인 것이며 불이不二의 경지입니다. 특별한 것은 치우친 공통共通이 아닌 작은 조각이며 선별選別이며 부분이며 분별分別입니다.

부처님은 우리들이 말하는 세속적인 개념의 보통이 아닌 철저한 보통普通의 사람입니다. 그래서 석가모니 부처님은 교단을 형성할 때에, 왕족 출신이면서도 인도에서 일부 사람들이 가지는 선민의식選民意識에 의해 생겨나 오랫동안 지켜 내려오던 신분身分의 차별인 '카스트' 제도를 없애고, 누구든지 출가한 순서대로 차례를 정하여 이발사 출신인 '우바리'를 다른 왕자 출신들보다 자리를 먼저 내어주게 하셨습니다. 부처님은 만인평등萬人平等을 넘어, 일체 유정有情 무정無情들이 모두 참 생명인 불성을 가진[悉有佛性] '보통普通의 존재'라고 하셨습니다.

중국의 불심천자佛心天子로 알려진 양무제梁武帝는 그의 연호年號를 '보통普通'이라고 하였으며, 불자佛子인 어느 정치인도 '보통사람'이라는 말을 즐겨 쓰면서 국민들로부터 많은 호감을 가지게 했던 일이 있었습니다.

아무 치우침이 없는 보통普通은 상대를 초월한 절대絶對입니다. 모든 존재들은 절대의 불성佛性인 참 생명을 가졌습니다. 그 참 생명은 무아無我이니 '내'가 없고, 내가 없으니 '남'이 없습니다.

준제진언准提眞言의 수행자는 본래무일물本來無一物이며 본래청정本來淸淨인 '준제'를 지송하면서 '지고지순至高至純의 수승한 청복淸福으로 너와 나를 넘어 두루 널리 장엄하겠다.'는 광대한 서원을 하게 됩니다. 그리하여 발보리심의 구경究竟인 모든 중생들이 다 함께 보리도菩提道를 성취할 수 있도록 돕는 것입니다.

넷째는 원공중생성불도願共衆生成佛道입니다.

모든 중생들이 다 함께 성불하기를 발원하는 것입니다.

이 세상의 어느 소원도 이처럼 위대한 소원이 없습니다.

불교의 궁극窮極은 일체중생이 남김없이 다 함께 성불하는 것입니다. 우리 불자들은 아무리 작은 공덕이라 할지라도 그것을 모든 중생들이 다 함께 성불하기를 발원하며 회향回向하여야 합니다.

예불문禮佛文이나 발원문發願文의 끝에 반드시 '원공법계제중생願共法界諸衆生 자타일시성불도自他一時成佛道'나 '개공성불도皆共成佛道'라는 발원으로 마치게 되는 것도 모든 중생들이 다 함께 성불하는 이것이 우리 모두의 제일가는 이상이기 때문입니다. 이러한 보리심을 내면서 광명정대光明正大한 원願을 세우고 준제진언을 외우면 어떤 난관難關도 어떤 마장魔障도 어떤 장애도 없어집니다.

주렴을 걷어내어 푸른 산 빛 당겨오고
홈 대 이어 냇물 소리 나누어 끌어오네.

여래십대발원문
如來十大發願文

원아영리삼악도　　願我永離三惡道
원아속단탐진치　　願我速斷貪嗔癡
원아상문불법승　　願我常聞佛法僧
원아근수계정혜　　願我勤修戒定慧
원아항수제불학　　願我恒修諸佛學
원아불퇴보리심　　願我不退菩提心
원아결정생안양　　願我決定生安養
원아속견아미타　　願我速見阿彌陀
원아분신변진찰　　願我分身遍塵刹
원아광도제중생　　願我廣度諸衆生

삼악도를　영원토록　여의오리다.
탐진치를　어서 빨리　끊으오리다.

언제나 　 삼보 이름 　 들으오리다.
부지런히 　 계정혜를 　 닦으오리다.
부처님을 　 항상 따라 　 배우오리다.
보리심이 　 물러나지 　 않으오리다.
어김없이 　 안양국에 　 태어나리다.
어서 빨리 　 아미타불 　 친견하리다.
이내 몸을 　 온 누리에 　 나투오리다.
모든 중생 　 두루 널리 　 건지오리다.

원願은 모든 일을 할 적에 그리는 밑그림입니다. 집을 지을 때의 설계도와 같습니다.

　우리는 원을 그리고 있기만 해서는 안 됩니다. 그 원을 향해 출발하는 것을 발원發願이라고 하며, 그 원을 이루기 위해 행동을 실천하는 것을 원행願行 또는 행원行願이라고 합니다.

　이 '여래십대발원문'은 과거의 모든 부처님들이 발원하였던 것이며, 중생들이 미래에 부처를 이루기 위해서도 반드시 필요한 발원입니다.

　여래如來의 여如는 '진리와 같다'는 뜻이며, 래來는 '온다'는 뜻이므로 '진리 자체인 참 생명으로 오신 분'이라는 말입니다. 그 모습 그대로 진리의 모습이시며 참 생명의 모습이신 분이 여래입니다.

　이 발원문은 우리가 어떻게 진리를 구현具現할 것인지 어떻게 참 생명의 삶을 살아야 할 것인지 그 표준이 되고 지침이 되는 것입니다.

　이 열 가지 발원은 둘씩 서로 상관되는 대칭을 이루고 있습니다.

여래십대발원문 1
如來十大發願文 一

원아영리삼악도　　願我永離三惡道
원아속단탐진치　　願我速斷貪嗔癡
삼악도를　영원토록　여의오리다.
탐진치를　어서 빨리　끊으오리다.

삼악도는 지옥地獄, 아귀餓鬼, 축생畜生입니다.
　이 삼악도에 태어나게 되는 것은 탐貪·진嗔·치癡 삼독三毒 때문에 받게 되는 과보입니다. 탐욕 때문에 허기진 고통을 겪게 되는 아귀餓鬼의 과보를 받게 되고, 분노忿怒하는 진심嗔心 때문에 지옥地獄의 고통을 받게 되고, 미련하고 어리석은 우치심愚癡心 때문에 축생의 몸을 받게 됩니다. 이 탐진치 삼독만 끊으면 삼악도의 고통은 자연히 사라집니다.
　우리 중생들은 바깥 경계를 따라 이리 쫓아다니고 저리 끄달리면서 오욕의 즐거움을 위해서 탐내고, 성내고, 어리석은 짓을 하며 마음속은 언제나 삼독의 삼각파도三角波濤가 출렁대면서 고해苦海를 떠돌고 있습니다.

우리가 이 탐내고, 성내고, 어리석은 이 삼독의 기운 때문에 온갖 번뇌 망상을 일으키어 갖가지 악업을 짓게 되고 우리 본래의 청정한 진여眞如의 참 생명을 흐리게 하는 줄을 알아서 어서 빨리 탐진치를 끊으려고 하지만 그것이 쉽게 되지를 않습니다. 오랜 세월 동안 익혀 온 습기習氣가 하루아침에 단박 끊어지는 것이 아닙니다.

이 고해인 삼악도를 벗어나기 위해서 탐진치를 영원히 끊겠다는 발원은 현재 나의 삶의 위치를 제대로 진단하고 그 원인을 제거하겠다는 서원의 출발입니다. 모든 부처님들이 처음 발심할 때에 이 세상이 즐거워서 출가하신 것이 아닙니다. 이 세상의 무상無常함을 느끼고 고통을 벗어나기 위해서 발심하게 되는 것이 거의 정해진 궤칙軌則입니다. 이 세상의 고통과 무상함을 뼈저리게 느끼고 거기서 벗어나려는 것 그 자체가 깨달음을 향하게 하는 동기動機가 됩니다.

날 저무는 다락에서 고향 쪽을 바라보니
저녁 연기 자욱하여 시름겹게 하는구나.

여래십대발원문 2
如來十大發願文 二

원아상문불법승　　願我常聞佛法僧
원아근수계정혜　　願我勤修戒定慧
불 법 승 삼보 이름 언제든지 들으오리다.
계 정 혜 삼학을 부지런히 닦으오리다.

언제나 불佛·법法·승僧 듣기를 원한다는 말은 삼보三寶의 가르침을 언제나 즐겨 듣겠다는 것입니다.

　　삼보는 이 세상에서 가장 훌륭한 세 가지 보배라는 뜻인데, 불보佛寶는 진리를 깨달으시고 복혜福慧가 구족하신 부처님이시며, 법보法寶는 부처님께서 깨달으신 진리이니 그 진리에 대해 말씀하신 것을 모은 경전經典이나 조사祖師들의 어록語錄 등이며, 승보僧寶는 부처님의 가르침을 따라 수행하는 훌륭한 사표師表가 될 만한 분들입니다.

　　그 삼보는 고해를 건너고 삼악도를 벗어나는 올바른 방법을 가르쳐 주는 선지식들이십니다. 부처님이 세상에 계실 때에 부처님의 말씀을 듣는 것은 최상의 행운이지만, 부처님이 열반하신 뒤에는 그 남기신 가르침을 적은 경전을 보거나, 도덕道德이 훌륭하신 그 제자들의 가르침을 들으면서 보리심을 증장시켜야 합니다. 한 번만 듣고 끝날 것이 아니라, 언제나 예불하고 경전을 읽고 선지식 스님들의 가르침을 즐겨 듣도록 하여야 합니다. 그래야만 내가 물러나지 않고 바르게 갈 수 있는 불퇴전不退轉의 길을 알게 됩니다.

또 듣기만 할 것이 아니라 그 가르침 따라 수행하여야 합니다. 내가 삼보를 항상 듣기를 발원하는 것은 나도 삼보가 되기 위해서입니다. 삼보가 되는 길은 계戒·정定·혜慧 삼학三學을 부지런히 닦는 것입니다. 부처님의 가르침을 듣고 따라 배우려면 반드시 배워야 할 세 가지이기 때문에 삼학三學이라고 합니다.

계戒는 계율戒律입니다. 계는 삼학의 기본입니다. 우리가 길을 가려면 두 발이 있어야 하듯이 깨달음으로 가는 보리도菩提道를 가려면 계족戒足이 있어야 합니다. 계는 부처님의 행行이기 때문에 계를 지키는 것은 부처님의 행을 본받는 것입니다.

정定은 선정禪定입니다. 선정은 마음을 오롯이 모아 들뜬 생각들을 가라앉히고 모든 번뇌를 쉬어 산란함이 없는 것입니다.

혜慧는 지혜智慧입니다. 모든 존재들의 실상을 바로 깨달은 지혜이며, 모든 존재들이 서로 연기緣起하는 진리를 잘 파악하는 지혜입니다.

서산西山 대사는 '계율은 번뇌 망상의 도둑을 잡는 것이요, 선정은 도둑을 묶어 놓는 것이며, 지혜는 도둑을 죽이는 것과 같다'고 했습니다. 그리고 '계의 그릇이 온전하고 견고해야 선정禪定의 물이 맑게 고

이고, 그래야 지혜의 달이 나타나게 된다.'고 했습니다.

　　이 계정혜 삼학은 솥이나 카메라의 세 발처럼 그 가운데 하나라도 빠지면 안 됩니다.

　　저 하늘의 별들을 어찌 따다 드릴까.
　　그릇 속에 물 맑으니 가득 비쳐 담겨 있네.

여래십대발원문 3
如來十大發願文 三

원아항수제불학 　願我恒隨諸佛學

원아불퇴보리심 　願我不退菩提心

부처님을　항상 따라　배우오리다.

보리심이　물러나지　않으오리다.

내가 모든 부처님을 따라 배우겠다는 것은 삼학三學을 익히어 모든 부처님의 가르침과 부처님의 행을 살아있는 내 것으로 만들겠다는 것입니다. 부처님이 하시는 것이라면 무엇이든지 본받아 부처님의 그림자처럼 살겠다는 것입니다. 그리하여 세세생생 물러나지 않고 나의 영혼을 정화淨化하면서 진화進化시키겠다는 것이 '보리심이 물러나지 않는 것'입니다.

　　작심삼일作心三日이라는 말이 있는데 마음먹은 일을 사흘도 안 되어 잊고 만다는 말입니다. 우리 중생놀음이 항시 딴 곳으로 눈을 팔게 되어 있으므로 딴 생각이 일어나고 얼마 되지 않아서 싫증이 나고 게으름이 생겨납니다.

　세상살이는 그 흐름을 따라 내려가는 것이라면, 수행한다는 것은 근원을 찾아 배를 저어 그 흐름을 거슬러 올라가는 것과 같고, 둥근 공을 산꼭대기로 밀고 올라가는 것과 같습니다. 흘러가는 대로 따라가거나 굴러가는 대로 내맡기는 것은 쉽지만, 물을 거슬러 배를 저어 올라가는 것이나 공을 산꼭대기로 밀고 올라가는 것은 조금만 방심하여도 뒤로 밀려서 물러나고 내려가기 마련입니다.

　조금만 방심하거나 게으름을 피우면 본래의 그 자리로 돌아가고 말게 되니, 그렇게 되면 전공前功이 모두 도로徒勞가 되고 맙니다. 한 순간의 빈틈도 없이 정밀하게 밀고나가야 하기 때문에 정진精進이라고 합니다. 우리는 보리심을 발하고서 저 피안彼岸의 세계인 안양국安養國을 향해 불퇴전의 정진으로 나아가야 합니다.

바위 위의 송백松柏은 무엇이 기특한가?
사시절 푸른 마음 언제나 변함없네.

여래십대발원문 4
如來十大發願文 四

원아결정생안양　　　願我決定生安養
원아속견아미타　　　願我速見阿彌陀
어김없이　안양국에　태어나리다.
어서 빨리　아미타불　친견하리다.

안양安養은 아무런 고통이 없이 즐거움만 가득한 살기 좋은 이상향理想鄕입니다. 바로 극락세계를 안양이라고 합니다. 그 극락세계에 계시는 부처님을 아미타阿彌陀 부처님이라 합니다.
　'아미타'는 무량수無量壽, 무량광無量光이라고 번역하는데, '영원한 생명', '영원한 광명'이란 뜻입니다. 아미타는 바로 모든 생명들의 본바탕인 불생불멸不生不滅의 참 생명을 말합니다. 그 아미타 부처님이 48대원大願을 세우고 서방西方에 건설한 정토淨土가 바로 극락세계입니다. 지고지순至高至純의 정토淨土이기 때문에 서방정토西方淨土라고도 합니다. 모든 중생들의 고향이며 참 생명의 즐거움과 영광靈光이 넘치는 곳입니다. 『아미타경阿彌陀經』에 보면 극락세계의 그 즐거움은 다 말할 수가 없습니다. 그런 극락세계에 가서 태어나는 것을 왕생往生이라고 하며, 그렇게 발원하는 것을 원왕생願往生이라고 합니다. 이 고통을 감내하면서 살아야 하는 사바세계娑婆世界에 사는 중생들은 누구나 그 극락정토에 왕생하기를 발원하게 됩니다. 신라 때의 서정 가요인 향가鄕歌 가운데 절절히 왕생을 염원하는 원왕생가願往生歌가 있습니다.

    달님아! 이 밤에도 서방정토까지 가시나이까?
    무량수 부처님께 우러러 두 손을 모아 원왕생 원왕생 하면서
    그리워하는 사람 있다고 사뢰옵소서.
    아, 서원이 깊으신 아미타 부처님께서
    이내 몸을 남겨 두고 사십팔 대원을 다 이룰 수 있으실까!

우리가 보리심을 내어 삼보의 가르침에 의지해서 계정혜 삼학을 부지런히 닦으면서 불퇴전의 정진을 하여 모든 번뇌 망상과 갈등이 없는 안양국에 태어나 아미타 부처님을 친견한다는 것은 바로 우리의 본래면목本來面目인 참 생명을 깨닫는 것입니다.

    천지의 눈이 되는 둥근 달 떠오르며
    강물마다 제 그림자 마주보고 웃는다.

여래십대발원문 5
如來十大發願文 五

원아분신변진찰　　願我分身遍塵刹
원아광도제중생　　願我廣度諸衆生
이내 몸을　온 누리에　나투오리다.
모든 중생　두루 널리　건지오리다.

과거의 모든 부처님이나 미래의 수행자들도 그 목적이 나의 이 한 몸만의 고통을 벗어나기 위한 것이 아닙니다. 고통받는 내 이웃 삶들에게도 그 아픔의 고통을 함께 벗어나게 하기 위해서입니다.

　누구든지 정법을 만나는 사람이 먼저 발심하여 선각자先覺者가 되어 그 바른 길을 깨달아 알고 제대로 그 길을 이끌어 주어야 합니다. 부처님의 정법을 만난 이가 당장 발심하지 않으면 누가 발심하겠습니까? 다음에 여유가 생기면 그때 가서 발심하여 수행하겠다고 미루어서는 안 됩니다. 지금이 바로 그 때이며 따로 때가 없습니다.

과거의 모든 부처님들처럼 지금 바로 발원하고 각고정진刻苦精進하여 절대絶對의 참 생명을 깨닫고 보면 모든 상대相對를 초월하게 됩니다.

참 생명 자리는 무아無我의 절대 경지입니다. '나'라는 것이 없는 무아無我이니 남이 없고, 중생이니 부처이니 분별이 없습니다. 모두가 하나이고 하나가 모든 것으로 되며, 하나 가운데 모든 것을 남김없이 포용하고, 하나가 일체 가운데 두루 충만充滿하는 불가사의한 경지입니다. '나'가 없기에 일체가 바로 '나'이니, 모든 남들이 전부 또 다른 '나'일 뿐입니다. 이 세계는 바로 '남아닌 나'이면서도 '나아닌 나'일 뿐이니, 천상천하 온누리가 그대로 오직 그러한 '나'일 뿐[天上天下唯我獨尊]입니다.

티끌 수처럼 많은 세계도 바로 연기로 펼쳐진 나의 참 생명의 분신이며, 하고 많은 중생들도 모두 '또 다른 나'이니 '제도할 나'와 '제도해야 할 너'가 없습니다. 보살은 이처럼 하는 것이 없는 가운데 자비심을 내어[無爲心內起悲心] 고통받고 있는 그러한 '나이기도 한 너'인 중생衆生을 향하여 나아가는 것입니다. 그러한 '나이기도 한 너'인 중생衆生이 다하고 중생들의 업業이 다하고 허공계虛空界가 다 하여도 그 원력이 다하지 않는 것이 보살의 원력입니다.

티베트에는 수행이 훌륭한 분이 금생의 목숨이 다하고 다시 환생還生하여 오는 분을 확인하는 그런 전통이 이어져 오고 있습니다. 전생이 확인된 분을 '림포체' 또는 '린포체'라고 하는데, 그분들은 특별히 엄한 교육을 받으면서 다시 전생의 수행을 이어갈 수 있도록 합니다.

십여 년 전에 선우도량善友道場의 선우善友들이 티베트불교의 여러 종파 가운데 하나인 '둑파 가규Drukpa Kagyu'의 법왕法王으로 존경받는 최고 지도자이신 '드룩첸 림포체Drukchen Rinpoche' 존자尊者를 모시고 서울 화계사에서 '워크숍'을 한 일이 있었습니다. 그분은 열두 번째 환생하여 오신 것이 확인된 분으로 알려져 있으며, 당시 그분의 연세는 삼십대 중반쯤이었습니다. 소개가 끝난 다음 '연기緣起와 공성空性'에 관한 강의가 있었습니다.

그리고 질문 시간이 되어 어느 선객禪客 스님이 묻기를 "당신은 열두 번의 환생을 하였다는데 당신의 수행을 완성하고 환생한 것입니까? 아니면 아직 업業:Karma에 끌려 환생하여 온 것입니까?" 하고 좀 직설적이고 적나라한 질문을 하였습니다. 그러자 존자는 아주 진솔하게 "저는 아직 저의 수행이 완성되지 못하고 업에 끌려 환생하여 왔으며, 아직 부족한 저의 수행을 계속하여 완성시키기 위해 환생하여 왔습니다. 그러나 저를 믿고 따르면서 수행하는 분들은 자기들의 수행을 돕기 위해서 제가 환생하여 자기들의 수행을 도와준다고 믿으면서 수행하고 있습니다. 그래서 저의 환생은 저의 부족한 수행을 완성시키기 위함이며, 또한 저를 믿고 따르는 분들의 수행을 위해서 환생하여 온 것이 됩니다." 하고 대답했습니다.

선객 스님이 다시 "그러면 당신의 수행이 완성되면 그 때는 어디로 갑니까?" 물으니 존자는 "갈 곳이 없습니다."라고 대답했습니다. 선객 스님은 "왜 갈 곳이 없습니까?" 라고 물었습니다. 이에 존자는 "온 곳이 없기 때문입니다." 라고 대답했습니다.

선객 스님이 "〈갈 곳이 없다〉하고 〈온 곳이 없다〉고 하는데, 도대체 '없다는 그곳'은 어디입니까?" 라고 되물으면서 약간의 긴장이 돌았습니다.

그 존자는 "와도 온 바 없고 가도 가는 바 없는 그곳은 다른 곳이 아닙니다. 지금 질문하는 당신이 온 곳이며 당신이 갈 곳이며 지금 당신이 머물고 있는 바로 이곳입니다. 그리고 지금 여기 나와 우리 모두가 이렇게 있는 이곳이 바로 그곳입니다."라고 하였습니다.

다른 분이 묻기를 "그럼 당신은 수행이 끝나면 윤회를 멈추게 됩니까?"하고 물으니, 존자는 답하기를 "아닙니다. 지금은 제가 아직 수행이 부족하여 업에 의해 윤회하고 있지만, 저의 수행이 완성되면 그때는 업에 얽매이지 않고 걸림 없이 저의 원력을 따라 마음대로 윤회하면서 더 많은 다른 분들의 수행을 돕게 될 것입니다. 그것이 저의 서원誓願입니다." 하였습니다.

그 존자의 말씀은 바로 '여래如來의 발원發願'이었습니다. 그분이 십여 년이 지난 뒤에 다시 만날 인연이 되어 제가 사는 광원암廣遠庵을 찾아왔는데 같이 차를 마시면서 그때의 이야기를 하다가 "이 암자는 송광사의 사지寺誌에 백제 때 가규可規 스님이란 분이 창건하였다고 전해오는데, 오늘은 이렇게 티베트 '가규파'의 수장首長께서 다시 찾아오시게 되었다"면서 또 한바탕 웃었습니다.

따뜻한 바람이 모든 가지 흔들면서
깊이 잠든 꽃망울에 춘신春信을 전하네.

발사홍서원
發四弘誓願

중생무변서원도 　衆生無邊誓願度
번뇌무진서원단 　煩惱無盡誓願斷
법문무량서원학 　法門無量誓願學
불도무상서원성 　佛道無上誓願成
자성중생서원도 　自性衆生誓願度
자성번뇌서원단 　自性煩惱誓願斷
자성법문서원학 　自性法門誓願學
자성불도서원성 　自性佛道誓願成

　가없는 중생을 건지오리다.
　끝없는 번뇌를 끊으오리다.
　한없는 법문을 배우오리다.
　위없는 불도를 이루오리다.
　자성의 중생을 건지오리다.

자성의 번뇌를 끊으오리다.
자성의 법문을 배우오리다.
자성의 불도를 이루오리다.

우리가 무슨 일을 하든지 먼저 자기의 현 위치를 잘 파악하고 자기가 나아갈 목표를 정하게 됩니다. 이 세상의 무상함을 절실히 느끼고 발심하여 보리도를 구하려고 할 적에도 그 나아갈 바를 분명히 정하고 원願을 세워야 합니다.

과거 발심 출가하여 진리를 깨달아 자유자재의 대해탈을 누리시는 부처님이나 여러 보살과 선지식들이 제각기 갖가지 원願을 세웠습니다.

아미타불은 사십팔 대원을 세워 극락세계를 건설하고, 관세음보살이나 보현보살이나 지장보살 등 수많은 불보살들이 대원을 세워 그 원을 성취시키기 위하여 불퇴전의 정진을 하셨으며, 중생계가 다하고 중생업이 다하고 허공계가 다하도록 정진하고 있습니다.

사홍서원은 모든 불보살님들께서 세우셨던 모든 원의 기본이 되는 네 가지의 큰 서원입니다. 첫째 가없는 중생을 제도하겠다는 것과, 둘째 끝없는 번뇌를 끊겠다는 것과, 셋째 위없는 법문을 배우겠다는 것과, 넷째 위없는 불도를 이루겠다는 것입니다.

석가모니 부처님께서도 이 원을 세우셨기에 당신께서 성도하신 다음 녹야원에서 처음 설법하시게 될 때에, 이 원을 성취시키는 길을 말씀하셨습니다. 바로 사성제四聖諦의 법문입니다. 사성제는 고苦·집集·멸滅·도道입니다.

고苦는 이 세상의 무변無邊한 중생들이 받고 있는 고통입니다.

집集은 이 고통의 원인인 무진無盡한 번뇌 망상입니다.

멸滅은 모든 번뇌가 사라진 적멸寂滅의 무상無上한 불도佛道입니다.

도道는 적멸의 무상한 불도에 이르는 방법으로 갖가지 방편의 무량無量한 법문이며, 크게 여덟 가지로 나눈 팔정도八正道입니다.

이 사성제의 법문은 바로 사홍서원을 성취하는 것임을 알 수 있습니다. 쉽게 말해 이 사홍서원은 부처님의 가르침대로 열심히 정진하며 보살행을 하겠다는 맹서입니다.

우리가 발심을 하게 되는 까닭은 중생살이의 고통 때문이며, 그래서 그 구경究竟의 회향回向도 중생의 고통을 건지는 것이 그 목적입니다. 발심하게 된 까닭도 중생놀음의 고통 때문이며 그 회향도 중생놀음의 고통을 건지는 것이므로, 가없는 중생을 맹세코 건지겠다는 중생무변서원도衆生無邊誓願度입니다.

우리 중생들은 '나'라는 집착 때문에 끝없는 탐욕과 번뇌 망상을 일으키고 온갖 업을 짓게 되며 스스로 얽매어 고통을 받게 되는 것입니다. 이 끝없는 번뇌 망상의 실체를 깨달아 그 굴레를 벗어나겠다는 것이 번뇌무진서원단煩惱無盡誓願斷입니다.

온갖 번뇌 망상으로 지은 업 때문에 받게 되는 고통을 벗어나기 위해서 선각자先覺者이신 부처님과 여러 선지식들의 한량없는 가르침을 배우겠다는 것이 법문무량서원학法門無量誓願學입니다.

불보살님이나 선지식들의 가르침대로 수행하여 모든 번뇌의 고통으로부터 벗어나 적멸寂滅의 경지에서 대자유大自由를 누리는 부처를 이루고야 말겠다는 서원이 불도무상서원성佛道無上誓願成입니다.

자성의 중생을 건지겠다는 것이나 자성의 번뇌를 끊겠다는 것이나 자성의 법문을 배우겠다는 것이나 자성의 불도를 이루겠다는 것은 자신을 반조하면서 정진하겠다는 것입니다.

지금 내 스스로 느끼는 고통은 누가 대신해 줄 수는 없으며, 나의 번뇌를 누가 대신해 줄 수 없으며, 나의 수행을 누가 대신해 줄 수 없으며, 나의 참 생명의 실체를 누가 대신 깨달아 줄 수가 없습니다. 내 스스로 덧없는 모든 애착과 욕망의 고통을 절실히 느끼고 거기에서 벗어나기 위해 부처님과 여러 선지식 스승들의 가르침을 따라 수행하여 절대의 무위진인無位眞人인 참 생명을 깨달아 모든 것으로부터 해탈한 대 자유인大自由人이 되겠다는 것이 사홍서원입니다.

영원한 불생불멸의 참 생명을 깨달은 대 자유인은 생사生死를 초월하고 너와 나를 초월하여 중생과 부처마저도 초월한 절대의 경지입니다. 너와 내가 둘이 아니고 번뇌와 보리가 둘이 아니며 나고 죽음이 둘이 아니며 부처와 중생이 둘이 아니므로 끊을 것 없는 번뇌 속에 고통받는 중생 아닌 중생을 제도하게 되는 것입니다.

이렇게 제도할 것이 없는 중생을 제도하면서 저 무변無邊한 중생이 다 할 때까지 보살행을 하겠다는 것이 보리도菩提道를 수행하는 행자의 사홍서원입니다.

길에서 길은 끝없이 이어지고
산너머 산은 아득히 펼쳐지네.

발원이귀명례삼보
發願已歸命禮三寶

나무상주시방불 　　南無常住十方佛

나무상주시방법 　　南無常住十方法

나무상주시방승 　　南無常住十方僧

항상 계신 불보님께 귀명합니다.

항상 계신 법보님께 귀명합니다.

항상 계신 승보님께 귀명합니다.

발원이귀명례삼보發願已歸命禮三寶는 사홍서원을 마치고 불佛·법法·승僧 삼보三寶에 귀명歸命하면서 절하는 것입니다.

'나무'는 귀의歸依, 귀명歸命한다는 뜻이며, '목숨 다해 귀의하다.' 또는 '참 생명에 귀의한다.'는 뜻입니다.

상주常住는 '언제나 머무르다' 또는 '언제나 변함없이 존재한다'

는 뜻이니, 시간적인 것으로 과거에도 있었고 현재에도 있으며 미래에도 변함없이 항상 있는 것을 상주라고 합니다.

시방十方: 십방이라고 발음하지 않고 시방이라고 읽음은 열 방향인데 동·서·남·북의 사방四方과 동남·서남·동북·서북의 사유四維와 상上·하下를 통틀어 말하며, 시방세계는 모든 공간인 우주와 법계를 말합니다.

불보佛寶는 부처님이니 곧 진리를 깨달으신 분이며, 법보法寶는 부처님께서 깨달으신 진리와 그 진리를 깨닫게 하는 가르침이며, 승보僧寶는 부처님의 가르침을 따라 수행하여 성과聖果를 이룬 선지식들과 스님들을 말하며, 넓게는 아직 성과를 이루지 못하였어도 불법을 의지하여 수행하는 모든 분을 말합니다.

상주시방常住十方은 삼세시방三世十方 또는 시방삼세와 같은 말입니다. 항상 계신 온 누리의 부처님께 귀명한다는 것은 과거, 현재, 미래의 온 누리에 가득한 모든 부처님의 참 생명에 귀의한다는 뜻입니다.

과거의 부처님은 이미 성불하신 부처님이요, 현재의 부처님은 지금의 깨달으신 부처님이며, 미래의 부처는 앞으로 깨달을 부처님이니 그것은 이미 발심하였거나 발심하게 될 모든 중생들을 말합니다.

상주하는 시방의 부처님께 귀명하는 것은 바로 과거, 현재, 미래의 온 누리에 가득한 만유萬有의 참 생명의 자리에 귀의하는 것입니다.

항상 계신 온누리의 법보法寶에 귀의한다는 것은 부처님께서 깨달으신 진리와 그 진리를 깨닫도록 부처님께서 설하신 가르침에 귀의하는 것입니다. 부처님의 가르침은 결국 진리를 깨닫도록 하는 가르침으로 곧 진리 자체이며 그 진리는 바로 과거에도 미래에도 영원한 우리의 본래 공空한 참 생명이 연기하는 모습이니 그런 참 생명에 귀의하는 것입니다.

항상 계신 온 누리의 승보僧寶에 귀의한다는 것은 과거 현재 미래의 성과를 이루신 분이나 지금 부처님의 가르침 따라 수행하고 있거나 지금은 외도가 되어 다른 종교를 믿고 따르더라도 언젠가는 최상승의 정법에 귀의하게 될 모든 분들의 참 생명에 귀의하는 것입니다.

부처님의 가르침을 믿고 따르는 분들을 불자佛子라고 합니다. 아무리 빈천한 사람도 대왕大王이 거두어 양자養子를 삼으면 왕자王子가 되듯이, 아무리 죄업 중생이라 하더라도 부처님의 가르침을 믿고 불문佛門에 입문하면 부처님의 자식인 불자佛子가 되는 것입니다.

일체중생이 부처가 될 수 있는 오묘한 불성佛性이 있으므로 넓게는 모든 중생들이 불자입니다.

설사 외도外道들이 부처님을 비방하더라도, 부모들이 불효하는 자식을 바라보며 안타까워하듯이 모든 불보살이 대비심大悲心으로 이를 제도하려고 하는 것입니다.

상불경보살常不輕菩薩은 자기를 칭찬하거나 때리거나 욕하거나 만나는 모든 중생들을 향해 절을 하면서 '당신은 불성을 가졌기에 미래에 반드시 성불하실 부처이므로 존경 합니다' 하면서 귀명례歸命禮하였습니다.

귀명례삼보歸命禮三寶는 불문에 귀의하는 것이며 삼보에 귀의하는 것

發願已歸命禮三寶

이니, 바로 부처님이기도 하고 진리이기도 하며 중생이기도 한 뭇 삶들의 참 생명에 귀의하는 것입니다.

아!
불문(佛門)이여!
열어도 밖이 없고
닫아도 안이 없는데
어디서
풍경소리
뎅그렁~! 뎅그렁~~!

부록

천수경 (한글독송용)
千手經

천수천안관세음보살광대원만무애대비심다라니경
千手千眼觀世音菩薩廣大圓滿無礙大悲心陀羅尼經

千手經
천수경

(한글독송용)

정구업진언淨口業眞言
「수리 수리 마하수리 수수리 사바하」(세 번)

오방내외안위제신진언五方內外安慰諸神眞言
「나무 사만다 못다남 옴 도로도로 지미 사바하」(세 번)

개경게開經偈

높고높고 깊고깊은 미묘법이여	無上甚深微妙法
백천만겁 만나기도 어렵다는데	百千萬劫難遭遇
제가이제 듣고보며 받아지니니	我今聞見得受持
부처님의 진실한뜻 알아지이다.	願解如來眞實意

개법장진언 開法藏眞言
「옴 아라남 아라다」(세 번)

천개손과 천개의눈	千手千眼
관자재한 보살님의	觀自在菩薩
광대하고 원만하며	廣大圓滿
걸림없이 자비하신	無碍大悲心
신묘장구 대다라니.	大陀羅尼

〈여쭈면서 청합니다.〉 啓請

관음보살 대비주께 계수합니다.	稽首觀音大悲主
넓고깊은 자비원력 상호갖추어	願力弘深相好身
일천팔로 장엄하여 널리지키고	千臂莊嚴普護持
천눈으로 광명놓아 두루비추네.	千眼光明遍觀照
진실하온 말씀속에 비밀설하고	眞實語中宣密語
하염없는 마음속에 자비심내어	無爲心內起悲心
온갖소원 지체없이 만족시키고	速令滿足諸希求
영원토록 모든죄업 없애주시네.	永使滅除諸罪業
천룡들과 성현들이 감싸주시고	天龍衆聖同慈護
백천삼매 순식간에 익혀닦으니	百千三昧頓熏修

이다라니 지닌몸은 광명당이오　　受持身是光明幢
이다라니 지닌마음 신통장이네.　受持心是神通藏
모든번뇌 세척하고 고해를건너　洗滌塵勞願濟海
깨달음의 방편문을 뛰어넘는다.　超證菩提方便門
제가이제 지송하고 귀의하오니　我今稱誦誓歸依
원하는바 마음대로 원만하소서.　所願從心悉圓滿

대자대비 관세음께 귀의하오며.　南無大悲觀世音
어서빨리 일체법을 알겠습니다.　願我速知一切法
대자대비 관세음께 귀의하오며.　南無大悲觀世音
어서빨리 지혜의눈 얻으오리다.　願我早得智慧眼
대자대비 관세음께 귀의하오며.　南無大悲觀世音
어서빨리 일체중생 건지오리다.　願我速度一切衆
대자대비 관세음께 귀의하오며.　南無大悲觀世音
어서빨리 좋은방편 얻으오리다.　願我早得善方便
대자대비 관세음께 귀의하오며.　南無大悲觀世音
어서빨리 반야선을 타겠습니다.　願我速乘般若船
대자대비 관세음께 귀의하오며.　南無大悲觀世音
어서빨리 고통바다 건너가리다.　願我早得越苦海
대자대비 관세음께 귀의하오며.　南無大悲觀世音
어서빨리 계정도를 얻으오리다.　願我速得戒定道

千手經

대자대비 관세음께 귀의하오며.	南無大悲觀世音
어서빨리 원적산에 올라가리다.	願我早登圓寂山
대자대비 관세음께 귀의하오며.	南無大悲觀世音
어서빨리 무위사를 만나오리다.	願我速會無爲舍
대자대비 관세음께 귀의하오며.	南無大悲觀世音
어서빨리 법성신과 같으오리다.	願我早同法性身
제가만약 칼산지옥 향하게되면	我若向刀山
저절로 칼산들이 꺾어지소서.	刀山自摧折
제가만약 화탕지옥 향하게되면	我若向火湯
저절로 끓는물이 소멸되소서.	火湯自消滅
제가만약 지옥도를 향하게되면	我若向地獄
저절로 지옥들이 없어지소서.	地獄自枯渴
제가만약 아귀도를 향하게되면	我若向餓鬼
저절로 아귀들이 배부르소서.	餓鬼自飽滿
제가만약 수라도를 향하게되면	我若向修羅
저절로 악한마음 조복되소서.	惡心自調伏
제가만약 축생도를 향하게되면	我若向畜生
저절로 큰지혜를 얻게하소서.	自得大智慧
나무 관세음보살마하살.	南無觀世音菩薩摩訶薩

나무 대세지보살마하살.　　　南無大勢至菩薩摩訶薩

나무 천수보살마하살.　　　　南無千手菩薩摩訶薩

나무 여의륜보살마하살.　　　南無如意輪菩薩摩訶薩

나무 대륜보살마하살.　　　　南無大輪菩薩摩訶薩

나무 관자재보살마하살.　　　南無觀自在菩薩摩訶薩

나무 정취보살마하살.　　　　南無正趣菩薩摩訶薩

나무 만월보살마하살.　　　　南無滿月菩薩摩訶薩

나무 수월보살마하살.　　　　南無水月菩薩摩訶薩

나무 군다리보살마하살.　　　南無軍茶利菩薩摩訶薩

나무 십일면보살마하살.　　　南無十一面菩薩摩訶薩

나무 제대보살마하살.　　　　南無諸大菩薩摩訶薩

「나무 본사아미타불」(세 번)　　南無本師阿彌陀佛

신묘장구대다라니 (神妙章句大陀羅尼)

나모 라다나다라야야 나막 알야바로기제세바라야 모지사다바야 마하사다바야 마하가로니가야 옴 살바바예수 다라나 가라야 다사명 나막가리다바 이맘알야바로기제세바라 다바 니라간타 나막 하리나야 마발타 이사미 살발타 사다남 수반 아예염 살바보다남 바바마라 미수다감 다냐타 옴 아로계 아로가 마지로가 지가란제 혜혜하례 마하모지사다바 사마라사마라 하리나야 구로구로 갈마 사다야사다야 도로도로 미연제 마하미연제 다라다라 다린나례 새바라 자라자라 마라 미마라

아마라 몰제 예혜혜 로계세바라 라아 미사 미나사야 나베사 미사 미나
사야 모하자라 미사 미나사야 호로호로 마라 호로 하례 바나마나바 사
라사라 시리시리 소로소로 못쟈못쟈 모다야모다야 매다리야 니라간
타 가마사 날사남 바라하리나야 마낙 사바하 싯다야 사바하 마하 싯다
야 사바하 싯다 유예 세바라야 사바하 니라간타야 사바하 바라하목카
싱하목카야 사바하 바나마 하따야 사바하 자가라 욕다야 사바하 상카
섭나네 모다나야 사바하 마하라구타다라야 사바하 바마사간타 이사
시체다 가릿나 이나야 사바하 마가라잘마 이바사나야 사바하
나모 라다나다라야야 나막 알야바로기제세바라야 사바하(세 번)

사방찬四方讚

동쪽이 깨끗하여 도량이맑고	一灑東方潔道場
남쪽이 깨끗하여 청량해지고	二灑南方得淸凉
서쪽이 깨끗하여 정토이루고	三灑西方俱淨土
북쪽이 깨끗하여 오래편하네.	四灑北方永安康

도량찬道場讚

온도량이 청정하여 더러움없고	道場淸淨無瑕穢
삼보님과 천룡팔부 강림하신곳	三寶天龍降此地
제가이제 미묘진언 지송하오니	我今持誦妙眞言
대자비를 베푸시어 가호하소서.	願賜慈悲密加護

참회게懺悔偈

옛적부터 지어왔던 모든악업은 　　我昔所造諸惡業
시작없는 탐진치로 말미암아서 　　皆由無始貪瞋痴
몸과말과 뜻을따라 생긴것이니 　　從身口意之所生
제가이제 모든허물 참회합니다. 　　一切我今皆懺悔

참제업 장십이존불懺除業障十二尊佛

나무참제업장보승장불 　　南無懺除業障寶勝藏佛
보광왕화염조불 　　寶光王火炎照佛
일체향화자재력왕불 　　一切香火自在力王佛
백억항하사결정불 　　百億恒河沙決定佛
진위덕불 　　振威德佛
금강견강소복괴산불 　　金剛堅强消伏壞散佛
보광월전묘음존왕불 　　普光月殿妙音尊王佛
환희장마니보적불 　　歡喜藏摩尼寶積佛
무진향승왕불 　　無盡香勝王佛
사자월불 　　獅子月佛
환희장엄주왕불 　　歡喜莊嚴珠王佛
제보당마니승광불 　　帝寶幢摩尼勝光佛

십악참회 十惡懺悔

목숨해친 무거운죄 참회합니다.	殺生重罪今日懺悔
도둑질한 무거운죄 참회합니다.	偸盜重罪今日懺悔
사음질한 무거운죄 참회합니다.	邪淫重罪今日懺悔
거짓말한 무거운죄 참회합니다.	妄語重罪今日懺悔
꾸며말한 무거운죄 참회합니다.	綺語重罪今日懺悔
이간질한 무거운죄 참회합니다.	兩舌重罪今日懺悔
악독한말 무거운죄 참회합니다.	惡口重罪今日懺悔
탐애하던 무거운죄 참회합니다.	貪愛重罪今日懺悔
화를내던 무거운죄 참회합니다.	瞋恚重罪今日懺悔
어리석던 무거운죄 참회합니다.	痴暗重罪今日懺悔

오랜세월 모여쌓인 많은죄업들	百劫積集罪
한생각에 몰록모두 없어지나니	一念頓蕩盡
마른풀이 불길속에 타버리듯이	如火焚枯草
죄의자취 사라져서 남김이없네.	滅盡無有餘

죄업이란 자성없이 마음따라 일어나니	罪無自性從心起
이마음이 사라질때 죄업역시 사라지네.	心若滅時罪亦亡
죄와마음 없어져서 둘이모두 공해지면	罪亡心滅兩俱空
이야말로 참된뜻의 참회라고 말하리라.	是卽名爲眞懺悔

참회진언懺悔眞言
「옴 살바 못자 모지 사다야 사바하」(세 번)

준제찬准提讚

준제주는 온갖공덕 무더기이니	准提功德聚
고요하게 마음으로 항상외우면	寂靜心常誦
이세상의 여러가지 큰재난들이	一切諸大難
어찌해도 이사람을 침해못하네.	無能侵是人
하늘이나 사람이나 모든중생이	天上及人間
부처님과 다름없는 복을받으니	受福如佛等
마음대로 성취하는 여의주처럼	遇此如意珠
견줄수가 없는것을 얻게되리라.	定獲無等等

「나무 칠구지불모 대준제보살」(세 번)   南無 七俱胝佛母 大准提菩薩

정법계진언淨法界眞言
「옴 남」(세 번)

호신진언護身眞言
「옴 치림」(세 번)

관세음보살 본심미묘 육자대명왕진언
觀世音菩薩 本心微妙 六字大明王眞言
「옴 마니 반메 훔」(세 번)

준제진언 准提眞言
나무 사다남 삼먁 삼못다 구치남 다냐타
「옴 자례주례 준제 사바하 부림」(세 번)

내가이제 준제주를 지송하면서	我今持誦大准提
보리심을 발하오며 원하옵나니	卽發菩提廣大願
선정지혜 어서빨리 뚜렷이밝고	願我定慧速圓明
모든공덕 남김없이 성취하오며	願我功德皆成就
수승한복 두루널리 장엄하옵고	願我勝福遍莊嚴
중생들이 모두함께 성불하소서.	願共衆生成佛道

여래십대발원문 如來十大發願文

영원토록 삼악도를 여의오리다.	願我永離三惡道
어서빨리 탐진치를 끊으오리다.	願我速斷貪瞋痴
언제든지 삼보이름 들으오리다.	願我常聞佛法僧
부지런히 계정혜를 닦으오리다.	願我勤修戒定慧
부처님을 항상따라 배우오리다.	願我恒隨諸佛學

보리심이 물러나지 않으오리다.　　　　願我不退菩提心
어김없이 안양국에 태어나리다.　　　　願我決定生安養
어서빨리 아미타불 친견하리다.　　　　願我速見阿彌陀
이내몸을 온누리에 나투오리다.　　　　願我分身遍塵刹
모든중생 두루널리 건지오리다.　　　　願我廣度諸衆生

발사홍서원 發四弘誓願
가없는 중생을 건지오리다.　　　　衆生無邊誓願度
끝없는 번뇌를 끊으오리다.　　　　煩惱無盡誓願斷
한없는 법문을 배우오리다.　　　　法門無量誓願學
위없는 불도를 이루오리다.　　　　佛道無上誓願成
자성의 중생을 건지오리다.　　　　自性衆生誓願度
자성의 번뇌를 끊으오리다.　　　　自性煩惱誓願斷
자성의 법문을 배우오리다.　　　　自性法門誓願學
자성의 불도를 이루오리다.　　　　自性佛道誓願成

발원이귀명례삼보 發願已歸命禮三寶
「나무 상주 시방불　　　　南無常住十方佛
　나무 상주 시방법　　　　南無常住十方法
　나무 상주 시방승」(세 번)　　　　南無常住十方僧

발원을 마치고
삼보님께 귀명하며 절하옵니다.

항상계신 온누리의 불보님께 귀명합니다.
항상계신 온누리의 법보님께 귀명합니다.
항상계신 온누리의 승보님께 귀명합니다.

千手千眼觀世音菩薩廣大圓滿無礙大悲心陀羅尼經
천수천안관세음보살광대원만무애대비심다라니경

唐 西天竺沙門 伽梵達摩 譯
당 서천축사문 가범달마 역

一. [회상인연(會上因緣)]

如是我聞 一時 釋迦牟尼佛 在補陀落迦山 觀世音宮殿 寶莊嚴道場中 坐寶師子座 其座純以無量雜摩尼寶 而用莊嚴 百寶幢幡 周匝懸列.

이와 같이 나는 들었다.

　　한때 석가모니 부처님께서 보타낙가산 관세음보살 궁전의 보배로 장엄된 도량 가운데 보배로 된 사자자리에 앉아 계시었는데, 그 자리는 순전히 헤아릴 수 없는 잡마니^{雜摩尼}보배로 장엄되었고 백 가지 보배 깃발이 두루 걸려 있었다.

爾時 如來於彼座上 將欲演說總持陀羅尼故 與無央數菩薩摩訶薩俱. 其名曰 總持王菩薩 寶王菩薩 藥王菩薩 藥上菩薩 觀世音菩薩 大勢至菩薩 華嚴菩薩 大莊嚴菩薩 寶藏菩薩 德藏菩薩 金剛藏菩薩 虛空藏菩

薩 彌勒菩薩 普賢菩薩 文殊師利菩薩 如是等菩薩摩訶薩 皆是灌頂大法王子.

이때 세존께서는 그 사자자리 위에서 장차 총지總持다라니를 연설하시려고 헤아릴 수 없이 많은 큰 보살과 함께 계시었다. 그 이름은 총지왕보살, 보왕보살, 약왕보살, 약상보살, 관세음보살, 대세지보살, 화엄보살, 대장엄보살, 보장보살, 덕장보살, 금강장보살, 허공장보살, 미륵보살, 보현보살, 문수사리보살이니 이와 같은 큰 보살들은 다 관정대법왕자灌頂大法王子였다.

又與無量無數大聲聞僧 皆行阿羅漢十地 摩訶迦葉 而為上首. 又與無量梵摩羅天 善吒梵摩 而為上首. 又與無量欲界諸天子俱 瞿婆伽天子 而為上首. 又與無量護世四王俱 提頭賴吒 而為上首. 又與無量天 龍 夜叉 乾闥婆 阿修羅 迦樓羅 緊那羅 摩睺羅伽 人非人等俱 天德大龍王 而為上首. 又與無量欲界諸天女俱 童目天女 而為上首. 又與無量虛空神 江海神 泉源神 河沼神 藥草神 樹林神 舍宅神 水神 火神 地神 風神 土神 山神 石神 宮殿等神 皆來集會.

또 무량무수한 대성문승大聲聞僧이 함께 하였는데, 모두가 아라한의 십지十地를 실행하였고 마하가섭이 상수上首였으며, 또 무량한 범마라천이 함께 하였으니 선타범마가 상수였으며, 또 욕계 모든 천자天子가 함께 하였으니 구파가천자가 상수였으며, 또 무량한 호세사천왕護世四天王이 함께 하였으니 제두뢰타가 상수였다. 또 무량한 천天, 용龍, 야차夜叉 건달바, 아수라, 가루라, 긴나라, 마후라가, 인비인人非人 등이 함께 있었으니 천덕대용왕天德大龍王이 상수였다. 또 무량한 욕계의 모든 천녀天女가 함께 있었으니 동목천녀가 상수였다. 또 무량한 허공신虛空神, 강해신江海神, 천원신泉源神, 하소신河沼神, 약초신藥草神, 수림신樹林神, 사택신舍宅神, 수신水神, 화신火神, 지신地神, 풍신風神, 토신土神, 산신山神, 석신石神, 궁전등신宮殿等神들이 모두 와서 이 법회에 모였다.

二. [밀방신광(密放神光;가만히 신통광명을 놓다)]
時 觀世音菩薩 於大會中密放神通光明 照曜十方刹土及此三千大千世界 皆作金色. 天宮 龍宮 諸尊神宮 皆悉震動 江河 大海 鐵圍山 須彌山 土山 黑山 亦皆大動. 日月珠火 星宿之光 皆悉不現.
이때 관세음보살이 이 큰 법회 가운데서 가만히 신통의 광명을 놓아 시방의 모든 국토와 이 삼천대천세계를 비추니 모두 금색이 되고, 천궁과 용궁과 모든 높은 신들의 궁전이 다 진동하고, 강하江河와 대해大海와 철위산鐵圍山과 수미산須彌山과 토산土山과 흑산黑山도 다 크게 진동하며 일월日月의 주화珠火와 성수星宿의 빛이 다 나타나지 못하였다.

於是總持王菩薩 見此希有之相 怪未曾有. 即從座起 叉手合掌 以偈問佛 如此神通之相 是誰所放. 以偈問曰
이 때에 총지왕總持王보살이 이 희유한 모양을 보고 예전에 없었던 것을 이상히 여겨 자리에서 일어나 두 손 모아 합장하며 게송으로 부처님께 이와 같은 신통한 모양을 누가 나타낸 것인지를 물었다.

게송으로 묻기를,
"누가 오늘 올바른 깨달음을 이루어 　　　誰於今日成正覺
두루 널리 이러한 큰 광명을 놓아서 　　　普放如是大光明
시방의 모든 국토 모두가 금빛 되고 　　　十方刹土皆金色
삼천대천세계도 이와 같이 변합니까? 　　三千世界亦復然
누가 오늘 이와 같은 자재함을 얻어서 　 誰於今日得自在
널리 이런 희유한 대 신력을 펼치어 　　　演放希有大神力
끝없는 불국토가 모두 다 진동하고 　　　 無邊佛國皆震動
용신의 궁전을 불안하게 합니까? 　　　　龍神宮殿悉不安
지금의 대중들이 다 함께 의심하며 　　　 今此大眾咸有疑
누구의 힘인지를 헤아리지 못합니다. 　　 不測因緣是誰力
부처님과 보살이나 대성문大聲聞의 힘입니까? 為佛菩薩大聲聞
범천, 마왕, 제석천 등 하늘의 힘입니까?　為梵魔天帝釋等
바라오니 세존께서 대자비를 베푸시어 　　唯願世尊大慈悲
누구의 신통인지 말씀하여 주옵소서." 　　說此神通所由以

佛告總持王菩薩言. 善男子 汝等當知 今此會中 有一菩薩摩訶薩 名曰觀世音自在. 從無量劫來 成就大慈大悲 善能修習無量陀羅尼門 為欲安樂諸眾生故 密放如是大神通力.
부처님께서 총지왕보살에게 말씀하시었다.
　　"선남자여! 너는 마땅히 알아라. 지금 이 법회 가운데 한 보살마하살이 있으니 이름은 '관세음자재'라고 하는데, 헤아릴 수 없는 옛적부터 대자대비를 성취하여 한량없는 〈다라니문門〉을 잘 닦고 익혔으며 모든 중생을 안락하게 하기 위하여 가만히 이와 같은 큰 신통력을 놓았느니라."

三. [심주 · 본원(心呪 · 本願)]

佛說是語已. 爾時觀世音菩薩 從座而起 整理衣服 向佛合掌 白佛言.

부처님께서 이렇게 말씀하시니, 이때 관세음보살이 자리에서 일어나 의복을 단정히 하고 부처님을 향하여 합장하고 사뢰어 말하였다.

世尊. 我有大悲心陀羅尼呪 今當欲說. 爲諸眾生得安樂故 除一切病故 得壽命故 得富饒故 滅除一切惡業重罪故 離障難故 增長一切白法諸功德故 成就一切諸善根故 遠離一切諸怖畏故 速能滿足一切諸希求故. 惟願世尊 慈哀聽許.

"세존이시여, 저에게 '대비심다라니주大悲心陀羅尼呪'가 있어 지금 설설 하고자 하오니, 모든 중생들이 안락을 얻게 하기 위함이며, 일체 모든 병을 없애기 위함이며, 수명을 얻게 하기 위함이며, 부요富饒를 얻게 하기 위함이며, 일체 나쁜 업과 큰 죄를 없애기 위함이며, 모든 장애와 어려움을 여의기 위함이며, 일체 깨끗한 법과 모든 공덕을 증장하기 위함이며, 일체 모든 선근을 성취하기 위함이며, 일체 모든 두려움을 멀리 여의기 위함이며, 속히 일체 모든 희구希求를 만족시키기 위함입니다. 오직 원하옵건대 세존께서는 자비로 어여삐 여기시어 허락하여 주옵소서."

佛言. 善男子 汝大慈悲 安樂眾生 欲說神呪 今正是時 宜應速說 如來隨喜 諸佛亦然.
부처님께서 말씀하시었다.
　　"선남자야, 그대가 큰 자비심으로 중생을 안락케 하기 위하여 신주神呪를 설하고자 한다면 지금이 바로 그 때이니 속히 설할지니라. 여래도 기뻐하고 모든 부처님도 또한 그러할 것이다."

觀世音菩薩重白佛言. 世尊 我念過去無量億劫 有佛出世 名曰 千光王靜住如來.
관세음보살이 거듭 부처님께 사루어 말씀하였다.
　　"세존이시여, 제가 생각해 보니 과거 무량억겁 전에 부처님이 세상에 나오셨으니 그 이름이 '천광왕정주여래千光王靜住如來'라 하였습니다."

彼佛世尊憐念我故 及為一切諸眾生故 說此廣大圓滿無礙大悲心陀羅尼. 以金色手摩我頂上作如是言. 善男子 汝當持此心呪 普為未來惡世一切眾生 作大利樂.
그 부처님께서 저를 연민히 생각하시고 다시 일체 중생을 위하여 이 광대원만무애대비심다라니廣大圓滿無碍大悲心陀羅尼를 설하시고, 금색 손으로 저의 이마를 만지시며 이렇게 말씀하시되 '선남자야 너는 마땅히

359

이 심주心呪를 가지고 널리 미래의 나쁜 세상에 일체중생을 위하여 큰 이익을 지어주라' 하셨습니다.

我於是時 始住初地 一聞此呪故 超第八地. 我時心歡喜故 即發誓言. 若我當來 堪能利益安樂一切眾生者 令我即時 身生千手千眼具足. 發是願已 應時身上 千手千眼 悉皆具足 十方大地 六種震動 十方千佛 悉放光明 照觸我身 及照十方 無邊世界.

저는 그 때 초지初地: 보살이 수행하여 닦아 올라가는 첫 번째 지위에 머무르기 시작했는데 이 주문을 한 번 듣고는 제팔지第八地: 보살이 수행하여 닦아 올라가는 열 계단 중 여덟 번째 지위로 뛰어 올랐습니다. 제가 그때 마음으로 환희하며 곧 서원을 발하기를 '만약 내가 앞으로 능히 일체중생을 이익되고 안락하게 하려면 내 몸에 곧바로 천 개의 손과 천 개의 눈이 구족되어지이다.' 하고 서원을 세우고 나니, 바로 몸에 천 개의 손과 천 개의 눈이 다 구족되었으며, 시방의 대지는 여섯 가지로 진동하며 시방에 계시는 많은 부처님이 광명을 놓아 내 몸을 비추어 어루만져주시고 시방의 끝없이 많은 세계도 비추셨습니다.

從是已後 復於無量佛所 無量會中 重更得聞 親承受持 是陀羅尼. 復生歡喜 踊躍無量 便得超越無數億劫微細生死.

이 다음부터 다시 헤아릴 수 없이 많은 부처님 계시는 곳과 무량한 법회 가운데서 거듭 다시 이 다라니를 듣고 몸소 받아 가지게 되어 다시 환희하심이 나고 용약함이 무량하여 문득 무수억겁 동안의 미세한 나고 죽음을 뛰어 넘었습니다.

從是已來 常所誦持 未曾廢忘 由持此呪故 所生之處 恒在佛前 蓮華化生 不受胎藏之身.
이로부터 나는 항상 이 주문을 지송持誦하면서 잠시도 그만두거나 잊어버리지 아니했으며, 이 주문을 지닌 때문에 태어나는 곳이 항상 부처님 앞이 되고 연꽃으로 화생化生하며 태생胎生의 몸을 받지 않았습니다.

四. [십원 · 육향(十願 · 六向)]
若有比丘 比丘尼 優婆塞 優婆夷 童男 童女 欲誦持者 於諸眾生 起慈悲心 先當從我 發如是願.
만일 비구·비구니·우바새·우바이·동남·동녀가 이 주문을 외워 지니려고 하면 모든 중생에게 자비심을 일으키고 먼저 마땅히 나를 따라 이러한 원을 발해야 합니다.

대비하신 관세음께 귀의하오니.	無南大悲觀世音
원컨대 제가 빨리 모든 법을 알아지이다.	願我速知一切法
대비하신 관세음께 귀의하오니	南無大悲觀世音
원컨대 제가 얼른 지혜의 눈 얻어지이다.	願我早得智慧眼
대비하신 관세음께 귀의하오니	南無大悲觀世音

원컨대 제가 빨리 일체중생 건지오리다.	願我速度一切眾.
대비하신 관세음께 귀의하오니	南無大悲觀世音
원컨대 제가 얼른 좋은 방편 얻어지이다.	願我早得善方便.
대비하신 관세음께 귀의하오니	南無大悲觀世音
원컨대 제가 빨리 반야선般若船에 올라지이다.	願我速乘般若船.
대비하신 관세음께 귀의하오니	南無大悲觀世音
원컨대 제가 얼른 고해苦海를 건너지이다.	願我早得越苦海.
대비하신 관세음께 귀의하오니	南無大悲觀世音
원컨대 제가 빨리 계정戒定의 길 얻어지이다.	願我速得戒定道.
대비하신 관세음께 귀의하오니	南無大悲觀世音
원컨대 제가 얼른 열반산涅槃山에 올라지이다.	願我早登涅槃山.
대비하신 관세음께 귀의하오니	南無大悲觀世音
원컨대 제가 빨리 무위사無爲舍를 만나지이다.	願我速會無爲舍.
대비하신 관세음께 귀의하오니	南無大悲觀世音
원컨대 제가 얼른 법성신法性身과 같아지이다.	願我早同法性身.

제가 만약 칼산지옥 향하게 되면	我若向刀山,
칼산이 저절로 꺾어지이다.	刀山自摧折.
제가 만약 화탕火湯지옥 향하게 되면	我若向火湯,
화탕火湯이 저절로 소멸하소서	火湯自消滅.
제가 만약 지옥을 향하게 되면	我若向地獄,

지옥이 저절로 사라지이다.	地獄自枯渴.
제가 만약 아귀에게 향하게 되면	我若向餓鬼,
아귀들은 저절로 배불러지고	餓鬼自飽滿.
제가 만약 아수라를 향하게 되면	我若向修羅,
나쁜 마음 저절로 조복이 되고	惡心自調伏.
제가 만약 축생에게 향하게 되면	我若向畜生,
큰 지혜를 저절로 얻어지이다.	自得大智慧.

發是願已 至心稱念 我之名字 亦應專念 我本師阿彌陀如來 然後卽當誦 此陀羅尼神呪. 一宿誦滿五遍 除滅身中 百千萬億劫生死重罪.

이 원을 발하고서 지극한 마음으로 나의 이름을 부르고, 또 나의 스승 이신 아미타여래를 오롯이 생각하며 부르고서, 그 다음에 이 다라니의 신묘한 주문을 외우되 하룻밤에 다섯 편을 외우면 몸속의 백천만억겁 토록 나고 죽으며 지은 큰 죄가 사라질 것입니다.

五. [증명공덕(證明功德)]

觀世音菩薩復白佛言. 世尊. 若諸人天 誦持大悲章句者 臨命終時 十方諸 佛 皆來授手 欲生何等佛土 隨願皆得往生.

관세음보살이 다시 부처님께 말씀드렸다.

"세존이시여, 만약 모든 사람이나 하늘들이 대비장구大悲章句를 외우며 수행하는 자는 목숨이 마칠 때에 시방의 모든 부처님이 모두

오시어 손을 주시면서 어떤 불국토에 태어나고자 하면 원하는 대로 가서 태어나게 해주십니다."

復白佛言. 世尊. 若諸衆生 誦持大悲神呪 墮三惡道者 我誓不成正覺.
다시 부처님께 사루어 말씀하시었다.

"세존이시여, 만약 모든 중생이 대비신주를 외워 지니는 자가 삼악도에 떨어지게 되면 저는 맹세코 성불하지 않겠습니다.

誦持大悲神呪者 若不生諸佛國者 我誓不成正覺.
대비신주를 외워 지니는 자가 만약 모든 부처님의 국토에 태어나지 못한다면 저는 맹세코 성불하지 않겠습니다.

誦持大悲神呪者 若不得無量三昧辯才者 我誓不成正覺.
대비신주를 외워 지니는 자가 무량한 삼매三昧와 변재를 얻지 못한다면 저는 맹세코 성불하지 않겠습니다.

誦持大悲神呪者 於現在生中一切所求 若不果遂者 不得為大悲心陀羅尼也. 唯除不善 除不至誠.
이 대비신주를 외워 지니는 자가 현재 살아가는 가운데 모든 구하는 바가 만약 이루어지지 않는다면 대비심다라니大悲心陀羅尼가 되지 않을 것입니다. 오직 선善하지 않거나 정성스럽게 외우지 않는 자는 제외입니다.

若諸女人 厭賤女身 欲成男子身 誦持大悲陀羅尼章句. 若不轉女身成男子身者 我誓不成正覺.

만약 모든 여인이 천한 여자의 몸을 싫어해서 남자 몸을 이루고 싶어 대비심다라니大悲心陀羅尼의 장구章句를 외워 지니고서도 여자 몸을 바꾸어 남자 몸을 이루지 못한다면 저는 맹세코 성불하지 않겠습니다.

生少疑心者 必不果遂也.

조금이라도 의심을 내는 자는 반드시 이루어지지 않을 것입니다.

若諸眾生 侵損常住 飲食 財物 千佛出世 不通懺悔 縱懺亦不除滅. 今誦大悲神呪 卽得除滅.

만약 어떤 중생이 절에 있는 음식과 재물을 침해하거나 훼손하면 천 부처님이 이 세상에 출현하시어도 참회가 통하지 않고, 비록 참회하더라도 죄가 없어지지 않지만 이 대비신주를 외우면 곧 없앨 수 있습니다.

若侵損食用 常住飲食 財物 要對十方師懺謝 然始除滅. 今誦大悲陀羅尼時 十方師卽來 為作證明 一切罪障 悉皆消滅.

만약 절에서 사용할 음식이나 재물을 침해하거나 훼손하면 시방의 스승을 대하여 참회하여야 없앨 수 있지만, 이 대비신주를 외우면 이때 시방의 스승이 곧바로 와서 증명하시어 일체 죄업장이 모두 다 소멸하게 될 것입니다.

一切十惡 五逆 謗人 謗法 破齋 破戒 破塔 壞寺 偸僧祇物 汚淨梵行 如是等一切惡業 重罪 悉皆滅盡.

모든 십악十惡과 오역五逆과 사람을 비방하고 법法을 비방하며, 재齋를 파하고 계를 파하며, 탑을 부수고 절을 무너뜨리며, 승가의 물건을 훔치고 깨끗한 범행梵行을 더럽히는 등 이러한 일체 악업과 무거운 죄가 모두 다 소멸됩니다.

唯除一事 於呪生疑者 乃至小罪輕業 亦不得滅 何況重罪. 雖不卽滅重罪 猶能遠作菩提之因.

다만 이 주문을 의심하는 자는, 적은 죄와 가벼운 업도 없어지지 않는데 어찌 하물며 큰 죄가 없어지겠습니까. 큰 죄가 없어지지 않고 오히려 보리菩提의 인因마저 멀어질 것입니다.

六. [이고생선(離苦生善)]

復白佛言. 世尊 若諸人天 誦持大悲心呪者 得十五種善生 不受十五種惡死也. 其惡死者.

다시 부처님께 사루어 말씀하였다.

 "세존이시여, 모든 인간이나 하늘이 대비신주를 외워 가지는 자는 열다섯 가지 좋은 태어남을 얻고 열다섯 가지의 나쁜 죽음을 받지 않을 것입니다."

 그 열다섯 가지의 나쁘게 죽지 않음이라는 것은

一者, 不令其飢餓困苦死.
첫째는 굶주리거나 곤욕스러운 괴로움으로 죽지 않음이요,

二者, 不爲枷禁杖楚死.
둘째는 죄수가 되어 매 맞아 죽지 않음이요,

三者, 不爲怨家讎對死.
셋째는 원수에게 복수 당해서 죽지 않음이요,

四者, 不爲軍陣相殺死.
넷째는 전쟁터에서 서로 싸워 죽지 않음이요,

五者, 不爲豺狼惡獸殘害死.
다섯째는 사나운 짐승에게 물려 죽지 않음이요,

六者, 不爲毒蛇蚖蠍所中死.
여섯째는 독사나 지네 등 독한 곤충에게 물려죽지 않음이요,

七者, 不爲水火焚漂死.
일곱째는 물에 빠지거나 불에 타서 죽지 않음이요,

八者, 不爲毒藥所中死.

여덟째는 독한 약에 의해서 죽지 않음이요,

九者, 不爲蠱毒害死.
아홉째는 독벌레의 해를 입어 죽지 않음이요,

十者, 不爲狂亂失念死.
열째는 미치거나 실성하여 죽지 않음이요,

十一者, 不爲山樹崖岸墜落死.
열한째는 산이나 나무나 언덕에서 떨어져 죽지 않음이요,

十二者, 不爲惡人厭魅死.
열두째는 나쁜 사람의 저주에 걸려 죽지 않음이요,

十三者, 不爲邪神惡鬼得便死.
열셋째는 삿되고 나쁜 귀신에게 홀려 죽지 않음이요,

十四者, 不爲惡病纏身死.
열넷째는 몹쓸 병이 온몸에 걸려 죽지 않음이요,

十五者, 不爲非分自害死.
열다섯째는 자살해서 죽지 않는 것입니다.

誦持大悲神呪者 不被如是十五種惡死也.

이 대비신주를 외워 가진 자는 이와 같은 열다섯 가지 나쁜 죽음을 당하지 않습니다.

得十五種善生者.

열다섯 가지 좋은 태어남이란 것은,

一者, 所生之處 常逢善王.

첫째는 나는 곳마다 항상 좋은 왕을 만나고,

二者, 常生善國.

둘째는 항상 좋은 나라에 태어나고,

三者, 常値好時.

셋째는 항상 좋은 시절을 만나고,

四者, 常逢善友.

넷째는 항상 좋은 벗을 만나고,

五者, 身根常得具足.

다섯째는 신체가 아무 장애 없이 항상 구족하고,

六者, 道心純熟.
여섯째는 진리를 향하는 도심道心이 무르익게 되고,

七者, 不犯禁戒.
일곱째는 계율을 어기지 않고,

八者, 所有眷屬 恩義和順.
여덟째는 권속이 은혜와 의리로 화순하고,

九者, 資具財食 常得豐足.
아홉째는 재물과 음식이 항상 풍족하고,

十者, 恒得他人 恭敬扶接.
열째는 항상 다른 사람의 공경과 도움을 받고,

十一者, 所有財寶 無他劫奪.
열한째는 재물을 남이 뺏어가지 않고,

十二者, 意欲所求 皆悉稱遂.
열두째는 뜻대로 구하는 바가 모두 다 이루어지고,

十三者, 龍天善神 恒常擁衛.

열셋째는 용과 하늘과 선신善神이 항상 옹호하고,

十四者, 所生之處 見佛聞法.
열넷째는 나는 곳마다 부처님을 뵈옵고 법문을 들으며,

十五者, 所聞正法 悟甚深義.
열다섯째는 바른 법을 들으면 그 깊은 이치를 깨닫게 되는 것입니다.

若有誦持大悲心陀羅尼者 得如是等十五種善生也. 一切天 人應常誦持 勿生懈怠.
만약 대비심다라니를 외워 지니는 자는 이와 같은 열다섯 가지 좋은 태어남을 얻게 되니, 모든 하늘이나 사람들은 항상 외워 가지며 게으름을 내지 말아야 합니다.

七. [신묘장구(神妙章句)]

觀世音菩薩說是語已 於眾會前合掌正住 於諸眾生 起大悲心 開顏含笑 即說如是'廣大圓滿無礙大悲心大陀羅尼神妙章句陀羅尼'曰.
관세음보살이 이렇게 말씀하고 나서, 법회에 모인 대중 앞에 합장하고 바로 멈춰서 모든 중생에게 대비심을 일으키시고 얼굴에 가득 미소를 머금고, 곧 이와 같은 광대원만무애대비심 대다라니廣大圓滿無礙大悲心大陀羅尼인 신묘장구다라니神妙章句陀羅尼를 설하였다.

나모라다나다라야야 나막알약바로기제새바라야 모지사다바야 마하
사다바야 마하가로 니가야 옴 살바바예수 다라나 가라야 다사명 나막
가리다바 이맘알야 바로기제새바라 다바 니라간타 나막 하리나야 마
발다 이사미 살발타 사다남 수반 아예염 살바보다남 바바말아 미수다
감 다냐타 옴 아로계 아로가 마지로가 지가란제 혜혜하례 마하모지사
다바 사마라 사마라 하리나야 구로구로 갈마 사다야 사다야 도로도로
미연제 마하미연제 다라다라 다린 나례새바라 자라자라 마라 미마라
아마라 몰제예혜혜 로계 새바라 라아 미사미 나사야 나베 사미사미 나
사야 모하자라 미사미 나사야 호로호로 마라호로 하례 바나마나바 사
라사라 시리시리 소로소로 못자못자 모다야모다야 매다리야 니라간
타 가마사 날사남 바라하라나야 마낙 사바하 싯다야 사바하 마하 싯다
야 사바하 싯다유예 새바라야 사바하 니라간타야 사바하 바라하목카
싱하목카야 사바하 바나마하따야 사바하 자가라욕다야 사바하 상카
섭나네 모다나야 사바하 마하라 구타다라야 사바하 바마사간타 이사
시체다 가릿나 이나야 사바하 먀가라 잘마니바사나야 사바하 나모라
다나 다라 야야 나막알야 바로기제 새바라야 사바하.

觀世音菩薩說此呪已. 大地六變震動 天雨寶華 繽紛而下. 十方諸佛悉皆
歡喜 天魔外道恐怖毛竪.
관세음보살이 이 주문을 설하여 마치자, 대지大地는 여섯 가지로 변
하여 진동하고 하늘은 보배의 꽃비를 흩어 뿌려 내리며 시방十方의

모든 부처님께서 모두 환희하시고 천마天魔와 외도外道들은 두려움에 털이 곤두섰다.

一切眾會皆獲果證. 或得須陀洹果 或得斯陀含果 或得阿那含果 或得阿羅漢果者 或得一地 二地 三地 四地 五地 乃至十地者. 無量眾生發菩提心.
이 법회에 모인 일체 대중은 도과道果를 각기 증득하였으니, 혹 수다원과를 얻고, 혹 사다함과를 얻었으며, 혹 아나함과를 얻고, 혹 아라한과를 얻었으며, 혹은 보살의 초지初地, 이지二地, 삼지三地, 사지四地, 오지五地 내지 십지第十地를 얻었으며, 헤아릴 수 없이 많은 중생이 보리심을 발하였다.

八. [신주형상(神呪形狀)]

爾時 大梵天王 從座而起 整理衣服 合掌恭敬 白觀世音菩薩言. 善哉 大士 我從昔來 經無量佛會 聞種種法 種種陀羅尼 未曾聞說 如此無礙大悲心 大悲陀羅尼神妙章句. 唯願大士 為我說此陀羅尼形貌狀相 我等大眾 願樂欲聞.
그때 대범천왕이 자리에서 일어나 의복을 단정히 하고 합장하며 공경히 관세음보살께 사루어 말하였다.

"거룩하십니다, 대사大士님시여, 제가 옛적부터 한량없는 부처님 회상에서 갖가지 법과 갖가지 다라니를 들었으나, 이와 같은 무애대비심의 대비다라니大悲陀羅尼인 신묘장구神妙章句를 설하는 것은 예전에 들어보지 못하였습니다. 오직 원하옵건대, 대사께서는 저희를 위하여 널리 이 다라니의 모양을 설해주소서. 저희 모든 대중은 기꺼이 듣기를 원하나이다."

觀世音菩薩告梵王言. 汝爲方便利益一切眾生故 作如是問. 汝今善聽 吾爲汝等 略說少耳.
관세음보살은 대범천왕에게 말씀하시었다.
"그대는 방편으로 일체중생을 이익되게 하려고 나에게 이와 같이 묻는구나. 너희는 잘 들어라. 내가 너희들을 위하여 간략하게 조금이나마 말하리라."

觀世音菩薩言. 大慈悲心是 平等心是 無爲心是 無染著心是 空觀心是 恭敬心是 卑下心是 無雜亂心 無見取心是 無上菩提心是. 當知如是等心 卽是陀羅尼相貌. 汝當依此而修行之.
관세음보살께서 말씀하시었다.
"대자비심이 이것이며, 평등심平等心이 이것이며, 무위심無爲心이 이것이며, 무염착심無染着心이 이것이며, 공관심空觀心이 이것이며, 비하심卑下心이 이것이며, 무잡난심無雜亂心이 이것이며, 무견취심無見取心이 이것이며, 무상보리심無上菩提心이 이것이니, 마땅히 알아라. 이와 같은 마음이 곧 이 다라니의 모양이니 너희들은 마땅히 이것을 의지하여 수행하여야 할 것이다."

大梵王言. 我等大衆 今始識此陀羅尼相貌. 從今受持 不敢忘失.
대범천왕이 말하였다.

"저희 대중은 지금에야 비로소 이 다라니의 모양을 알았으니 지금부터 받아 지녀 잊지 않겠습니다."

九. [송지옹호(誦持擁護)]

觀世音言. 若善男子善女人 誦持此神呪者 發廣大菩提心 誓度一切衆生. 身持齋戒 於諸衆生 起平等心. 常誦此呪 莫令斷絕. 住於淨室 澡浴淸淨 著淨衣服. 懸旛然燈 香華 百味飮食 以用供養. 制心一處 更莫異緣 如法誦持.
관세음보살께서 말씀하시었다.

"만약 선남자나 선여인이 이 신주를 외워 지니는 자는 넓고 큰 보리심을 내어 일체중생을 제도하기를 맹세하며 몸으로 청정히 계율을 지키고 모든 중생에게 평등한 마음을 일으키며 항상 이 주문을 외우면서 끊어지지 않게 해야 한다. 깨끗한 방에 거처하면서 청정하게 목욕을 하고 깨끗한 의복을 입어야 하며 깃발을 걸고 등燈을 밝히고 향과 꽃과 온갖 음식으로 공양을 올리며, 마음을 한 곳으로 거두어 다른 반연을 생각하지 말고 여법하게 외워 지녀야 한다."

是時當有 日光菩薩 月光菩薩與無量神仙 來爲作證 益其效驗.
이럴 때에 마땅히 일광보살과 월광보살과 한량없는 신선들이 와서 증명하여 그 효험을 더해 줄 것이다.

我時當以千眼照見 千手護持. 從是以往所是世間經書 悉能受持 一切外道法術 韋陀典籍 亦能通達.

나는 이때 천 개의 눈으로 비추어 보고 천 개의 손으로 보살펴 줄 것이다. 이를 좇아 예전부터 있던 세간의 경서經書를 모두 받아 지니게 되고 일체 외도들이 가르치는 법술과 베다Veda와 전적典籍들도 통달하게 된다.

誦持此神呪者 世間八萬四千種病 悉皆治之 無不差者. 亦能使令一切鬼神 降諸天魔 制諸外道.

이 신주를 외우는 자는 세상의 팔만사천 가지 병을 모두 치료하여 낫게 하지 못할 것이 없으며, 또한 일체 귀신들을 부리며 모든 천마를 항복받고 모든 외도를 제압할 수 있게 된다.

若在山野 誦經坐禪 有諸山精 雜魅 魍魎 鬼神 橫相惱亂 心不安定者 誦此呪一遍, 是諸鬼神 悉皆被縛也.

만약 산이나 들에서 경전을 외우고 좌선하고 있을 때 산에 있는 도깨비나 잡된 귀신들이 나타나 괴롭히고 어지럽혀서 마음이 안정되지 못하는 자가 이 주문을 한 편 외우면 모든 귀신들이 모두 다 묶이어 사로잡히게 될 것이다.

若能如法誦持 於諸眾生 起慈悲心者 我時當勅一切善神 龍王 金剛密迹 常隨衛護 不離其側 如護眼睛 如護已命.

만약 여법하게 외워 가지면서 모든 중생에게 자비심을 일으키는 자는 내가 그때 마땅히 일체 선신善神과 용왕과 금강밀적金剛密迹에게 분부하여 항상 따라 옹호하며 그 곁을 떠나지 않고 마치 눈동자를 보호하듯 자기 목숨을 보호하듯이 할 것이다.

그리고 게송으로 분부하였다. 說偈勅曰.

나는 밀적금강사와 我遣密迹金剛士,
오추군다리와 앙구시와 烏芻君茶鴦俱尸,
팔부역사와 상가라를 보내어 八部力士賞迦羅,
항상 이 주문 수지受持하는 자를 옹호하리라. 常當擁護受持者.

나는 마혜수라와 나라연과 我遣梵摩三鉢羅,
금강라타와 가비라를 보내어 五部淨居炎摩羅,
항상 이 주문 수지하는 자를 옹호하리라. 常當擁護受持者.

나는 바삽과 사루라와 我遣釋王三十三,
만선거발과 진다라를 보내어 大辯功德婆怛那,
항상 이 주문 수지하는 자를 옹호하리라. 常當擁護受持者.

나는 살차와 마화라와 我遣婆馺娑樓羅,
구란단타와 반지라를 보내어 滿善車鉢真陀羅,

항상 이 주문 수지하는 자를 옹호하리라.　　　常當擁護受持者.

나는 필바가라왕과　　　　　　　　　　　　我遣薩遮摩和羅,
웅덕비다와 살화라를 보내어　　　　　　　　鳩闌單吒半祇羅,
항상 이 주문 수지하는 자를 옹호하리라.　　　常當擁護受持者.

나는 범마와 삼발라와　　　　　　　　　　　我遣畢婆伽羅王,
오부의 정거천과 염마라를 보내어　　　　　　應德毘多薩和羅,
항상 이 주문 수지하는 자를 옹호하리라.　　　常當擁護受持者.

나는 제석천왕과 삼십삼천과　　　　　　　　我遣摩醯那羅延,
큰 변재의 공덕을 갖춘 발달나를 보내어　　　金剛羅陀迦毘羅,
항상 이 주문 수지하는 자를 옹호하리라.　　　常當擁護受持者.

나는 제두뢰타왕과　　　　　　　　　　　　我遣提頭賴吒王,
신모녀 등의 큰 힘을 가진 무리들을 보내어　　神母女等大力眾,
항상 이 주문 수지誦持하는 자를 옹호하리라.　常當擁護受持者.

나는 비루륵차왕과　　　　　　　　　　　　我遣毘樓勒叉王,
비루박차와 비사문을 보내어　　　　　　　　毘樓博叉毘沙門.

378

千手千眼觀世音菩薩廣大圓滿無礙大悲心陀羅尼經

항상 이 주문 수지하는 자를 옹호하리라.　　常當擁護受持者.

나는 금색공작왕과　　我遣金色孔雀王,

이십팔부 큰 신선무리들을 보내어　　二十八部大仙眾,

항상 이 주문 수지하는 자를 옹호하리라.　　常當擁護受持者.

나는 마니 구슬 물고 있는 발타라와　　我遣摩尼跋陀羅,

산지대장 불라바를 보내어　　散支大將弗羅婆,

항상 이 주문 수지하는 자를 옹호하리라.　　常當擁護受持者.

나는 난타와 발난타와　　我遣難陀跋難陀,

바가라용과 이발라용을 보내어　　婆伽羅龍伊鉢羅,

항상 이 주문 수지하는 자를 옹호하리라.　　常當擁護受持者.

나는 수라와 건달바와　　我遣修羅乾闥婆,

가루라와 긴나라와 마후라가를 보내어　　迦樓緊那摩睺羅,

항상 이 주문 수지하는 자를 옹호하리라.　　常當擁護受持者.

나는 물 불 우레 번개의 신과　　我遣水火雷電神,

구반다왕과 비사사를 보내어　　鳩槃茶王毘舍闍,

항상 이 주문 수지하는 자를 옹호하리라.　　常當擁護受持者.

是諸善神及神龍王 神母女等 各有五百眷屬 大力夜叉 常隨擁護 誦持大
悲神呪者. 其人若在空山 曠野 獨宿孤眠 是諸善神 番代宿衛 辟除災障.
若在深山 迷失道路 誦此呪故 善神龍王 化作善人 示其正道. 若在山林
曠野 乏少水火 龍王護故 化出水火.

이 모든 선신善神과 신神 용왕龍王과 신모녀神母女등은 각각 오백권속五百
眷屬과 큰 힘을 가진 야차夜叉가 있으니 대비신주를 외워가지는 자를
항상 따르면서 옹호할 것이며, 그 사람이 만약 빈산이나 광야에 홀로
외로이 잠자고 있으면 이 모든 선신들이 번갈아가며 밤새도록 지켜주
면서 재난과 장애를 물리쳐 없애줄 것이며, 만약 깊은 산 속에서 길을
잃었을 때 이 주문을 외우면 선신이나 용왕이 선한 사람으로 변화하여
바른 길로 인도 해주며, 만약 숲이나 넓은 들판에서 물과 불이 부족한
곳에 있더라도 용왕이 보호해 주기 때문에 물이 솟아나고 불이 나타나
게 될 것이다.

十. [소제재화(消除災禍)]

觀世音菩薩復為誦持者 說消除災禍 清涼之偈

관세음보살은 다시 다라니를 송지誦持하는 자를 위해 재액災厄과 앙화
殃禍를 없애고 청량清凉해지는 게송을 설하시었다.

넓은 들과 산과 못의 가운데를 지나다가	若行曠野山澤中,
호랑이나 포악한 짐승들의 무리와	逢值虎狼諸惡獸,

뱀이나 도깨비나 귀신을 만나도 　　蛇蚖精魅魍魎鬼,
이 주문을 외우면 해치지 못하리라. 　　聞誦此呪莫能害.

강이나 호수나 바다를 지나다가 　　若行江湖滄海間,
독룡이나 교룡이나 마갈수를 만나고 　　毒龍蛟龍摩竭獸.
야차와 나찰과 악어를 만나도 　　夜叉羅刹魚黿鼉.
이 주문을 외우면 저절로 숨으리라. 　　聞誦此呪自藏隱.

군진에서 적에게 포위되거나 　　若逢軍陣賊圍繞,
악인에게 재물을 빼앗길 때도 　　或被惡人奪財寶.
지극한 정성으로 대비주를 외워라. 　　至誠稱誦大悲呪,
저들은 자비심을 일으켜서 되돌아가리. 　　彼起慈心復道歸.

국가의 관리되어 봉록을 받다가 　　若為王官收錄身,
옥에 갇혀 큰 칼 쓰고 족쇄에 묶이어도 　　囹圄禁閉枷杻鎖.
지극한 정성으로 대비주를 외우면 　　至誠稱誦大悲呪,
관청에서 은덕열고 석방되어 돌아오리. 　　官自開恩釋放還.

들길가다 나쁜 집에 잘못 들어가 　　若入野道蠱毒家,
음식에 독약 넣어 해치려 할 때 　　飲食有藥欲相害.
지극한 정성으로 대비주를 외우면 　　至誠稱誦大悲呪,

독약이 변하여 감로장甘露漿이 되리라.   毒藥變成甘露漿.

여인이 아기 낳다 어려울 때에   女人臨難生產時,
삿된 마귀 장애하여 고통 참기 어려우니   邪魔遮障苦難忍,
지극한 정성으로 대비주를 외우면   至誠稱誦大悲呪,
귀신은 물러가고 편안하게 낳으리라.   鬼神退散安樂生.

나쁜 용과 역귀疫鬼가 독기를 퍼뜨려서   惡龍疫鬼行毒氣,
열병이 휩쓸어 죽게 될 때에   熱病侵陵命欲終,
지극한 마음으로 대비주를 외우면   至心稱誦大悲呪,
전염병은 없어지고 수명은 길어지리.   疫病消除壽命長.

용과 귀신 독한 종기 온갖 병을 유행시켜   龍鬼流行諸毒腫,
피고름의 아린 상처 고통 참기 어려울 때   癰瘡膿血痛叵堪,
지극한 마음으로 대비주를 외우면서   至心稱誦大悲呪,
침을 세 번 바르면 독한 종기 없어지리.   三唾毒腫隨口消.

중생들이 악해서 나쁜 생각 일으키어   眾生濁惡起不善,
도깨비로 저주하며 원수 맺어 해칠 때   厭魅呪詛結怨讎,
지극한 마음으로 대비주를 외우면   至心稱誦大悲呪,
도깨비는 도리어 본인에게 붙으리라.   厭魅還著於本人.

중생이 혼탁하여 정법이 멸할 때에 惡生濁亂法滅時,
음욕 불길 치성하고 마음이 뒤집혀져 婬欲火盛心迷倒,
아내 남편 저버리고 색탐하는 바람나서 棄背妻婿外貪染,
주야로 삿된 생각 멈추지 않거든 晝夜邪思無暫停,
만약 능히 지성으로 대비주를 외우면 若能稱誦大悲呪,
음욕 불길 사라지고 삿된 마음 없어지리. 婬欲火滅邪心除.

내가 만약 대비심주大悲心呪 공덕을 찬탄하면 我若廣讚呪功力,
한 겁 동안 설하여도 다 마칠 수 없으리라. 一劫稱揚無盡期.

十一. [가피결계(加被結界)]

爾時 觀世音菩薩 告梵天言. 誦此呪五遍 取五色線作索 呪二十一遍 結作二十一結 繫項.

그때에 관세음보살이 범천왕에게 말씀하였다.

"이 다라니를 다섯 번 외우며 오색五色실로 노끈을 만들고, 다라니를 스물한 번 외우며 그 노끈을 스물한 번의 매듭을 만들어 목에다 맬지어다."

此陀羅尼 是過去九十九億恒河沙諸佛所說. 彼等諸佛 爲諸行人 修行六度 未滿足者 速令滿足故 未發菩提心者 速令發心故. 若聲聞人 未證果者 速令證故.

이 다라니는 과거 99억 항하사 모래 수와 같은 모든 부처님께서 설하신 것이다. 그 모든 부처님께서는 모든 수행인을 위하시어, 육바라밀의 수행이 만족되지 못한 자는 속히 만족하게 하고, 보리심을 내지 못한 자는 속히 발심하게 하며, 성문聲聞으로 성과聖果를 증득證得하지 못한 자는 속히 증득하게 하기 때문이다.

若三千大千世界內 諸神仙人 未發無上菩提心者 令速發心故. 若諸眾生 未得大乘信根者 以此陀羅尼威神力故 令其大乘種子 法芽增長. 以我方便慈悲力故 令其所須 皆得成辦. 大三千大千世界 幽隱闇處 三塗眾生 聞我此呪 皆得離苦.

만약 삼천대천세계 안의 모든 신과 선인仙人이 무상보리심無上菩提心을 발하지 못한 자는 속히 발심되게 하고, 모든 중생이 대승大乘의 신근信根을 얻지 못한 자는 이 다라니의 위신력 때문에 그 대승종자大乘種子의 법아法芽를 증장增長케 하며, 나의 방편과 자비의 힘 때문에 그로 하여금 필요한 바를 다 갖추게 하며, 큰 삼천대천세계에 깊고 어두운 곳의 삼악도 중생이 나의 이 주문을 들으면 모두가 괴로움을 여의게 된다.

有諸菩薩 未階初住者 速令得故 乃至令得十住地故. 又令得到佛地故 自然成就三十二相 八十隨形好.

또 모든 보살이 초지에 오르지 못한 자는 속히 오르게 하고, 내지 십지十地에 이르게 하며, 또 불지佛地에도 이르게 하므로 자연히 삼십이상三十二相과 팔십종호八十種好를 성취하게 한다.

若聲聞人 聞此陀羅尼 一經耳者 修行 書寫此陀羅尼者 以質直心 如法而住者 四沙門果 不求自得.
만약 성문의 사람이 이 다라니를 한 번이라도 귀에 스쳐들은 자와, 이를 수행하며 이 다라니를 베껴 쓴 자와 정직한 마음으로 여법하게 머무는 자는 네 가지 사문의 성과聖果를 구하지 아니하여도 자연히 얻게 된다.

若三千大千世界內 山河 石壁 四大海水 能令涌沸 須彌山及鐵圍山 能令搖動 又令碎如微塵 其中衆生 悉令發無上菩提心.
저 삼천대천세계 가운데 산과 냇물과 석벽石壁과 사대해수四大海水를 능히 솟아올라 들끓게 하고 수미산과 철위산을 능히 요동시키거나 또는 티끌같이 부서지게 할 수 있으며, 그 가운데 중생들이 모두 위없는 보리심을 발하도록 한다.

若諸衆生, 現世求願者 於三七日 淨持齋戒 誦此陀羅尼 必果所願. 從生死際 至生死際 一切惡業 並皆滅盡. 三千大千世界內 一切諸佛 菩薩 梵釋 四天王 神仙 龍王 悉皆證知.
만약 모든 중생이 현세에서 원을 구하는 자는 3·7[21]일 동안 깨끗이 계율을 지키면서 이 다라니를 외우면 반드시 소원을 성취하고, 나고 죽고 나고 죽으며 지어온 일체 악업도 아울러 다 사라지게 하니, 삼천대천세계 가운데 일체의 모든 부처님과 보살과 범천과 제석帝釋과 사천왕四天王과 신선神仙과 용왕龍王이 모두 다 증명하리라.

若諸人天 誦持此陀羅尼者 其人若在江河大海中沐浴 其中眾生 得此人浴身之水 霑著其身 一切惡業 重罪 悉皆消滅 即得轉生他方淨土 蓮華化生 不受胎身 濕卵之身 何況受持讀誦者.

만약 모든 사람과 하늘 대중 가운데 이 다라니를 외워 지니는 사람이 강이나 냇물이나 큰 바다에서 목욕하면 그 물 가운데 사는 중생들은 이 사람의 목욕한 물이 그 몸을 적시기만 해도 일체 악업과 큰 죄가 모두 소멸되어 곧바로 다른 곳의 정토에 연꽃으로 화생하여 태생胎生의 몸이나 습생濕生, 난생卵生의 몸을 받지 않게 되는데, 하물며 받아가지고 독송하는 자는 말할 것이 있겠는가?

若誦持者 行於道路 大風時來 吹此人身 毛髮 衣服 餘風下過 諸類眾生 得其人飄身風 吹著身者 一切重罪 惡業 並皆滅盡 更不受三惡道報 常生佛前. 當知 受持者 福德果報 不可思議.

만약 이 다라니를 외워 지니는 자가 길을 가는데 큰 바람이 때마침 불어와 그 사람의 몸이나 머리털이나 옷을 스친 바람이 모든 종류의 중생들을 지나가면, 그 사람의 몸을 스친 바람이 닿기만 해도 일체 무거운 죄와 나쁜 업이 아울러 모두 없어져서 다시는 삼악도의 과보를 받지 않고 항상 부처님 곁에 태어나게 되니, 마땅히 알아라, 이 주문 받아 지니는 자는 그 복덕의 과보가 불가사의한 것이다.

誦持此陀羅尼者 口中所出言音 若善 若惡 一切天魔 外道 天 龍 鬼神

聞者皆是淸淨法音 皆於其人起恭敬心 尊重如佛.
이 다라니를 외워 지니는 자가 입으로 하는 말소리가 좋은 말이든 나쁜 말이든, 모든 하늘마구니[天魔]나 외도外道나 하늘이나 용이나 귀신이나 듣는 자에게 모두 청정한 법음이 되고 모두가 그 사람에게 공경하는 마음을 내어 부처님과 같이 존경하리라.

誦持此陀羅尼者 當知其人 卽是佛身藏 九十九億恒河沙諸佛所愛惜故.
이 다라니를 외워 지니는 자는 그 사람이 곧 부처님 몸의 곳간인 줄 알아야 하니, 99억 항하사의 모든 부처님께서 사랑하시고 아껴주시기 때문이다.

當知其人 卽是光明身 一切如來光明照故.
그 사람이 곧 광명의 몸인 줄 알아야 하니, 일체 여래如來의 광명이 항상 비추기 때문이다.

當知其人 是慈悲藏 恒以陀羅尼救衆生故.
그 사람이 곧 자비의 곳간인 줄 알아야 하니, 항상 이 다라니로 일체 중생을 구제하기 때문이다.

當知其人 是妙法藏 普攝一切諸陀羅尼門故.
그 사람이 곧 묘법의 곳간인 줄 알아야 하니, 일체 다라니 문을 널리 거두었기 때문이다.

當知其人 是禪定藏 百千三昧常現前故.
그 사람이 선정의 곳간인 줄을 알아야 하니, 백천 삼매가 항상 앞에 나타나기 때문이다.

當知其人 是虛空藏 常以空慧觀眾生故.
그 사람이 허공의 곳간인 줄을 알아야 하니, 항상 공空한 지혜로써 중생을 살피기 때문이다.

當知其人 是無畏藏 龍天善神常護持故.
그 사람이 무외無畏의 곳간인 줄을 알아야 하니, 용과 하늘과 착한 신들이 항상 보살펴 지켜주기 때문이다.

當知其人 是妙語藏 口中陀羅尼音無斷絕故.
그 사람이 미묘한 언어의 곳간인 줄을 알아야 하니, 입 가운데 다라니 소리가 끊어지지 않기 때문이다.

當知其人 是常住藏 三災惡劫不能壞故.
그 사람이 상주常住의 곳간인 줄을 알아야 하니, 삼재三災가 들어 닥치는 악한 시대에도 능히 무너지지 않기 때문이다.

當知其人 是解脫藏 天魔外道不能繫留故.

그 사람이 해탈解脫의 곳간인 줄을 알아야 하니, 천마와 외도가 능히 얽매어 두지 못하는 까닭이다.

當知其人 是藥王藏 常以陀羅尼療眾生病故.
그 사람이 약왕藥王의 곳간인 줄을 알아야 하니, 항상 이 다라니로 중생의 병을 치료하는 까닭이다.

當知其人 是神通藏 遊諸佛國得自在故. 其人功德讚不可盡.
그 사람이 신통神通의 곳간인 줄을 알아야 하니, 모든 부처님 국토에 노닐면서 자재하기 때문이다. 그 사람의 공덕은 찬탄을 다 말할 수 없다.

善男子 若復有人 厭世間苦 求長生樂者 在閑淨處, 清淨結界. 呪衣著 若水 若食 若香 若藥 皆呪一百八遍 服必得長命.
선남자야, 만약 어떤 사람이 세상의 괴로움을 싫어해서 오래 사는 즐거움을 구하고자 하면 한가하고 조용한 곳에 있으면서 청정한 구역[結界:깨끗이 재계를 지키고 공부할 도량을 정하는 것]을 정하여 주문을 외우면서 옷을 입고, 물을 마시거나 밥을 먹거나 향을 사루거나 약을 먹을 때에 모두 일백팔편一百八遍씩 주문을 외우고 복용하면 반드시 수명이 길어지게 될 것이다.

若能如法結界 依法受持 一切成就.
만약 능히 여법하게 결계하고 여법하게 대다라니를 받아 지니면 모든 것을 다 성취하게 된다.

其結界法者 取刀 呪二十一遍 劃地爲界.
그 결계법이란 칼을 가지고 주문을 스물한 번 외우며 땅을 그어서 경계를 삼거나,

或取淨水 呪二十一遍 散著四方爲界. 或取白芥子 呪二十一遍 擲著四方爲界.
혹은 깨끗한 물을 가지고 주문을 스물한 번 외우며 사방에 뿌려서 경계를 삼거나, 혹은 흰 겨자씨芥子를 가지고 주문을 스물한 번 외우며 사방으로 던져서 경계를 삼거나,

或以想到處爲界 或取淨灰 呪二十一遍爲界. 或呪五色線二十一遍 圍繞四邊爲界. 皆得. 若能如法受持 自然剋果.
혹은 생각 닿는 곳으로 경계를 삼거나, 혹은 깨끗한 재를 뿌리며 주문을 스물한 번 외우며 경계를 삼거나, 혹은 오색五色 실을 가지고 주문을 스물한 번 외우며 사방 가장자리에 둘러쳐서 경계를 삼거나, 어떤 방법이든 모두 그렇게 할 수가 있으니, 만약 여법하게 받아 지니면 자연히 좋은 결과를 얻을 것이다.

若聞此陀羅尼名字者 尙滅無量劫生死重罪 何況誦持者.

만약 이 다라니 이름만 듣더라도 오히려 무량겁 동안에 나고 죽으면서 지은 무거운 죄가 없어질 것인데, 어찌 하물며 외워 지니는 자는 말할 것이 있겠는가?

若得此神呪誦者 當知其人 已曾供養無量諸佛 廣種善根
만약 이 다라니를 얻어서 외우는 자는 이미 무량한 모든 부처님께 공양하여 널리 선근善根을 심은 줄 알아야 한다.

若能爲諸衆生 拔其苦難 如法誦持者 當知其人 卽是具大悲者 成佛不久. 所見衆生 皆悉爲誦 令彼耳聞 與作菩提因 是人功德 無量無邊, 讚不可盡.
만약 능히 모든 중생을 위해서 그 괴로움과 어려움을 건져주려고 여법하게 외워 지니는 그 사람은 곧 대비大悲를 갖춘 자이니 멀지 않아 부처를 이루게 될 것임을 알아라. 보이는 모든 중생에게 모두 이 주문을 외우게 하고 귀로 듣게 하여 보리菩提의 인因을 지어준다면 이 사람의 공덕은 무량무변하여 아무리 찬탄해도 다 말할 수 없느니라.

若能精誠用心 身持齋戒 爲一切衆生 懺悔先業之罪 亦自懺謝 無量劫來 種種惡業 口中馺馺 誦此陀羅尼 聲聲不絶者 四沙門果 此生卽證. 其利根有慧 觀方便者 十地果位 剋獲不難 何況世間小小福報 所有求願 無不果遂者也.

만약 능히 정성스럽게 마음을 쓰고 몸으로는 재계를 청정히 가지면
서 일체중생을 위해서 지금까지 지어온 업의 죄를 참회하고, 또한 스
스로 한량없는 세월동안 살아오면서 지은 갖가지 악업을 정성껏 참
회하며 입으로는 삽삽駁駁: 빨리빨리히 이 다라니를 외우되 소리소리가
끊어지지 않게 하면 네 가지 사문沙門의 성과聖果를 이 일생에서 바로
증득하게 된다. 그 영리한 근기로 지혜가 있어 방편方便을 관觀하는 자
는 십지과위十地果位를 얻는 것이 어렵지 않거늘, 하물며 세간의 조그
마한 복의 과보이겠는가? 그 사람이 원하는 것은 결과를 이루지 못하
는 것이 없으리라.

若欲使鬼者 取野髑髏淨洗 於千眼像前設壇場 以種種香華飮食祭之 日
日如是 七日必來現身 隨人使令.
만약 귀신을 부리려는 자는 들판의 해골을 가져다가 깨끗이 씻어 천안
관세음상 앞에 단장壇場을 시설하고 갖가지 향과 꽃과 음식으로 제사
지내기를 날마다 이렇게 하여 7일이 되면 반드시 와서 몸을 나타내어
사람이 시키는 대로 따를 것이다.

若欲使四天王者 呪檀香燒之. 由此菩薩大悲願力深重故 亦為此陀羅尼
威神廣大故.
만약 사천왕을 부리려는 자도 다라니를 외우며 전단향을 피우며 그렇
게 하라. 이 관세음보살의 대비원력이 깊고 두터운 때문이며, 또 이 다

라니의 위신력이 광대廣大한 때문이니라.

佛告阿難. 若有國土 災難起時 是土國王 若以正法治國 寬縱人物 不枉衆生 赦諸有過 七日七夜 身心精進 誦持如是大悲心陀羅尼神呪 令彼國土 一切災難 悉皆除滅 五穀豐登 萬姓安樂.

부처님께서 아난에게 말씀하시었다.

"만약 국토에 재난이 일어날 때 이 국토의 왕이 정법正法으로 국가를 다스리고 사람들을 너그러이 놓아주며 중생들을 억압하지 않고 모든 허물을 용서하며 칠일칠야七日七夜 동안 몸과 마음을 가다듬어 정진하면서 이와 같이 이 대비심다라니大悲心陀羅尼인 신주神呪를 외워 지니면, 그 국토의 일체 재난이 모두 사라지고 오곡이 풍성하여 모든 백성은 안락하게 될 것이다."

又若爲於他國怨敵 數來侵擾 百姓不安 大臣謀叛 疫氣流行 水旱不調 日月失度. 如是種種災難起時 當造千眼大悲心像 面向西方 以種種香華幢旛 寶蓋 或百味飮食 至心供養. 其王又能七日七夜 身心精進 誦持如是陀羅尼神妙章句. 外國怨敵 卽自降伏 各還政治 不相擾惱 國土通同慈心相向. 王子百官 皆行忠赤 妃后婇女 孝敬向王. 諸龍鬼神 擁護其國. 雨澤順時 果實豐饒 人民歡樂.

또 만약 딴 나라의 원수와 적들이 자주 침입하여 백성들은 불안하고 대신大臣들은 배반하며 전염병은 유행하고 물난리와 가뭄이 고르지 못하며 해와 달은 법도를 잃어버리는 이와 같은 갖가지 재난이 일어날 때에는, 마땅히 천안대비심상千眼大悲心像을 조성하여 서방西方으로 향하게 모시고 갖가지 향과 꽃과 당번幢幡과 보개寶蓋와 온갖 맛있는 음식을 지극한 마음으로 정성껏 공양하라. 그 국왕이 또 칠일칠야 동안 몸과 마음을 오로지 하여 이 다라니의 신묘장구神妙章句를 외워 지니면 외국의 원적怨敵이 저절로 항복하고 각기 돌아가 다스리면서 서로 요란 피워 번거롭게 하지 않게 되고, 국토는 통일되어 자심慈心으로 서로를 대하게 되리라. 왕자王子와 백관百官이 모두 충직하고 후비后妃와 시녀들은 왕에게 효순하고 공경할 것이며, 모든 용龍과 귀신들이 그 나라를 옹호하고 비는 윤택하게 순조로이 때맞추어 내리고 과실은 풍요하여 인민들은 즐거워 할 것이다.

又若家內 遇大惡病 百怪競起 鬼神邪魔 耗亂其家 惡人橫造口舌 以相謀害 室家大小內外不和者 當向千眼大悲像前 設其壇場 至心念觀世音菩薩. 誦此陀羅尼 滿其千遍 如上惡事 悉皆消滅 永得安隱.
"또 만약 집안에 아주 몹쓸 큰 병을 만나 온갖 괴이한 일들이 일어나서 귀신과 삿된 마구니가 그 집안을 축내고 어지럽히며 나쁜 사람들이 아무렇게나 나쁜 말을 만들어 서로 해칠 것을 꾀하여 집안의 대소간이나 내외간에 불화가 될 때에, 마땅히 천안대비상千眼大悲像의 앞에 단장壇場을 시설하고 지극한 마음으로 관세음보살을 부르고 이 다라니를 외워 천 편을 채우면 위와 같은 나쁜 일들은 모두 없어지고 영원히 안온하게 될 것이다."

十二. [명호수지(名號受持)]

阿難白佛言. 世尊, 此呪名何. 云何受持.

아난이 부처님께 여쭈었다.

"세존이시여, 이 주呪의 이름은 무엇이며, 어떻게 받아 지녀야 합니까?"

佛告阿難. 如是神呪有種種名. 一名 廣大圓滿. 一名 無礙大悲. 一名 救苦陀羅尼. 一名 延壽陀羅尼. 一名 滅惡趣陀羅尼. 一名 破惡業障陀羅尼. 一名 滿願陀羅尼. 一名 隨心自在陀羅尼. 一名 速超上地陀羅尼. 如是受持.

부처님께서 아난에게 말씀하시었다.

"이 신주神呪는 가지가지 이름이 있으니, 일명 광대원만廣大圓滿이며, 일명 무애대비無礙大悲이며, 일명 구고다라니救苦陀羅尼이며, 일명 연수다라니延壽陀羅尼이며, 일명 멸악취다라니滅惡趣陀羅尼이며, 일명 파악업장다라니破惡業障陀羅尼이며, 일명 만원다라니滿願陀羅尼이며, 일명 수심자재다라니隨心自在陀羅尼이며, 일명 속초상지다라니速超上地陀羅尼이니, 이와 같이 받아 지니라."

阿難白佛言. 世尊 此菩薩摩訶薩 名字何等 善能宣說如是陀羅尼.

아난이 부처님께 여쭈었다.

"세존이시여, 이 보살마하살의 이름이 무엇이기에 아주 능히 이와 같은 큰 다라니陀羅尼를 잘 설할 수 있습니까?"

395

佛言 此菩薩名觀世音自在 亦名撚索 亦名千光眼.
부처님께서 말씀하시었다.

"이 보살의 이름은 '관세음자재觀世音自在'이며, 또한 '연색撚索: 구원의 동아줄'이며, 또한 '천광안千光眼'이니라."

善男子 此觀世音菩薩 不可思議威神之力 已於過去無量劫中 已作佛竟 號"正法明如來". 大悲願力 為欲發起一切菩薩 安樂成熟諸眾生故 現作菩薩.
선남자여, 이 관세음보살은 불가사의한 위신력이 있으니 이미 과거의 한량없는 아승지겁 가운데 벌써 부처를 이루었으며, 명호는 정법명여래正法明如來라 하였다. 대비원력으로 일체 보살을 발기시키고 일체중생을 안락하게 성숙시키고자 짐짓 보살이 되었느니라.

汝等大衆 諸菩薩摩訶薩 梵 釋 龍 神 皆應恭敬 莫生輕慢. 一切人天 常須供養. 專稱名號 得無量福 滅無量罪 命終往生阿彌陀佛國.
"너희 대중과 모든 보살마하살과 범천과 제석과 용과 신들은 다 공경하여 가벼이 업신여기지 말라. 모든 사람과 하늘이 항상 공양하고 오로지 그 명호를 부르면 한량없는 복을 얻고 한량없는 죄를 소멸하게 되며 목숨이 마치면 극락세계인 아미타불阿彌陀佛 국토에 왕생하게 되리라."

十三. [방편구환(方便救患)]

佛告阿難. 此觀世音菩薩 所說神呪 真實不虛. 若欲請此菩薩來 呪拙具羅香三七遍 燒 菩薩即來(拙具羅香, 安息香也).

부처님께서 아난에게 말씀하시었다.

"이 관세음보살이 설한 신주神呪는 진실하여 헛되지 않다. 만약 이 보살을 청하여 오게 하려면 졸구라향을 태우면서 다라니를 스물한 번 외우면 보살이 곧바로 오게 된다." [졸구라향은 안식향安息香이다.]

若有猫兒所著者 取弭哩吒那(死猫兒頭骨也)燒作灰 和淨土泥 捻作猫兒形 於千眼像前 呪鑌鐵刀子一百八遍 段段割之 亦一百八段 遍遍一呪 一稱彼名 即永差不著.

만약 고양이가 붙은 자는 아리타나[죽은 고양이의 머리뼈]를 태워 재를 만들어 깨끗한 진흙에 섞어 고양이 모양을 빚어서 천안상千眼像 앞에서 강철로 된 칼을 들고 다라니를 108번 외우며 토막토막 쪼개어 108토막을 만들어 다라니를 한 번 외울 때마다 그 이름을 한 번씩 부르면 영원히 낫게 되어 다시는 붙지 않을 것이다.

若爲蠱毒所害者, 取藥刼布羅(龍腦香也) 和拙具羅香 各等分 以井華水一升和煎 取一升 於千眼像前 呪一百八遍 服 即差.

만약 벌레의 독에 해를 입은 자는 겁포라향[용뇌향; 龍腦香]을 가져다 졸구라향과 똑같은 분량으로 섞고 정화수 한 되와 섞어 달여서 그 한 되를 천안상 앞에 가져다 놓고 다라니를 108편 외우고 마시면 바로 낫는다.

若爲惡蛇蠍所螫者 取乾薑末 呪一七遍 著瘡中 立即除差.
만약 독사나 전갈의 독에 쏘인 사람은 마른 생강가루를 가져다 다라니를 일곱 편 외우고 상처에 붙이면 그 자리에서 곧 낫게 된다.

若爲惡怨橫相謀害者 取淨土 或麵 或蠟 捻作本形 於千眼像前 呪鑌鐵刀 一百八遍 一呪一截一稱彼名 燒盡一百八段 彼即歡喜 終身厚重 相愛敬.
만약 악한 원수가 해코지를 하거나 투서로 모함하는 자가 있거든 깨끗한 흙이나 밀가루 또는 밀랍을 가져다 본인의 모습을 빚어 만들어 천안상 앞에서 강철로 된 칼을 들고 다라니를 108편 외우면서, 한편 외울 때마다 한 토막 내며 그의 이름을 한 번 부르고, 그 108토막을 다 태워버리면, 그 이도 기뻐하고 종신토록 두텁게 서로 사이좋게 아끼며 공경할 것이다.

若有患眼睛壞者 若靑盲眼暗者 若白暈 赤膜 無光明者 取訶梨勒果 菴摩勒果 鞞醯勒果 三種各一顆 擣破細硏. 當硏時 唯須護淨 莫使新產婦人及猪狗見. 口中念佛 以白蜜 若人乳汁 和封眼中. 著其人乳 要須男孩子母乳 女母乳不成. 其藥和竟 還須千眼像前 呪一千八遍 著眼中 滿七日 在深室愼風 眼睛還生. 靑盲 白暈者 光奇盛也.
만약 눈병을 앓아서 눈알이 무너졌거나 청맹과니나 백내장이나 붉은 막이 생겨 빛을 보지 못하는 자는 가리륵과訶梨勒果와 암마륵과菴摩勒果와 비혜륵과鞞醯勒果 이 세 가지를 각 한 알씩 가져다 두들겨 부수어 가

늘게 갈되, 갈 때에는 반드시 깨끗이 보호하여 새로 애 낳은 부인이나 돼지나 개가 보지 못하게 하고, 입으로는 염불하여야 하며 맑은 꿀이나 또는 사람 젖과 섞어서 눈에다 붙이도록 하라. 사람의 젖을 쓸 때에는 반드시 남자아이의 모유母乳를 써야 하고 여자아이의 모유를 써서는 안 된다. 그 약을 다 섞으면 다시 천안관음상 앞에 가서 다라니를 108편 외우고 눈에 붙이어 만 7일 동안 깊은 방안에 있으면서 바람을 쐬지 않으면 눈알이 도로 살아날 것이니, 청맹과니나 백내장 낀 이는 빛을 보게 될 것이다.

若患瘧病著者 取虎豹豺狼皮 呪三七遍 披著身上 卽差. 師子皮最上.
만일 학질을 앓는 사람은 호랑이나 표범, 늑대나 이리의 가죽을 구해다 다라니를 21편 외우면서 몸에 걸치고 있으면 바로 낫는데, 사자 가죽이 최상이다.

若被蛇螫 取被螫人結聹 呪三七遍 著瘡中 卽差.
만약 뱀에 물린 사람은 뱀에 물렸던 사람의 귀지[귓구멍 속의 때]를 가져다 다라니를 21편 외우고 상처에 바르면 바로 낫는다.

若患惡瘧 入心悶絶欲死者 取桃膠一顆 大小亦如桃顆 淸水一升和煎 取半升 呪七遍 頓服盡 卽差. 其藥莫使婦人煎.
만약 몹쓸 학질이 심장에 들어 죽게 된 사람은 복숭아나무 진액을 가져다 한 알의 크기를 복숭아 열매만큼 만들어 맑은 물 한 되에다 섞어 달여 반 되로 만들어서, 다라니 7편을 외운 다음 단숨에 다 마시면 바로 낫는다. 그 약을 부인이 달이면 안 된다.

若患傳屍鬼氣 伏屍連病者 取拙具羅香 呪三七遍 燒熏鼻孔中. 又取七丸如兎糞 呪三七遍 吞 即差. 愼酒肉五辛及惡罵. 若取摩那屎羅(雄黃是也) 和白芥子印成鹽 呪三七遍 於病兒床下燒 其作病兒 即魔掣迸走 不敢住也.

만약 죽어 넘어진 송장귀신이나 엎어진 송장의 병을 앓는 사람은 졸구라향을 가져다 다라니를 21편 외우며 태우는 향기를 콧구멍 속에 쏘이고, 또 향을 토끼똥 만큼 일곱 알을 만들어 다라니를 21편 외우고 삼키면 바로 낫는다. 술 고기 오신채 그리고 모진 욕설은 삼가야 한다.

만약 마나시라[웅황:雄黃]를 가져다 흰 겨자가루와 인성염印成鹽을 섞어 다라니 21편을 외우고 아픈 아이의 병상 밑에서 태우면 그 아이를 병들게 한 마魔가 뽑혀 달아나버리고 감히 머물지 못한다.

若患耳聾者 呪胡麻油 著耳中 即差.
만약 귓병을 앓는 자는 다라니를 외우며 호마유胡麻油; 참깨기름를 귀에 바르면 바로 낫는다.

若患一邊偏風 耳鼻不通 手脚不隨者 取胡麻油 煎靑木香 呪三七遍 摩拭身上 永得除差. 又方取純牛酥 呪三七遍 摩亦差.

만약 몸의 한쪽에 바람[風]이 들어 귀와 코가 통하지 않고 손발이 따르지 않는 사람은 호마유에 청목향靑木香을 달여 다라니 21편을 외우고 몸에다 문지르면 풍병이 없어져 낫는다. 또 순수한 우유의 소酥를 가져다 다라니 21편을 외우고 문질러도 낫는다.

若患難産者 取胡麻油 呪三七遍 摩産婦臍中及玉門中 卽易生.
만약 난산難産으로 고통 받는 자는 호마유를 가져다 21편 외우고 산부産婦의 배꼽과 옥문玉門 가운데를 문지르면 바로 쉽게 낫는다.

若婦人懷妊 子死腹中 取阿波末利伽草(牛膝草也) 一大雨 淸水二升和煎 取一升 呪三七遍 服 卽出 無苦痛. 胎衣不出者 亦服此藥 卽差.
만약 부인이 임신하여 그 아이가 뱃속에서 죽게 되면 '아파말리가'라는 풀[우슬초; 牛膝草]을 가져다 소나기 내릴 때 받은 맑은 물 두 되와 섞어 달여서 한 되로 만들어 다라니 21편을 외우고 그 물을 마시면 아무런 고통 없이 바로 나온다. 만약 태의胎衣가 나오지 않을 때도 이 약을 마시면 바로 낫는다.

若卒患心痛不可忍者 名遁屍疰 取君柱魯香(薰陸香) 乳頭成者一顆 呪三七遍 口中嚼咽 不限多少 令變吐 卽差. 愼五辛 酒肉.
만약 갑자기 심장이 아파 참을 수 없는 사람은 '둔시주遁屍疰: 귀신 숨은 병'라 하는데 군주로향[훈육향; 薰陸香]을 젖꼭지만큼 한 알 만들어 다라니를

21편 외우고 입안에서 씹어 삼키고서 많든 적든 다시 토해내게 하면 바로 낫는다. 오신채와 술, 고기는 삼가야 한다.

若被火燒瘡 取熱瞿摩夷(烏牛屎也) 呪三七遍 塗瘡上 卽差.
만약 불에 데어 상처가 나면 '열구마이熱瞿摩夷: 검은 소의 오줌'를 가져다 다라니를 21편 외우고 상처 위에다 바르면 바로 낫는다.

若患蚘蟲蛟心 取骨魯末遮(白馬屎也)半升 呪三七遍 服 卽差. 重者一升 蟲如綟索出來.
만약 회충이 심장을 깨무는 병을 앓으면 '골로말차骨魯末遮; 흰 말의 오줌' 반 되를 가져다 다라니 21편을 외우고 복용하면 바로 낫는다. 중증인 사람은 한 되를 마시면 벌레가 실처럼 빠져나올 것이다.

若患丁瘡者 取凌鎖葉擣取汁 呪三七遍 瀝著瘡上 卽拔根出 立差.
만약 큰 부스럼을 앓는 자는 능쇄잎[凌鎖葉]을 찧어 즙을 내서 다라니를 21편 외우고 부스럼 위에다 그 즙을 바르면 뿌리가 빠지면서 선채로 낫는다.

若患蠅螫眼中 骨魯怛佉(新驢屎也)濾取汁 呪三七遍 夜臥著眼中 卽差.
만약 날파리가 눈 가운데를 쏘아서 아프면 골로달거骨魯怛佉; 어린 나귀 똥를 걸러 즙을 내어 다라니를 21편 외우고 밤에 누워서 눈 가운데다 붙이면 바로 낫는다.

若患腹中痛 和井華水 和印成鹽三七顆 呪三七遍 服半升 卽差.
만약 배 속이 아픈 사람은 정화수井華水에 인성염印成鹽 21알을 넣고 섞어 다라니를 21편 외우고 그 물을 반 되 정도 마시면 바로 낫는다.

若患赤眼者 及眼中有努肉及有翳者 取奢奢彌葉(苟杞葉也) 擣濾取汁 呪三七遍 浸靑錢一宿 更呪七遍 著眼中 卽差.
만약 눈이 붉어지는 병이 난 사람이나 눈 속에 군살이 있거나 티가 있는 사람은 사사미잎[구기자 잎]을 찧어 거른 즙을 가져다 다라니를 21편 외우고 그 즙에 푸른 돈[靑錢]을 하룻밤 담가두었다가 다시 다라니를 일곱 번 외우고 눈에다 붙여두면 바로 낫는다.

若患畏夜 不安恐怖 出入驚怕者 取白線作索 呪三七遍 作二十一結 繫項 恐怖卽除. 非但除怖 亦得滅罪.
만약 밤을 두려워하여 불안 공포를 느끼며 출입하는 것조차 무서워하는 자는 흰 실을 꼬아 노끈을 만들어 다라니를 21편 외우며 스물한 매듭을 만들어 목에 매면 공포가 곧 없어진다. 공포가 없어질 뿐만 아니라, 죄마저도 없어진다.

若家內橫起災難者 取石榴枝 寸截一千八段 兩頭塗酥酪蜜 一呪一燒 盡千八遍 一切災難悉皆除滅 要在佛前作之. 若取白菖蒲 呪三七遍 繫著右臂上 一切鬪處 論義處 皆得勝他. 若取奢奢彌葉枝柯 寸截 兩頭塗眞牛

酥 白蜜牛酥 一呪一燒 盡一千八段 日別三時 時別一千八遍 滿七日 呪師自悟通智也.

만약 집안에 재난이 자주 일어나는 자는 석류나무 가지를 한 치 크기로 1008토막을 내어 잘라낸 두 끝머리에 소락酥酪이나 꿀을 발라 다라니를 한번 외우면서 하나를 태워 모두 1008편을 하면 일체 재난이 모두 없어진다. 중요한 것은 불상 앞에서 이렇게 해야 한다는 것이다. 만일 백창포白菖蒲를 가져다 다라니를 21편 외우고 오른쪽 팔에 매어 붙이면 일체 싸움하는 곳이나 논의하는 곳에서 남을 모두 이기게 된다. 만일 사사미잎[구기자잎]의 가지 줄기를 가져다 한 치 크기로 잘라 양 끝에 진짜 소젖으로 된 소락이나 맑은 꿀을 바르고 다라니를 한 번 외우면서 한 토막을 태우며 그렇게 1008토막을 모두 태우라. 날마다 따로 세 때를 하되 때마다 1008편씩 하여 만 칠일을 하면 다라니 외우는 사람 스스로 깨달아 지혜를 통달하게 된다.

若欲降伏大力鬼神者 取阿唎瑟迦柴(木患子也) 呪七七遍 火中燒 還須塗酥酪蜜 要須於大悲心像前作之. 若取胡嚧遮那(牛黃是也)一大兩 著瑠璃瓶中 置大悲心像前 呪一百八遍 塗身 點額 一切天 龍 鬼 神 人及非人 皆悉歡喜也.

만약 큰 힘을 가진 귀신을 항복 받으려면 아리슬가자[목환자; 木患子]를 가져다 다라니를 49편 외우고 불 속에 태워라. 반드시 소락과 꿀을 발라야 하며, 꼭 대비심상大悲心像: 관음상 앞에서 실행하여야 한다. 만일 호로자나[우황: 牛黃] 한 냥[兩]을 유리병 속에 넣어 대비심상 앞에 놓고 다라니를 108편 외운 뒤에 그것을 몸에 바르거나 이마에 점찍으면 모든 하늘이나 용이나 귀신이나 사람이나 사람 아닌 무리들이 모두 다 기뻐하게 된다.

若有身被枷鎖者 取白鴿糞 呪一百八遍, 塗於手上 用摩枷鎖 枷鎖自脫也.
만약 몸에 목에 씌우는 칼[枷]이나 족쇄足鎖가 채워진 사람은 흰 비둘기의 똥을 가져다 다라니를 108편 외우고서 손에 바르고 칼이나 족쇄에다 문지르면 칼이나 족쇄가 저절로 벗겨진다.

若有夫婦不和 狀如水火者 取鴛鴦尾 於大悲心像前 呪一千八遍 帶彼即終身歡喜相愛敬.
만약 부부가 화합하지 못하는 것이 물과 불의 관계와 같으면 원앙새 꼬리를 가져다 대비심상 앞에서 다라니를 108편 외우고서 그것을 몸에 지니면 종신토록 기쁘게 서로 사랑하고 공경하게 된다.

若有被蟲食 田苗及五果子者 取淨灰 淨沙或淨水 呪三七遍 散田苗四邊 蟲即退散也. 果樹兼呪水灑者 樹上蟲不敢食果也.
만약 벌레가 밭에 심은 싹이나 오과五果의 열매를 먹어버리는 피해가 있으면 깨끗한 재나 깨끗한 모래 혹은 깨끗한 물을 가져다 다라니를 21편 외운 뒤 싹을 심은 논밭의 네 가장자리에다 뿌리면 벌레들이 바로 물러나 흩어질 것이다. 과일나무에도 다라니를 외우며 물을 뿌리면 나무 위의 벌레들이 감히 열매를 먹지 못한다.

　　　　　　　　　◉

十四. [42수주(四十二手呪)]

佛告阿難.

부처님께서 아난에게 말씀하시었다.

若爲富饒 種種珍寶資具者 當於如意珠手.

"만약 갖가지 진기한 보배와 생활도구가 풍부하고 넉넉하려면 마땅히 여의주수如意珠手 진언을 하라.

若爲種種不安求安隱者 當於羂索手.

만약 갖가지 불안으로 안은함을 구하는 자는 마땅히 견색수羂索手 진언을 하라.

若爲腹中諸病 當於寶鉢手.

만약 뱃속의 모든 병을 없애려면 보발수寶鉢手 진언을 하라.

若爲降伏一切魍魎鬼神者當於寶劍手.

만약 모든 도깨비와 귀신을 항복 받으려면 보검수寶劍手 진언을 하라.

若爲降伏一切天魔神者 當於跋折羅手.
만약 일체 천마天魔와 귀신을 항복 받으려면 발절라수跋折羅手 진언을 하라.

若爲摧伏一切怨敵者 當於金剛杵手.
만약 일체 원수나 적을 꺾어 승복시키려면 금강저수金剛杵手 진언을 하라.

若爲一切處怖畏不安者 當於施無畏手.
만약 모든 때에 두려워서 불안한 자는 시무외수施無畏手 진언을 하라,

若爲眼闇無光明者 當於日精摩尼手.
만약 눈이 어두워 광명보지 못하는 자는 일정마니수日精摩尼手 진언을 하라.

若爲熱毒病求淸凉者 當於月精摩尼手.
만약 열병이나 독병으로 청량함을 구하는 자는 월정마니수月精摩尼手 진언을 하라.

若爲榮官益職者 當於寶弓手.
만약 영화스러운 벼슬자리를 구하려면 보궁수寶弓手 진언을 하라.

若爲諸善朋友早相逢者 當於寶箭手.
만약 여러 착하고 어진 벗을 일찍 만나려면 보전수寶箭手 진언을 하라.

若爲身上種種病者 當於楊枝手.

만약 신상에 가지가지 병을 없애려면 양지수楊枝手 진언을 하라.

若爲除身上惡障難者 當於白拂手.

만약 신상에 몹쓸 장애와 횡난을 없애려면 백불수白拂手 진언을 하라.

若爲一切善和眷屬者 當於胡瓶手.

만약 일체 권속이 잘 화합하고자 하면 호병수胡瓶手 진언을 하라.

若爲辟除一切虎狼犲豹諸惡獸者 當於傍牌手.

만약 일체 호랑이나 표범 등 악한 짐승을 물리치려면 방패수傍牌手 진언을 하라.

若爲一切時處好離官難者 當於斧鉞手.

만약 언제 어디서나 관재官災를 잘 여의려면 저 월부수鉞斧手 진언을 하라.

若爲男女僕使者 當於玉環手.

만약 남자나 여자나 심부름꾼을 구하려면 옥환수玉環手 진언을 하라.

若爲種種功德者 當於白蓮華手.

만약 가지가지 공덕을 성취하려면 백련화수白蓮花手 진언을 하라.

若爲欲得往生十方淨土者 當於淸蓮華手.
만약 시방 정토에 왕생하려면 청련화수靑蓮花手 진언을 하라.

若爲大智慧者 當於寶鏡手.
만약 큰 지혜를 얻으려면 보경수寶鏡手 진언을 하라.

若爲面見十方一切諸佛者 當於紫蓮華手.
만약 시방에 계시는 모든 부처님을 친견하려면 자련화수紫蓮花手 진언을 하라.

若爲地中伏藏者 當於寶篋手.
만약 땅 속에 묻힌 보물을 구하려면 보협수寶篋手 진언을 하라.

若爲仙道者 當於五色雲手.
만약 선도仙道를 성취하려면 오색운수五色雲手 진언을 하라.

若爲生梵天者 當於軍遲手.
만약 범천梵天에 태어나기를 원하거든 군지수君遲手 진언을 하라.

若爲往生諸天宮者 當於紅蓮華手.
만약 모든 천궁에 나고자하거든 홍련화수紅蓮花手 진언을 하라.

若為辟除他方逆賊者 當於寶戟手.

만약 타방의 역적을 물리치려면 보극수寶戟手 진언을 하라.

若為召呼一切諸天善神者 當於寶螺手.

만약 모든 하늘의 착한 신들을 불러 모으려면 보라수寶螺手 진언을 하라.

若為使令一切鬼神者 當於髑髏杖手.

만약 일체 귀신을 부리고 싶으면 촉루장수髑髏杖手 진언을 하라.

若為十方諸佛速來授手者 當於數珠手.

만약 시방의 모든 부처님이 속히 오셔서 손잡아 주시기를 바라면 수주수數珠手 진언을 하라.

若為成就一切上妙梵音聲者 當於寶鐸手.

만약 모든 미묘한 범음성梵音聲을 성취하려면 보탁수寶鐸手 진언을 하라.

若為口業辭辯巧妙者 當於寶印手.

만약 말솜씨가 교묘하기를 바라면 보인수寶印手 진언을 하라.

若為善神龍王常來擁護者 當於俱尸鐵鉤手.

만약 선신과 용왕이 항상 와서 옹호하기를 바라면 구시철구수俱尸鐵鉤手

진언을 하라.

若爲慈悲覆護一切眾生者 當於錫杖手.
만약 자비로써 일체 중생을 덮어 보호해 주려거든 석장수錫杖手 진언을 하라.

若爲一切眾生常相恭敬愛念者 當於合掌手.
만약 일체 중생이 항상 서로 공경하고 사랑하며 생각하여 주기를 바라거든 합장수合掌手 진언을 하라.

若爲生生之眾不離諸佛邊者 當於化佛手.
만약 태어날 적마다 무리 가운데 모든 부처님 곁을 여의지 않으려면 화불수化佛手 진언을 하라.

若爲生生世世常在佛宮殿中 不處胎藏中受身者 當於化宮殿手.
만약 세세생생 언제나 부처님의 궁전 속에 있으면서 태속에 태어나는 몸을 받지 않으려면 화궁전수化宮殿手 진언을 하라.

若爲多聞廣學者 當於寶經手.
만약 많이 듣고, 널리 배우기를 바라거든 보경수寶經手 진언을 하라.

若爲從今身至佛身 菩提心常不退轉者 當於不退金輪手.

만약 지금 이 몸으로 부처님 몸이 될 때까지 보리심이 항상 물러서지 않으려면 불퇴금륜수不退金輪手 진언을 하라.

若爲十方諸佛速來摩頂授記者 當於頂上化佛手.
만약 시방의 모든 부처님이 빨리 오셔서 나의 이마를 만지시며 성불하리라는 언약 주기를 원하거든 정상화불수頂上化佛手 진언을 하라.

若爲果蓏諸穀稼者 當於蒲萄手.
만약 과일과 모든 곡식의 풍요를 바라거든 포도수葡萄手 진언을 하라.

如是可求之法 有其千條 今粗略說少耳.
"이와 같이 구할 수 있는 방법이 천 가지나 있지만 지금 간략하게 조금 설했을 뿐이다."

日光菩薩爲受持大悲心陀羅尼者 說大神呪 而擁護之.
南無勃陀瞿(上聲)那(上聲)迷(一) 南無達摩莫訶低(二) 南無僧伽多夜泥(三) 底(丁以切)哩部畢薩(僧沒切)咄(登沒切)檐納摩
일광보살이 대비심다라니를 받아 지니는 자를 위하여 대신주를 설하여 옹호하였다.

　　　'나무불타구나미 나무달마마하지 나무승가다야니 지리부필살졸담나마.'

誦此呪 滅一切罪 亦能辟魔及除天災. 若誦一遍 禮佛一拜 如是日別三時 誦呪禮佛 未來之世 所受身處, 當得一一相貌端正 可喜果報.

"이 다라니를 외우면 모든 죄를 없애고 능히 마구니를 물리치며 하늘의 재앙을 없앨 수 있다. 만약 다라니 한 편을 외우고 부처님께 한 번 절하며, 이처럼 날마다 따로 세 때에 다라니를 외우고 예불하면 미래세상에 몸을 받는 곳마다 마땅히 그 낱낱의 상모相貌가 단정하여 기뻐할 만한 과보를 얻으리라."

月光菩薩亦復爲諸行人 說陀羅尼呪 而擁護之.
深低帝屠蘇吒(一) 阿若蜜帝烏都吒(二) 深耆吒(三) 波賴帝(四) 耶彌若吒烏都吒(五) 拘羅帝吒耆摩吒(六) 沙婆訶.
월광보살이 또다시 모든 수행인을 위해 다라니주를 설하여 옹호하였다.
　　'심지제도소타 아야밀제오도타 심기타 파라제 야미야타오도타 구라제타기마타 사바하'

誦此呪五遍 取五色線 作呪索 痛處繫. 此呪乃是過去四十恒河沙諸佛所說 我今亦說. 爲諸行人 作擁護故 除一切障難故 除一切惡病痛故 成就一切諸善法故 遠離一切諸怖畏故.
"이 다라니를 다섯 편 외우고 오색실로 다라니 끈을 만들어 아픈 곳에 매어두라. 이 다라니는 과거 40항하사의 모래알처럼 많은 여러 부처님께서 설하신 바이며, 나도 지금 또한 설하노니, 모든 수행인을 옹호하기 위함이며 일체 장애와 재난을 없애주기 위함이며 일체 몹쓸 병통을 없애주기 위함이며 일체 모든 선법을 성취하기 위함이며 일체 모든 두려움을 멀리 여의게 하기 위한 까닭이니라."

◉

十五. [부촉 · 유통(咐囑 · 流通)]
佛告阿難. 汝當深心淸淨 受持此陀羅尼 廣宣流布於閻浮提 莫令斷絶.
부처님께서 아난에게 말씀하시었다.

"너는 마땅히 깊이 마음을 청정히 하여 이 다라니를 받아 지녀 이 염부제閻浮提에 널리 유포하여 끊어지지 않게 하라."

此陀羅尼 能大利益三界衆生 一切患苦縈身者 以此陀羅尼治之 無有不差者. 此大神呪 呪乾枯樹 尙得生枝柯華果 何況有情有識衆生. 身有病患 治之不差者 必無是處.
이 다라니는 능히 삼계三界의 중생들을 크게 이익 되게 할 것이니, 온갖 근심과 괴로움이 몸에 얽혀 있더라도 이 다라니로써 다스리면 낫지 않을 것이 없다. 이 대신주大神呪를 수지하면 말라죽은 나무에서도 오히려 가지가 나고, 꽃이 피고, 열매가 생기거늘, 하물며 어찌 정식情識이 있는 중생들이겠는가? 몸에 있는 병이나 근심을 다스려 낫지 않는다는 것은 있을 수가 없다.

善男子. 此陀羅尼 威神之力 不可思議 不可思議 歎莫能盡. 若不過去久

遠已來廣種善根 乃至名字不可得聞 何況得見?

선남자야, 이 다라니의 위신력은 불가사의하고 불가사의하여 능히 다 찬탄할 수 없다. 만약 과거 오랜 옛날부터 널리 선근善根을 심어 놓지 않았으면, 이 주문의 이름도 듣지 못할 것인데 하물며 어찌 볼 수 있겠느냐?

汝等大衆 天人龍神 聞我讚歎 皆應隨喜.

너희 대중들과 하늘과 사람과 용과 신들은 내가 이렇게 찬탄함을 듣고 모두가 따라서 기뻐할지어다.

若有謗此呪者 卽爲謗彼九十九億恒河沙諸佛.

만약 이 주문을 비방하는 자는 곧 저 99억 항하사 모래알처럼 많은 모든 부처님을 비방하는 것이니라.

若於此陀羅尼 生疑不信者 當知其人 永失大利 百千萬劫 常淪惡趣 無有出期 常不見佛 不聞法 不覲僧.

만약 이 다라니를 의심하여 믿지 않는 자는 마땅히 알아라. 그 사람은 영원토록 큰 이익을 잃어버리고, 백천만겁토록 항상 나쁜 곳에 태어나 벗어날 기약이 없으며, 항상 부처님을 뵙지 못하고, 법法을 듣지도 못하며, 스님들도 보지 못하게 될 것이다.

一切衆會菩薩摩訶薩 金剛密跡 梵 釋 四天 龍 鬼神 聞佛如來讚歎此陀

羅尼 皆悉歡喜 奉敎修行.

일체의 이 큰 법회 중에 보살마하살과 금강밀적과 범천과 제석과 사천왕과 용과 귀신들이 부처님께서 이 다라니 찬탄하심을 듣고 모두 다 환희하며 그 가르침을 받들어 수행하였다.

이 천수천안관세음보살 광대원만 무애대비심다라니경(千手千眼觀世音菩薩廣大圓滿無礙大非心陀羅尼經)을 15장(章)으로 나눈 것은 역자가 편의상 분류한 것입니다.

반야심경을 통한 선(禪) 입문서

반야의 세계, 깨달음의 길
선사의 체험으로 새롭게 열어보인

현봉 역주
신국판 | 304쪽 | 불광출판사 | 값 17,000원

불교의 핵심, 불법의 정수가 응축되어 있어
전 세계의 불자들이 한마음으로 가장 많이 읽는 반야심경!
사전적이거나 교학적인 주해서가 아니라
선사(禪師)가 직접 체험한 반야(般若)를 구절구절마다
그대로 드러내 보여주어 수십 종의 반야심경 주해서 중에서
백미로 손꼽히는 대전화상주심경!!
반야의 길을 새롭게 열어보인 이 책을 통해 밖을 찾아 헤매는
현대인들이 눈을 안으로 돌림으로써 자신의 참모습을 찾고,
우리 삶이 본래 아무 것도 없는 그 가운데서도 모든 것이
넉넉하게 갖추어져 있음을 일깨워준다.

이 책 대전 선사의 『반야심경』 주해는 구절구절이 모두 금옥(金玉)과 같아서 후학들에게 바른 길을 직접 가리킨 것이니, 어리석어 바른 길을 잃은 자에게는 표장(標章)이 되고, 비록 도행(道行)이 있더라도 마음속에 삿된 소견이 들어있는 자에게는 영약(靈藥)이 되며, 어둠속에 길 잃은 자에게는 밝은 등불이 되고, 문 밖에서 헤매는 사람에게는 표본이 되는 주석이며, 바른 눈을 얻지 못한 자에게는 표준이 되는 안목이다.

– 전 조계총림 방장 구산(九山) 스님의 중간서(重刊序) 중에서

2009년 6월 11일 초판 1쇄 발행
2025년 3월 31일 초판 10쇄 발행

지은이 현봉 스님
발행인 박상근(至弘) • 편집인 류지호 • 편집이사 양동민
편집 김재호, 양민호, 김소영, 최호승, 정유리 • 디자인 쿠담디자인
제작 김명환 • 마케팅 김대현, 김대우, 이선호, 류지수 • 관리 윤정안
콘텐츠국 유권준, 김희준
펴낸 곳 불광출판사 (03169) 서울시 종로구 사직로10길 17 인왕빌딩 301호
대표전화 02) 420-3200 편집부 02) 420-3300 팩시밀리 02) 420-3400
출판등록 제300-2009-130호(1979. 10. 10.)

ISBN 978-89-7479-636-5 (03220)

값 18,000원

잘못된 책은 구입하신 서점에서 바꾸어 드립니다.
독자의 의견을 기다립니다. www.bulkwang.co.kr
불광출판사는 (주)불광미디어의 단행본 브랜드입니다.